板。这些问题都亟待我们研究和解决。

数据治理以数据为对象，在强化数据安全的前提下，我们应建立健全规则体系，理顺各方参与者在数据流通各个环节的权责关系，形成多方参与者良性互动、共建共治共享的数据流通模式，从而最大限度地释放数据价值，促进数字经济发展，并推动国家治理能力和治理体系现代化。

在数据治理系列丛书的《数据治理之论》一书中，项目组进行了探索，取得了以下成果：

第一，提出了"数据危机"的概念。这一提法源于与"软件危机"的类比。所谓"危机"是指供需双方严重不匹配时所出现的一些严重现象，对经济社会发展产生了严重阻碍。软件危机的出现就是因为软件的生产率和质量远远满足不了当时经济社会发展的需要。人们认真分析软件危机产生的原因，积极研究并寻求应对软件危机的策略，逐步构建了一门称为"软件工程"的新学科。抱着这样一种期望，该书希望通过分析数据危机产生的根源，探索解决问题的途径和构建相应学科的可能性。尽管该书的分析还非常初步，远不够深刻，但是，我们深信这样的分析有助于建立数据治理的知识体系和理论体系，有利于新学科的兴起和发展。

第二，对数据治理的研究内容进行了界定。一是以释放数据价值为目标，通过系统化、规范化、标准化的流程或措施，促进对数据的深度挖掘和有效利用，从而将数据中隐藏的巨大价值释放出来。二是以数据资产地位的确立为基础，形成数据资产管理、数据价值评估等规则体系，推动数据资源资产化。三是以数据管理的体制机制为核心，重点在于建立健全规则体系，形成多方参与者良性互动、共建共治共享的数据流通模式。四是以数据共享开放为重点，保障数据的有序流通，进而不断释放数据价值。五是以数据安全和隐私保护为底线，确保数据开发利用、价值释放相关各类行为合法合规。

第三，提出了一个数据治理的体系框架。从治理主体、治理内容以及治理手段三个维度刻画数据治理的体系框架。治理主体包括国家、行业、组织三个层次；治理内容包括数据资产地位、管理体制机制、促进共享开放、保障安全隐私四个方面；治理手段包括制度法规、标准规范、应用实践、支撑技术四项工具。

第四，从多学科视角对研究数据治理进行了探索。数据治理无疑是一个多学科交叉的研究问题。这是因为：一方面，由于数字化转型对整个经济社会都有深刻的影响，因此研究经济社会问题的各个传统学科也都在研究数字化带来的新问题；另一方面，这也是一个新的学科在形成初期常用的办法。该书选择从法学、经济学、管理学、政府信息资源管理以及数据科学的视角，用各自学科的假设和研究方法来研究数据治理问题，并形成一些新观点。这对于我们弄清楚数据治理这一新兴学科的基本问题有重要的启发意义。当然，不同学科对数据治理的认知还远未达成一致，仍处于盲人摸象阶段，需要更深入的研究和讨论。

尽管这样的研究和讨论是很有意义的，但要弄清楚数据治理的丰富内涵并将之用于指导实践，还需要从新的角度去探索。这个新的探索角度就是从实践中总结经验。本书试图用数据治理框架去分析比较国内外数据治理的做法，特别是用贵州实践作为一个研究对象进行深入的分析。

我国改革开放的重要经验之一就是要实践，实践是检验真理的唯一标准。允许部分地区就某个改革事项进行大胆探索，若成功了，就在总结经验的基础上进行全国推广；若失败了，其影响也是局部的、有限的，不会对改革开放的全局带来严重的影响。

2015 年 9 月，国务院印发《促进大数据发展行动纲要》（以下简称《纲要》)。《纲要》提出，要加强顶层设计和统筹协调，大力推动政府信息系统和公共数据互联开放共享。之后，贵州启动全国首个大数据综合试验区建设工作，不断推进数据共享开放，盘活数据资源，大力发展大数据产业。贵州的数据治理稳扎稳打，出台了一揽子政策、开创了一种体制、制定了一系列标准、建设了一批项目、整合了一批数据、推进了一批应用，逐步在全省营造出良好的大数据发展生态，形成了一套切实可行的数据治理的"贵州经验"。

贵州取得了数字经济增速连续四年排名全国第一、数字经济吸纳就业增速连续两年排名全国第一、全国省级政府电子服务能力综合指数第一、大数据产业发展情况全国第三等优秀成绩，为推动数字化转型提供了良好示范，也为我们开展数据治理研究提供了极好的样本。

本书是数据治理系列丛书的第二本，取名"数据治理之路"，并采用了一个副标题"贵州实践"，这也清楚地表明了作者的意图。

本书以贵州为例研究分析数据治理的实践，在写作上遵循以下三个原则：

（1）国际的视角：通过比较国际上的一些典型做法，呈现贵州实践的创新性和中国特色。美国、欧盟以及新加坡等对数据收集和处理较为重视，在数据治理方面有着较为详细的法律。通过比较贵州与国外的情况，可以更好地分析贵州实践的创新。

（2）历史的视角：尊重历史事实，在此基础上提炼和总结。贵州作为我国首个大数据综合试验区，是"第一个吃螃蟹"的省份，探索数据治理之路难度大、借鉴少、约束多。由于数字经济快速发展，有些地区在数字经济实践上呈现后发优势。从现在的视角看问题，也许贵州的一些做法并不超前。但是，这丝毫不影响贵州探索的历史价值，它仍然值得我们去记录和总结。

（3）系统的视角：按照数据治理体系去梳理和总结。我们从数据资产化探索、数据管理的体制机制、数据共享开放、数据安全和隐私保护四个方面去总结。我们希望在总结贵州实践经验的基础上提炼一些重要观点，形成参考性经验和路径。

根据以上原则，本书分为两篇。

第一篇介绍数据治理的国内外实践，包括两章。

第1章分析了数据治理的国际实践。在数字经济发展浪潮中，世界各国纷纷出台了一系列法规政策措施，不断完善数据治理体系框架要素，其数据战略意识、数据法规制度和数据实践充分体现了数据治理理念和数据治理的行为典范，具有普遍借鉴意义。这一章主要选取了美国、欧盟和新加坡的数据治理最佳实践，从数据资产化探索、数据管理的体制机制、数据共享开放、数据安全和隐私保护四个方面对其数据治理规则与实践进行映射分析和补充研究。

第2章介绍了我国在数据治理方面的总体现状。回顾数据治理的发展历史，我国对数据资源的认识从萌芽逐步深入。我国政府正从大数据管理体系、政务数据共享开放以及数据安全与个人信息保护三个方面提升数据治理能力。从后续章节我们可以看到，国家层面的数据治理方略对包括贵州在内的地区进行数据治理工作起到了关键的指引作用。

第二篇介绍贵州在数据治理方面的实践，分为以下五章。

第3章从宏观层面介绍了贵州在数据治理方面的探索过程，即它如何从一个科技洼地打造出数据治理的先进体系，并实现后发赶超，成为全国数字经济的发展示范区。在这个过程中，贵州大力推进"一云一网一平台"以及大数据平台的建设，积极开发利用公共数据资源，积累了宝贵的经验。同时，通过对照《数据治理之论》提出的数据治理体系框架，这一章按照体系化思路梳理了贵州数据治理的主要工作内容。

第4章介绍了贵州在数据资产化方面进行的探索。数据已成为新型生产要素，界定数据的资产地位，促进和规范数据资产的流通，对盘活数据资源、促进数字经济的发展有着极为重要的意义。贵州在这方面进行了一系列积极探索，出台了数据资产管理登记办法，从法律法规层面明确了数据资产地位；提出省域数据要素市场自治与可信流通框架模型，以支撑实现数据资源的资产化管理、数据要素的多元化自治；授权数据资产运营，研究数据交易制度与标准，积极推进公共数据开发利用工作，探索合理的数据收益分配机制，探索构建省域一体化数据要素市场。

第5章总结了贵州数据管理的体制机制。在进行顶层设计时，贵州进行了充分的政策文件分析和调研访谈研究，在此基础上提出了多元化共治、规则化法治、平台化精治和场景化善治四个原则，进一步构建了较为完善的体制机制，可较好处理主体、客体、活动、风险四者的关系，为解决为什么、做什么、怎么做（即"2W1H"）这三大问题提供了有效方案。

第6章介绍了贵州在数据共享开放方面的工作。数据共享开放是实现数据社会价值的关键环节。贵州建设了省市县一体化的全省数据共享交换平台，实现了省市县三级政务信息系统的互联互通，不断深化数据共享。贵州打造了合理的数据全生命周期监管模式，创新了数据的调度机制，建设了全省政府数据开放平台，推进了数据开放应用。从提升政府管理能力、政府决策能力和改善民生三个方面，贵州打造了一系列典型的示范应用。

第7章介绍了贵州数据安全和隐私保护工作。依据国家数据安全治理体系，贵州形成了"1+1+3+N"的总体思路，提出了"八大体系"的建设架构，打造了大数据安全保障体系，推进了政产学研用合作，组建了一系列数据安全治理平台，引进和培育了一批相关企业，切实提升了大数据安全技术能力。

本书由中国软件评测中心、中国人民大学、北京大学、贵州省大数据应用推广中心等单位的吴志刚、杜小勇、王闯、安小米、赵小亚、冯玮娜、王芳、仵海燕、赵俊峰、陈晋川、秦晓东、王丽丽、郭明军、易倩、黄婕、许济沧、徐明月、徐翼凌、刘润、吕东等合作完成。吴志刚、杜小勇、潘伟杰、王闯、秦晓东、赵俊峰等对各章内容进行了审阅，提出了修改意见，王闯、赵小亚对修改稿进行了审核，感谢以上编写人员的辛苦付出！同时，贵州省大数据发展管理局、云上贵州大数据产业发展有限公司、贵州中软云上数据技术服务有限公司等单位为本书提供了大量素材和实践案例，在此表示感谢！

贵州的数据治理实践具有丰富的内容。由于编者能力有限、时间有限，以及限于本书的篇幅，我们只是对其中的部分内容进行了总结。期待未来有更多关于贵州实践的总结成果出现。

辛丑年孟冬于北京

目　录

第一篇

他山之石
——国内外数据治理实践

第1章 数据治理的国际实践

1.1 国际数据治理的基本模式

随着大数据战略和开放政府数据战略的全球推进，特别是对数据资源价值认识的不断深化，世界各国纷纷出台政策法规措施，不断完善数据治理体系框架，推进数据资源高效利用，促进数字经济快速发展。由于经济基础、政治制度和数字化进程等方面的差异，各国推进数据治理的理念、政策和措施等各不相同，甚至存在一些背道而驰的做法，但总体而言，各国大都以释放数据价值为目标构建数据治理体系，并围绕数据资产化探索、数据管理的体制机制、数据共享开放、数据安全和隐私保护开展了大量实践活动，充分体现了数据治理理念和数据治理的行为典范，具有普遍借鉴意义。

《数据治理之论》在分析数据治理的概念内涵、提出数据治理体系框架的过程中，对国内外数据治理理论和实践现状进行了概要梳理，涉及欧盟、英国、美国、澳大利亚、加拿大、新加坡、日本等不同经济体。通过对前续研究的进一步分析，我们可以看到，各经济体可根据数据治理发展状态分为主导者、竞争者和跟随者三大类，数据治理体系也可按照主体类别分为三大基本模式。其中，主导者是指数字经济体量比较大，在国际数据治理规则体系构建中处于主导者地位的经济体，如美国、中国等；竞争者是指在数字经济发展方面具有较好基础，形成了一定的竞争优势，并希望在数字经济领域形成独特竞争力的经济体，如欧盟、英国、日本等；跟随者是指数字经济体量相对较小，积极参与国际规则制定，并希望从数字经济发展中获益的经济体，如新加坡、澳大利亚、加拿大等。

本书侧重于分析和提炼数据治理实践，针对三种基本模式重点选取了美国、欧盟和新加坡的数据治理实践案例，从数据资产化探索、数据管理的体制机制、数据共享开放、数据安全和隐私保护四个方面对其数据治理规划与实践进行分析和研究。总体而言，美国、欧盟和新加坡在数据治理规划和实践方面尽管侧重点不同，但都意识到数据驱动创新和数据驱动经济发展的重要战略价值，并从完善跨部门的数据治理框架角度出发推进数据资源的高效利用。具体表现在：

（1）美国政府通过法律、标准、主体、平台等要素保障，实现美国数据治理促进数字政府创新与数字化服务的目标，形成了以《文书削减法》《信息自由法》《隐私法》等基本法律为保障，以标准赋能、平台建设、AI治理为手段，目标协同、主体协同、客体协同、过程协同和要素协同五位一体的"嵌入式"数据治理协同生态体系。

（2）欧盟从数据价值链的战略角度出发，建立了涵盖数据跨境自由流动、数据共享开放和再利用、数据安全和隐私保护、互操作性和标准、新技术应用中的责任和伦理、基础设施建设和能力构建等立法和非立法要素的综合数据治理体系框架，并形成了具有创新性的数据安全治理规则体系框架。

（3）新加坡政府从精治理念出发，以发展和建设数字经济、数字政府、数字社会为主要目标，突出了数据资源在智慧国家建设中的基础支撑地位。新加坡政府重视对数据的隐私保护与开发利用，建立了覆盖数据收集、数据共享、数据开放、数据保护整个数据生命周期的数据治理规则体系框架。

1.2　数据资产化探索

1.2.1　美国——探索构建数据资产化管理体系

1.2.1.1　数据资产管理在法律中的要求

美国的数据资产管理通常指的是政府公共数据资产管理，数据资产理念和意识通过数据资产管理活动充分地体现出来。在法律方面，《信息自由法》《文书削减法》《联邦政府信息资源的管理通告》《开放政府数据法》四部代表性法案反映了近几十年来数据资产管理在法律中的要求。

1966 年，美国通过了《信息自由法》，此后，经历了 1974 年、1986 年、1996 年和 2007 年四次重大修订，以及 1976 年、1978 年、1984 年、2002 年和 2009 年五次小修订。《信息自由法》确立了政府信息"以公开为原则，以不公开为例外"的基本信条，对资产的定位、作用等作了不同层面的分析。《信息自由法》为信息申请开放和利用过程中数据资产价值维护提供了重要依据。

1980 年，美国国会首次通过了《文书削减法》，1986 年、1995 年先后进行了两次修订。《文书削减法》首次提出"信息资源管理"的概念，以集中的方式对政府信息收集、维护、利用、传播作出规定，使美国信息资产管理逐步走向规范化、体系化，奠定了数据资产管理的基础意识。

1985 年，美国管理和预算局（OMB）发布了《联邦政府信息资源的管理通告》（即 A-130 号令），并于 1992 年、1996 年、2000 年、2016 年先后进行了四次修订。A-130 号令为联邦政府信息资源的管理规定了一个总的政策框架，确立了统一的政府信息资源管理政策，同时明确 OMB 是负责编制信息政策计划和推进实施的权威机构。随着 A-130 号令的修订，州和地方政府责任逐步完善，各机构及其人员的专项职能逐步细化，为机构履行使命、创造效益创造了条件和提供了保证。

2017 年，美国发布了《开放政府数据法》，强调联邦政府数据是有价值的国家资源，要最大限度地利用适合发布的联邦政府数据，促进通信、贸易和数据跨越国界。《开放政府数据法》规定了政府数据管理可获得、可发现、可利用等细节，为提高政府行政效率和体验、创造经济机会、促进科学和民主等具体的数据资产管理目标提供了法律参考。

总的来说，美国以保障联邦机构和公民数据资产管理活动的有效利用为目标，通过立法的形式保证了目标的顺利实现和数据价值的有效释放，为联邦机构和公民提供了基本遵循和法律保障，同时，相关法案内容与时俱进及时修订，为实现联邦政府数据的价值最大化保驾护航。

1.2.1.2 数据资产管理在政策文件中的部署

如果说上述基本法律为数据资产管理提供了基本保障，那么数据资产管理过程中制定的各项战略则彰显了美国数据资产管理的美好愿景。其中，代表性战略包括《数字政府战略》《大数据研究与开发计划》《联邦大数据研究与开发战略计划》《2019—2020 联邦数据战略行动计划》《美国国防部数据战略》等。随着这些战略的提出，美国对数据资产价值的认识和资源配置工具的要求也不断更新。

《数字政府战略》是奥巴马政府于 2012 年颁布的一项大数据基础战略。该战略明确了数字政府的三大目标和四个原则。三大目标为保障美国人民和流动性强的劳动力随时随地通过任何设备访问高质量的数字政府信息和服务的权利；确保美国政府融入新的数字世界；开发政府数据以刺激全美国的创新，改进政务服务。四个原则是以信息为中心、统一信息共享标准、以客户为中心、强化安全和隐私保护。《数字政府战略》主张发挥政府数据的作用，并且及时更新资源配置工具。

美国政府提出："数据是一项有价值的国家资产，应对公众开放，而不是把其禁锢在政府体制内。"《大数据研究与开发计划》《联邦大数据研究与开发战略计划》为公众开发和利用数据资产提供能力和支撑。美国政府于 2012 年 3 月推出《大数据研究与开发计划》，在此基础上于 2016 年 5 月发布《联邦大数据研究与开发战略计划》，其目标是对联邦机构的大数据相关项目和投资进行指导，围绕代表大数据研发关键领域的七个战略进行，促进人类对科学、医学和安全所有分支的认识，确保美国在研发领域继续发挥领导作用，通过研发来提高美国和世界解决紧迫社会和环境问题的能力。

《2019—2020 联邦数据战略行动计划》是联邦数据战略的"第一个年度行动计划"，该行动计划包含了共享行动、社区行动和机构行动等三类行动，并且细化了 16 个基础的行动步骤，每一行动均描述了将采取的行动和预期成果、负责执行的机构和时间节点，并建立了具体指标用于评估实施进展。其中，共享行动侧重政府范围内的数据服务，社区行动侧重跨机构合作，机构行动侧重机构内部的活动。

《美国国防部数据战略》于 2020 年 10 月由美国国防部发布。该战略是美国国防部数字现代化项目的关键组成部分，提出美国国防部应加快向"以数据为中心"过渡，在作战速度和规模上利用数据提高作战优势和效率。该战略在指导原则中明确提出"数据是一种战略资产"，必须以能够带来即时和持久军事优势的方式加以利用。随着决策中心战的理念逐渐成熟，驱动决策的数据也必然成为国防领域的战略资产和关键武器。作为基础性战略资源，军事数据在军队建设和作战运用中的作用日益凸显。

从美国数据资产管理基本战略的演进中可以发现人们在数据资产价值意识观念上所发生的重大演进过程。与以往通过专门机构或部门进行数据资产管理的方式不同，现在的数据资产管理已经将数据资产管理意识嵌入数据资产管理活动的各个流程、各个机构中。多元主体共同参与、数据管理贯穿整个数据资产管理活动周期，彰显了数据资产的"嵌入式管理"意识与纵横规划的愿景。

1.2.2　欧盟——从数据价值链到单一数据市场

根据国际资产管理体系标准 ISO 55000：2014 对资产[①] 和资产管理[②] 术语的定义，可类比定义：数据资产是对组织具有潜在或实际价值的数据；数据资产管理是组织以数据资产价值实现为目标的组织协调活动。在数据资产化探索方面，欧盟以释放数据价值为目标，从宏观层面确立了数据资产管理的战略定位，并致力于打造欧洲范围的数据生态系统，构建统一的欧洲数据空间基础设施，以加快数据驱动创新进程和数据驱动经济的深度发展，进而建立欧洲单一数据市场。

1.2.2.1　欧洲数据价值链战略

欧盟将数据价值链[③] 视为未来知识经济的核心，并于 2013 年发布了《欧洲数据价值链战略》。该举措致力于建立一个连贯的欧洲数据

---

①　资产是对组织具有潜在或实际价值的项目、事物或实体。

②　资产管理是组织的协调活动，以实现资产的价值。其中，价值实现通常会涉及成本、风险、机会和绩效收益之间的平衡；活动也可以指资产管理体系要素的应用；"活动"一词具有广泛的含义，可以包括方法、规划、方案及其实施。

③　数据价值链建立在不同的数据活动上：数据创建和收集，数据汇聚和组织，数据处理，数据分析、营销和分销，数据利用和再利用。

生态系统，为数据在欧洲范围内的跨部门、跨语言和跨国界流动创造先决条件，以实现数据价值最大化。

具体而言，《欧洲数据价值链战略》的目标是通过智能化利用各成员的数据源，从数据中提取最大价值。贯穿整个战略的三条基本原则包括：广泛可得的高质量数据，包括免费获得公共资助的数据；作为数字单一市场的一部分，数据在欧盟境内的自由流动；在个人潜在的隐私问题及其数据再利用潜力的挖掘之间找到适当的平衡，同时赋予公民以他们希望的任何方式利用其数据的权利。围绕战略愿景和基本原则，该战略还确立了三项主要举措：一是培育一个连贯的欧洲数据生态系统，将大型软件公司、中小企业、数据密集型部门（私人和公共部门）、研究人员、学术机构和资本提供者等欧洲层面的参与者汇聚起来，促进欧洲数字经济中各利益相关者之间的合作；二是促进围绕数据的研究和创新以及跨部门、跨语言和跨国界的数据服务和产品，具体行动包括建立一系列大数据服务，基于数据密集型行业的需求确定对数据研究和创新的投资，通过使用多种融资工具来促进跨部门、跨语言和跨国界的数据服务和产品研发，并为中小企业提供支持，激发围绕数据的创新；三是采取一系列举措改善从数据中提取价值的框架条件，包括培育良好的法律和政策环境，提升数字素养和数字能力，加强开放数据的基础设施建设，增强互操作和标准化发展。

1.2.2.2　欧洲数字经济建设

欧洲的数字经济是按照部门、语言和边界划分的，碎片化现象严重阻碍了数字经济的有效发展。因此，欧盟致力于打造欧洲范围的数据生态系统，并为实现经济和社会效益最大化发展开发生态系统。

2015 年欧盟发布的《欧洲数字单一市场战略》围绕保障消费者和企业能够更好地访问整个欧洲的在线商品和服务，为数字网络和服务的蓬勃发展创造合适的条件，实现欧洲数字经济增长潜力最大化三个方面提出了 16 项重要举措。为了提升整个欧盟对数据的有效利用，实现数据价值最大化目标，欧盟采取了进一步的行动。作为数字单一市场战略的重要组成部分，2017 年欧盟专门发布了《建立欧洲数字经济》报告，该报告聚焦数据的自由流动，机器生成数据的访问和转移，新兴技术的责任和安全，非个人数据的可移植性、互操作性和标准等四个方面的议题。2018 年发布的《迈向共同的欧洲数据空间》在现行数据保护立法的基础上提出了一系列措施，作为迈向共同的欧洲数据空间的关键一步，以提升数据驱动创新的经济社会效益。这些措施主要包括：第一，从公共部门数据驱动创新服务发展的价值定位出发，不断完善公共领域数据和公共资助数据获取及再利用的法规和政策，具体包括审查《公共部门信息再利用指令》和更新《关于获取和保存科学信息的建议》；第二，从私营部门数据驱动欧洲创新和竞争力提升的价值定位出发，提出共享私营部门数据的指南，包括基于公共利益的企业与政府间（B2G）数据共享、基于数据驱动创新的企业间（B2B）数据共享，具体内容可参见 1.4.2.1。

1.2.2.3　英国数据资产管理规范

2005 年，英国政府根据 2003 年欧盟的《公共部门信息再利用指令》颁布了《公共部门信息再利用条例》（PSI 条例）①，初步建立了英国公共部门信息再利用的法律框架。2015 年英国根据 2013 年修订的欧盟 PSI 条例进一步修订、出台了《公共部门信息再利用条例 2015》②。为了指导公共部门遵守《公共部门信息再利用条例 2015》，

---

①　UK Cabinet Office. The Re-use of Public Sector Information Regulations 2005. https://www.legislation.gov.uk/uksi/2005/1515/contents/made.

②　The Secretary of State of UK. The Re-use of Public Sector Information Regulations 2015. https://www.legislation.gov.uk/uksi/2015/1415/contents/made.

英国制定了《信息资产清单》[①]。信息资产是指由公共部门创造，并与该部门有利益关系的信息单元。信息资产清单是依某种标准进行分类的信息资产的登记凭证。而《信息资产登记》[②]主要是以清单的形式呈现英国政府未公开发布的信息资产，方便公众对这部分信息进行查找及再利用。其信息范围涵盖所有政府部门的信息，如数据库、旧文献集、新的数字文件及统计性的资料等。政府某个部门可以通过构建自己的信息资产主页、获取部门信息资产编号和对新的信息资产登记进行备案来完成整个信息资产登记的创建过程。

《信息资产清单》及其附件首先明确了什么是信息资产，政府哪些事物可以算作信息资产，从价值、风险、内容到生命周期多个层面明确了信息资产识别原则；其次，明确了信息资产如何登记，将信息资产的识别登记工作划分为开始信息资产登记，识别关键资产，描述资产，确定信息资产的所有者，维护和更新信息资产；再次，明确了如何保障信息资产可持续地保值增值，开展数字连续性维护工作；最后，明确数字连续性是指在需要的时间内，以需要的方式使用信息的能力。管理数字连续性（如图 1-1 所示）可保护开展业务所需的信息，使组织能够负责任、合法、有效和高效地运营。

1.2.3　新加坡——挖掘数据价值，促进数字经济发展

在数据资产化探索方面，新加坡以发展数字经济为行动目标，将数据作为发展数字经济的重要资源，认识到数据的资产地位，并为企业数据价值评估提供指南，以指导企业对数据资产进行系统全面的管

---

① 　TNA. Information Asset Lists. https://www.nationalarchives.gov.uk/documents/information-management/asset-lists.pdf.

② 　TNA. Information Asset Register Factsheet. https://www.nationalarchives.gov.uk/documents/information-management/info-asset-register-factsheet.pdf.

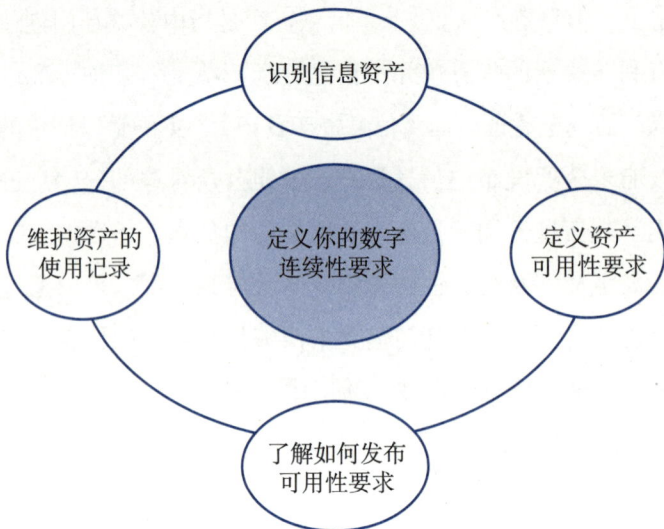

图1-1　英国数字连续性要求

理，充分释放数据的经济价值。

1.2.3.1　发展数字经济，推动产业升级

2018 年，新加坡信息通信媒体发展管理局发布了《数字经济行动框架》，明确指出数据是未来新的经济资产，阐明了数据在社会经济发展中的资产地位。该框架提出将数字产业打造成经济增长引擎，重点培育发展四大前沿业态：数据科学和人工智能，网络安全，沉浸式媒体，以及物联网和未来通信。同时，加速现有产业的数字化改造，为中小企业提供各阶段的数字化详细指导。

1.2.3.2　发布数据价值评估指南

2019 年，新加坡个人数据保护委员会与信息通信媒体发展管理局联合发布了《面向数据共享的数据价值评估指南》。该指南界定了数据资产的含义，指出数据资产应具备可识别可定义、为未来带来经济效益、受控于组织三个特点。其中，可识别可定义主要是指数据资产可以由数据库中的特定文件、特定表或记录组成；为未来带来经济效益是指数据资产需要有一定的用途才能具有价值，识别数据的生产用途通常是为资产分配价值所必需的；受控于组织是指组织必须有权以与适用法律和任何合同许可安排所赋予的权利一致的方式使用数据，同时保护数据并限制其他人对数据的访问。该指南专门面向企业间数据共享，介绍了数据盘点、数据价值评估的具体方法，为企业数据价值评估提供了操作性指导。

1.3 数据管理的体制机制

1.3.1 美国——构建价值驱动的数据管理生态体系

根据"以数据价值为中心"的机构服务理念，美国形成了以数据管理生态体系为总体框架，以目标协同、主体协同、客体协同、过程协同和要素协同为主要手段，以数据管理标准赋能为保障的数据管理体制机制。

1.3.1.1 数据管理生态体系

美国数据管理体制机制的一大亮点是其数据管理生态体系。美国数据管理生态体系以数据治理机构为支撑，推动与联邦政府各利益相关方的协作和变更管理，从而确定可为纳税人带来最大价值并支持政府高效的解决方案。

这一数据管理生态体系涉及管理和预算局、联邦总务署（GSA）、总统管理委员会（PMC）、共享服务治理委员会（SSGB）和业务标准委员会（BSC）等重要主体。其中，共享服务治理委员会由各理事会的代表组成，包括绩效改进委员会、首席财务官委员会、首席人力资本官委员会、首席分析官委员会、首席信息官委员会等。业务标准委员会是一个由行业从业者和战略家组成的跨政府团队。

在职能方面，管理和预算局、联邦总务署及总统管理委员会共同定义总体战略和关键优先任务。共享服务治理委员会负责向管理和预算局提供共享机会和指定活动实施方面的建议，同时辅助业务标准委员会解决在创建业务和数据标准方面的不一致之处。业务标准委员会负责与每个 CXO［如首席财务官（CFO）、首席人力资本官（CHCO）、首席分析官（CAO）、首席信息官（CIO）等］委员会以及各个职能领域的权威治理机构合作，设计一个集成端到端的未来任务支持活动状态。这些标准遵循联邦综合业务框架（FIBF）。

美国数据管理生态体系通过各个政府部门和机构的共同作用实现了预算、人员、业务、数据和政策的协同，形成了一个互联互通互信互认的管理体制机制，其治理和运营模型如图1-2所示。

1.3.1.2　数据管理协同路径

以美国联邦政府数据治理生态框架为分析依据，总结出美国以数据价值为中心，通过目标协同、主体协同、客体协同、过程协同和要素协同路径实现数据管理的过程。

目标协同主要体现为数据管理各个目标的综合协同作用，包括：确定"任务支持服务"的总体战略并确定关键的优先事项；按职能制定质量服务管理目标，使其与跨机构优先目标战略和其他管理计划保持一致；为实践社区在财务管理、人力资源管理等方面设定委员会目标，并与生产物料控制的目标保持一致；就跨职能执行任务支持服务目标提供咨询意见，包括联邦总务署执行战略；提供专业知识和标准的跨职能集成；通过管理变革控制委员会，定义和协调政府范围内的标准；通过标准工作组和变更控制委员会确定正在进行的和正在出现的业务需求等具体目标。主体协同主要体现为数据管理过程中涉及的

管理和预算局 （OMB）	联邦总务署 （GSA）

总统管理委员会（PMC）
管理和预算局、联邦总务署担任任务支持跨机构优先（CAP）目标领导者

共享服务治理主席	目标绩效的 过程化管理	联邦财政 管理办公室	目标绩效的 过程化管理	联邦采购 政策办公室	联邦首席信 息官办公室
共享服务治理委员会	绩效改进 委员会	首席 财务官 委员会	首席人力 资本官 委员会	首席 分析官 委员会	首席 信息官 委员会

联邦总
务署

共享解
决方案
和绩效
改进办
公室

业务标准委员会（BSC）

标准引导通过跨机构治理进行协调，以遵循通用框架来建立和维护标准

联邦机构
为标准工作组和变更控制委员会提供专家代表
（由CXO委员会指定）

管理和预算局/共享服务治理委员会/业务标
准委员会

联邦机构 用户	管理和预 算局	任务单审 查委员会

联邦总
务署

共享解
决方案
和绩效
改进办
公室

质量服务管理处（QSMO）
质量服务管理处提供的服务：客户服务，协议管理，供应商管理，
服务集成，主题专业知识，标准化，需求管理，开发微服务，软件
授权，项目管理，配置管理

技术	实施和 集成支持	服务台和 交易支持
供应商A	供应商D	供应商G
供应商B	供应商E	供应商H
联邦解决方案	联邦解决方案	联邦解决方案

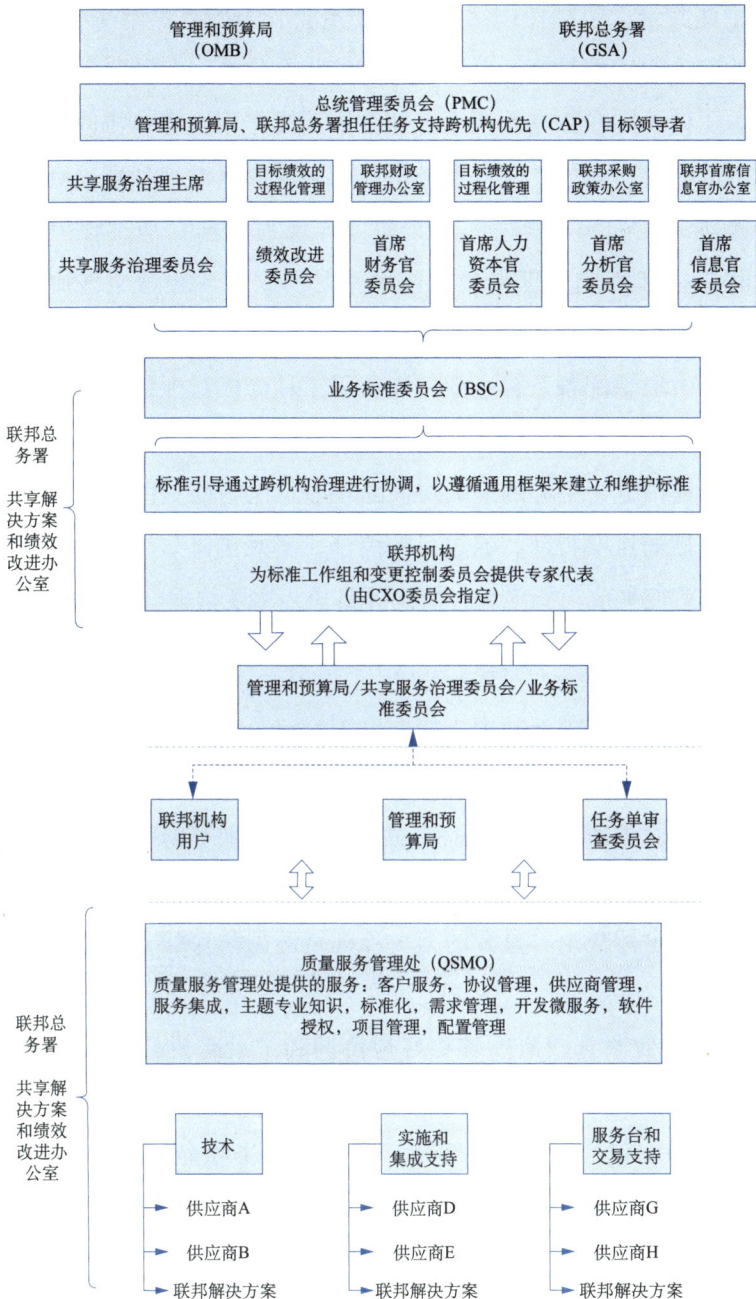

图 1-2　美国联邦政府数据治理和运营模型

多元主体共治，包括美国绩效改进委员会、美国首席财务官委员会、美国首席采购官委员会、美国首席信息官委员会、美国联邦贸易委员会等多主体共同在数据治理生态体系中发挥作用。客体协同强调的是数据的战略资产地位、嵌入业务特征、多源数据汇聚和数据真实、可靠等基本属性的协调统一。过程协同体现为数据管理过程中的业务全过程管控和集成管理平台的运用，促进业务沟通及文件流转。要素协同是指法律法规政策、标准与指南、硬件软件配备、第三方中介服务、人力资源配备、资金支持和实用工具与模板配备等要素之间的协同。

　　以数据价值为中心的五大协同路径显示出当前美国数据管理体制机制协同性的重要特征，通过目标综合、多元主体共治、客体特征融合、过程管控集成、要素综合协同等路径，实现数据管理高效畅通。

1.3.1.3　数据管理标准赋能

　　在美国数据管理活动中，标准发挥着至关重要的作用，同时标准建设也是美国数据管理的重点任务。在具体业务上，美国数据管理标准对外包服务质量、业务系统功能和支付款项等都有具体要求。此外，标准还保证了系统互操作性、项目投入与产出、服务连通的作用机制。而制定标准至关重要的第一步则是遵循联邦综合业务框架，如图 1-3 所示。

　　FIBF 是使联邦政府能够更好地协调和记录跨机构的共同业务需求的模型，关注结果、数据和跨功能的端到端业务流程，推动规模经济发展。FIBF 包括五个组成部分：a）联邦业务生命周期。职能区域、职能和活动是对机构需要哪些服务以及应提供的解决方案达成共识的基础。b）业务能力。业务能力是基于结果的业务需求，映射到联邦政府的权威参考、表格、输入、输出和数据标准。c）业务用例。业

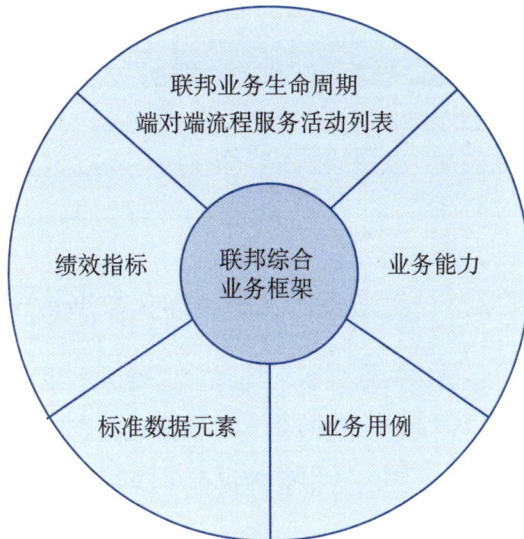

图 1-3　联邦综合业务框架

务用例是一组机构"故事"，记录了关键活动、投入、产出和其他业务交叉点，以描述联邦政府的运作方式。d）标准数据元素。确定支持用例和功能中指出的输入和输出所需的最小数据字段。e）绩效指标。绩效指标定义了政府如何根据及时性（效率）和准确性（目标）来衡量成果的成功交付。FIBF 当前涵盖的跨职能端到端业务流程包括：预算制定与执行、处置、采购、付款、报告、报销、人才招募、人才培养、员工绩效管理、退休咨询等。FIBF 由各自的标准负责人领导的跨机构工作组开发和定义。FIBF 各功能区域责任划分见表1-1。

表1-1　FIBF各功能区域责任划分

功能区域	标准负责人
核心财务管理	财政部，金融创新与转型办公室
合同撰写系统	国土安全部
差旅	联邦总务署
人力资源管理服务	人事管理处

续表

功能区域	标准负责人
网络安全服务	国土安全部
拨款管理	管理和预算局
电子文件管理	国家档案局

1.3.2　欧盟——打造多层次的一体化数据管理模式

欧盟形成了多层次的数据管理模式，明确了欧盟范围内数据管理的角色和责任分工。同时，欧盟建立了涵盖数据管理多维度要素的框架体系，为整个欧盟范围的数据管理提供了全面一致的方法。

1.3.2.1　多层次的数据管理模式

欧盟的数据管理是一个涉及超国家层面（欧盟）、国家层面（各成员国）和组织层面的多层次管理模式，其突出特点是设立专门的机构和专职人员负责数据管理相关事宜。

欧盟数据管理机构是在欧盟委员会治理体系的基础上形成的，主要包括综合管理委员会和专业的数据管理委员会。其中，综合管理委员会作为综合性的管理委员会，在欧盟委员会主席的授权下，通过协调、监督、咨询和战略定位为委员会的业务管理提供支持，其职责范围主要涉及战略规划、财务和人力资源管理、信息管理、风险管理、信息技术和网络安全、安全和业务连续性、反欺诈活动和业务审计等方面。数据、信息和知识管理指导委员会作为专业的数据管理委员会，负责制定数据、信息和知识管理方面的政策并提供指导，同时需要向综合管理委员会提供数据管理方面的专业支持。

欧盟在数据安全和隐私保护方面建立了严密的组织机构体系。在欧盟层面，基于《通用数据保护条例》（GDPR）的要求成立了欧洲数据保护委员会（EDPB）。EDPB 是一个具有法人资格的独立的欧洲机构，旨在确保数据保护规则在整个欧盟的一致性应用，其成员由欧盟成员国家数据保护权威机构和欧洲数据保护监管机构的负责人或它们的代表组成。EDPB 的主要职责包括提供一般性的指南（包括指引、建议和最佳实践）以阐明法律，就个人数据保护和欧盟新立法相关的问题向欧盟委员会提供建议，以及就国家监管机构间的争端采取具有约束力的决定。同时，针对欧盟机构和团体中的数据保护，欧盟成立了欧洲数据保护监管部门（EDPS）。EDPS 是欧盟独立的数据保护监管机构，目前由一名主管领导和由经验丰富的律师、IT 专家和行政人员组成的办公室（秘书处）提供支持，其职责范围包括监督欧盟机构和团体在处理个人信息时确保对个人数据和隐私的保护，根据要求或主动向欧盟机构和团体提供与处理个人数据有关的建议，监督可能影响个人信息保护的新技术，在欧盟法院就数据保护法案的解释提供专家意见，与国家监管机构和其他监管机构合作等。在国家层面，欧盟国家根据《欧盟基本权利宪章》设立了负责保护个人数据的国家机构，国家层面的个人数据保护机构需要为 EDPB 提供支持，同时需要与 EDPS 进行协调和合作。在组织层面，《通用数据保护条例》和第（EU）2018/1725 号条例①要求在机构、团体、办事处或代理机构内或规定的情境下设立数据保护官以确保机构内个人数据保护的合规性。当前欧盟委员会已任命一名数据保护官，在与 EDPS 协调中负责和监督数据保护规则在欧盟委员会内的应用。

---

① European Commission. Regulation (EU) 2018/1725 of the European Parliament and of the Council of 23 October 2018 on the Protection of Natural Persons with Regard to the Processing of Personal Data by the Union Institutions, Bodies, Offices and Agencies and on the Free Movement of Such Data, and Repealing Regulation (EC) No. 45/2001 and Decision No. 1247/2002/EC. https://eur-lex.europa.eu/legal-content/EN/TXT/?qid=1552642506978&uri=CELEX:32018R1725.

1.3.2.2 全面一致的数据流动监管框架

欧盟以数据安全和隐私保护为核心，构建了欧盟层面的数据流动监管框架。2018 年 5 月 25 日欧盟实施的《通用数据保护条例》与 2019 年 5 月 28 日实施的《关于欧盟境内非个人数据自由流动框架条例》确保对欧盟境内全类型数据（个人数据和非个人数据）跨境自由流动采取全面一致的规定。同时，《通用数据保护条例》与 2017 年 1 月 10 日通过的《隐私与电子通信条例》提案为所有数据处理提供相应的数据保护规则。2018 年 4 月 25 日欧盟委员会通过的《委员会关于获取和保存科学信息的建议》最新版本和《欧洲数字经济中的私营部门数据共享指南》，以及 2019 年 7 月 16 日生效的《开放数据和公共部门信息再利用指令》[①]，为公共数据以及公共资助的研究数据、科学数据以及私营部门数据共享和再利用提供了相应的规定和指导。2019 年 4 月 28 日发布的《可信赖人工智能道德准则》从数据和隐私保护、数据的质量和完整性、数据访问三个方面提出了数据治理的原则。

另外，在数据流通落地实施方面，欧盟深入部署了数据互操作性和标准、基础设施建设以及能力构建等关键内容。其中，在互操作性和标准方面，2017 年 3 月欧盟新修订的《新的欧洲互操作框架》从互操作的角度提出覆盖法律互操作、组织互操作、语义互操作和技术互操作四个层面的互操作集成框架。在基础设施建设方面，欧盟从宽带基础设施、公共数据基础设施（如欧洲开放数据门户网站和泛欧开放数据门户网站）以及科学基础设施（欧洲开放科学云）等方面全方位、多领域积极部署泛欧层面的基础设施建设。在能力构建方面，欧盟把数字技能和专业知识作为其未来技能和培训计划的关键组成部

---

① 《开放数据和公共部门信息再利用指令》也被称为《开放数据指令》。《开放数据指令》是在欧盟 2003 年《公共部门信息再利用指令》以及 2013 年修订版基础上建立的最新版修订指令。

分，如欧洲新技能议程、数字机会培训、数字技能和就业大联盟倡议等一系列专注于数字素养和技能提升的行动计划。

1.3.3 新加坡——建立多部门协同的数据管理体系

新加坡以智慧国家和数字政府小组、通信和信息部、新加坡信息通信媒体发展管理局、个人数据保护委员会、公共部门数据安全审查委员会为主要责任机构，负责政府与社会的数字化转型、个人数据和公共数据的保护，多部门（见图 1-4）协同推进"智慧国家 2025"计划的实施。

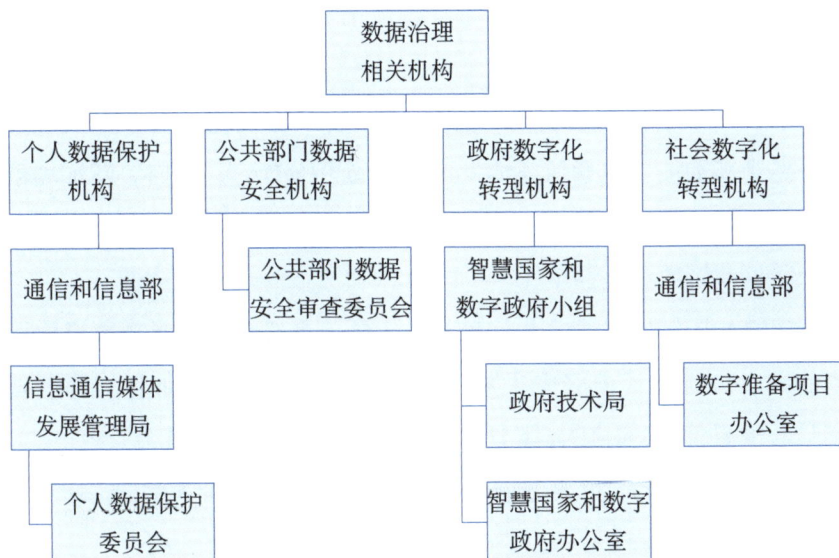

图 1-4 新加坡数据治理相关机构

1.3.3.1 明确责任机构，协同推进数据管理

1. 政府数字化转型机构：智慧国家和数字政府小组

政府技术局与智慧国家和数字政府办公室合称为"智慧国家和数字政府小组"。由总理府领导的智慧国家和数字政府办公室规划并确

定优先重点的智慧国家项目，推动政府的数字化转型。

2. 社会数字化转型机构：通信和信息部

通信和信息部的职责分为三个模块：对信息通信技术、网络安全和媒体部门的发展进行监管；管理国家图书馆、国家档案馆和公共图书馆；制定及执行政府的信息政策和公共传播政策。

通信和信息部于 2017 年 5 月设立了数字准备项目办公室，负责推动数字准备的整体国家战略。办公室促进公共、私营和民众机构之间的协调和协同，并与所有三个部门合作，制定相关的数字准备政策、设计方案，监测计划的进展和成效。

3. 个人数据保护机构：新加坡信息通信媒体发展管理局、个人数据保护委员会

2016 年，原新加坡资讯通信发展管理局和新加坡媒体发展管理局被合并为新加坡信息通信媒体发展管理局（IMDA），同时，新加坡创建了政府技术局（GovTech），从而使数据利用和数据监管实现分离，确保数据监管的中立性。

IMDA 是新加坡通信和信息部的主要分支机构，在承担原机构职责的同时，还负责监督个人数据保护规则，是建设新加坡"智慧国家"的重要部门。IMDA 下设新加坡个人数据保护委员会（PDPC），它成立于 2013 年，主要起着管理和执行新加坡《个人数据保护法》的作用。

4. 公共部门数据安全机构：公共部门数据安全审、查委员会

2019 年 3 月 31 日，新加坡成立公共部门数据安全审查委员会。该委员会的工作涵盖三个方面：一是研究政府如何全面地保护公民数据，包括审查服务供应商及获授权的第三方所扮演的角色；二是推荐技术措施、流程和能力，以提高政府对公民数据的保护和应对事故的能力；三是制定及时应对措施以及长远措施的行动计划，落实委员会

的建议。

5. 政府部门设置的数据治理相关职位

新加坡政府在每个部门都任命了一名副部长级的首席数字战略官。首席数字战略官负责监督本部门的数字政府目标和数字化计划的实现，协调部门内部的通信技术和数字化指导委员会，并对其赋予明确的权限，委员会成员包括机构的首席信息官、首席数据官和首席信息安全官。

1.3.3.2　国家战略升级——"智慧国家 2025"计划

新加坡政府围绕"智慧国家 2025"建设，聚焦数字经济、数字政府和数字社会三大战略重点，夯实下一代数字基础设施与平台、数据资源以及网络安全三大基础支撑，加强组织机制创新和发展环境优化，打造智慧国家。具体战略如下：

1. 数字经济行动框架要素及目标

《数字经济行动框架》将数据作为经济发展的要素，以数字基础设施、政策规则与标准、研究与创新以及人才等四个方面为助推器，以加速（加速已有产业数字化）、竞争（培育新的数字生态系统以提高竞争力）及转型（发展下一代数字产业作为增长引擎）为战略优先领域。

2. 数字政府战略及目标

智慧国家和数字政府小组于 2018 年发布了《数字政府蓝皮书》，蓝皮书指出数字政府的愿景是利用数据、连接和计算来改变政府为公民和企业服务的方式，强调数据在数字政府建设中的重要价值。蓝皮书提出了数字政府的六大举措：整合民众和企业服务；加强政策、操作及技术之间的整合；运用可靠安全的系统；民众和企业共同创造；提升追求创新的数字能力；建设公用数字和数据平台。其中，建设公用数字和数据平台将数据作为新加坡政府技术栈的第一层，可见新加坡政府重视数据资源在建设数字政府中的基础支撑作用。

3. 数字社会战略及目标

新加坡通信和信息部发布的《数字准备度蓝皮书》旨在打造数字社会，使每个新加坡公民都能体验到技术的好处，表明了新加坡政府将人作为智慧国家中心地位的决心和努力。《数字准备度蓝皮书》主要从四个方面推进数字社会：扩展和增强包容性的数字访问；把数字素养融入国家意识；推动社区和企业广泛采用技术；通过设计促进数字包容性实施。

1.3.3.3 规范公共部门内部数据共享

新加坡议会通过的《公共部门（治理）法案》进一步规范了公共部门内部跨机构数据共享。该法案规定，新加坡公共部门及其所有官员有权在新加坡公共部门的控制下，在数据共享指令允许的范围内，与另一个新加坡公共部门共享信息。《公共部门（治理）法案》对数据共享中的安全问题也进行了规定：若公务员在未经许可的情况下蓄意泄露数据，或滥用数据谋取利益，抑或重新标识匿名数据，均可被视为犯罪，可被判处高达 5 000 元罚款或长达两年监禁，或两者兼施。《公共部门（治理）法案》明确了公共部门的数据权责，强化了法定机构之间的共享义务，明确了共享机构与申请机构间的安全责任，对数据共享中必要的匿名等隐私保护措施作出了要求。

1.3.3.4 推动跨境数据流动

新加坡制定了数据跨境传输要求，禁止向数据保护水平低于新加坡的国家或地区转移数据，但在特殊情况下，企业可以申请获得个人数据保护委员会的豁免。此外，立法还提供了"数据跨境传输合同条款"作为补充。2018 年 2 月，新加坡加入了亚太经济合作组织主导的跨境隐私规则（CBPR）体系。获得认证的在新加坡经营业务的企业可以与该体系成员的认证企业自由传输数据。

此外，新加坡个人数据保护委员会与澳大利亚信息专员办公室（OAIC）、菲律宾国家隐私委员会（NPC）、英国信息专员办公室（ICO）、中国香港签订关于跨境数据流动的谅解备忘录，以使两地企业能无缝跨境传输个人数据，并确保其符合法律制度的有关规定。

1.4　数据共享开放

1.4.1　美国——政策与技术相结合的共享开放保障格局

美国形成了政策支持与技术支撑相结合的双重保障格局，不断完善数据共享开放政策，建设共享开放平台，使透明、协同、互操作的数据共享开放活动得以顺利开展。

1.4.1.1　数据共享开放政策

2009 年奥巴马政府发布的《透明和开放政府》是美国数据共享开放政策的总纲，在此基础上，美国陆续发布保障美国数据共享开放的代表性政策，如表 1-2 和表 1-3 所示。

表1-2　美国数据开放代表性政策清单

序号	名称	发布机构	年份
1	《透明和开放政府》	奥巴马政府	2009
2	《开放政府指令》	管理和预算局	2009
3	《开放政府计划》	管理和预算局	2010
4	《开放数据政策》	管理和预算局	2013
5	《开放数据并让机器可读》	奥巴马政府	2013

表1-3　美国数据共享代表性政策清单

序号	名称	发布机构	年份
1	《透明和开放政府》	奥巴马政府	2009
2	《联邦数据战略——一致性框架》	美国联邦政府	2019
3	《联邦数据战略2020年行动计划》	美国联邦政府	2019
4	《联邦数据战略2021年行动计划》	美国联邦政府	2020
5	《联邦零信任战略》	美国联邦政府	2021

在保障数据开放方面，美国出台了《透明和开放政府》《开放政府指令》《开放政府计划》《开放数据政策》《开放数据并让机器可读》五份一脉相承的代表性政策。2009年，《透明和开放政府》确立了数据共享开放过程中透明性、参与性和协作性三大基本原则。同年，《开放政府指令》要求各部门在美国政府数据门户网站（www.data.gov）上及时进行数据集的更新。2010年，《开放政府计划》进一步推动各部门制订阶段性开放数据计划。《开放数据政策》将信息作为资产进行管理，要求政府各个部门必须遵循元数据的标准创建和维护一个开放数据清单，并规范与客户合作的流程，在数据开放实际操作上为客户发布数据提供指导。《开放数据并让机器可读》进一步完善了美国政府数据开放的推进体系、管理框架和开放利用标准，提升了数据资源的开放性和互操作性。

在保障数据共享方面，美国出台了《透明和开放政府》《联邦数据战略——一致性框架》《联邦数据战略2020年行动计划》《联邦数据战略2021年行动计划》《联邦零信任战略》等政策文件。《透明和开放政府》强调通过鼓励联邦政府内部、各级政府之间以及其他机构和私人机构之间的合作和建立伙伴关系来提高政府的工作效率，促进了政府数据在不同主体之间的共享。2019年6月，《联邦数据战略——一致性框架》签发，提出了数据共享的四方面要求：（1）提出利用数据指导决策，共享决策背后的数据和分析；（2）提出准备数据共享的要求，联邦政府需评估并主动解决联邦机构内部、跨部门以及与外部合作伙伴共享数据的程序、监管、法律和文化障碍；（3）协调和共享联邦政府跨机构的数据资产，以推进共享和其他目标的进展，最大限度地满足联邦信息需求，减少数据收集负担；（4）促进联邦政府、地方政府和部门机构之间的数据共享，给予适当的数据共享保护。同年 12 月，为了进一步释放数据潜力，推动数据共享，美国联邦政府发布了《联邦数据战略 2020 年行动计划》，通过数据指导决策、评估公众对联邦政府数据的价值和信任感知、促进各个机构间的数据流通等具体数据管理实践，构建重视数据并促进数据共享实用的文化；同时，联邦政府实施数据共享行动，在政府范围内，由某一机构或协会牵头，利用跨机构资源实施数据治理行动，为所有相关机构服务。通过开发联邦数据资源库、创建 OMB 联邦数据政策委员会、制定数据技能目录、创设数据伦理框架、开发数据保护工具包、试行一站式数据标准、试行自动的信息收集审查工具支持数据清单的创建和更新、尝试改进数据管理工具、开发数据质量衡量和报告指南以及开发数据标准库十项行动方案，推进联邦数据共享。2020 年，《联邦数据战略 2021 年行动计划》发布，在前一年的基础上社区实践和共享解决方案行动（Community of Practice and Shared Solution Actions）强调了重点是进一步推进跨部门、跨层级的企业成熟数据和通用数据的共享。2021 年 9 月，美国管理和预算办公室发布了《联邦零信任战略》，提出在数据层面的共享要求。各机构需对数据进行彻底分类并加以保护，采取统一的、清晰的共享路径，并应使用云安全服务以监控对自身敏感数据的访问，并实现业务范围之内的日志记录与信息共享。

1.4.1.2 数据共享开放平台

数据共享开放平台是数据治理的重要基础设施，是数据共享开放过程中连接政府各个部门、政府与各个机构、政府与公民的重要载体。美国将数据共享嵌入网络基础设施建设、网络安全控制及自动化配置管理和网络可视化中。美国的数据共享开放平台已形成较为完善的体系，其中既包括美国政府数据门户网站和美国数字化网站（https://digital.gov）这类统一的数据服务集成平台，又包括各个部门、机构的数据共享开放网站。

美国政府数据门户网站是美国联邦总务署2009年推出的政府数据发布平台。该平台根据《开放政府数据法》提供开放的、机器可读的政府数据，并确保隐私和安全。在该平台上，联邦机构对其数据资产进行了分类，发布公共数据列表，实现多部门之间的数据互联互通，提升了政府的精细化管理和科学决策水平。

在实际政府数据共享应用方面，美国国家海洋大气局、国家航空航天局、地质调查局等机构将各自所拥有的气象数据发布在美国政府数据门户网站上，实现了气象数据的共享开放。

在农业数据共享开放方面，美国联邦政府建立了专门的美国农业数据共享门户网站（https://data.nal.usda.gov）。该平台由美国农业部提供研究数据，用于帮助农业研究中的社区共享和发现。美国农业部国家农业图书馆通过农业数据共享提供了农业科研数据和数据产品可查找、可访问、可互操作和可重用的服务。

在共享开放的辅助支持方面，美国数字化网站是美国联邦政府搭建的旨在帮助政府机构提供更好的数字服务的门户网站。美国数字化网站的使命是改变21世纪政府学习、构建、交付和衡量数字服务的方式。该网站为联邦政府提供了有效和可访问的数字服务所需的工具、方法、实践和政策指导。其中，提供的工具与服务主要是免费和低成本的服务，以改善用户的数字体验，包括数字化分析网、数据 API 网、代码网等 30 个服务网站的名称、描述、联系指南。

1.4.2　欧盟——公私部门协同推进的共享开放模式

欧盟特别强调对数据的共享、开放和利用，以实现数据驱动创新和经济发展的最终目的。在数据共享方面，欧盟从公共利益和经济利益角度出发，提出对私营部门数据共享的新探索。在数据开放方面，欧盟进一步完善了公共部门数据和科学数据开放的法规政策，并强化了对开放数据基础设施的建设。

1.4.2.1　私营部门数据共享模式的新探索

欧盟将数据共享延伸到私营领域，提出私营部门数据共享的新探索，突破了传统的数据共享概念。《迈向共同的欧洲数据空间》[①]（2018）、《欧洲数字经济中的私营部门数据共享指南》[②]（2018）（以下简称《共享指南》）及 2020 年 2 月 19 日欧盟委员会公布的《欧洲数据战略》均提出了对私营部门数据共享原则、共享模式及其法律和技术等方面的要求。私营部门数据共享涉及企业间（B2B）和企业与政府间（B2G）两种类型的数据共享。

1. 基于公共利益的 B2G 数据共享

B2G 数据共享的核心是基于公共利益的数据共享。《迈向共同的欧洲数据空间》和《共享指南》规定了 B2G 数据共享的六项关键原

[①]　European Commission. Communication from the Commission to the European Parliament, the Council, the European Economic and Social Committee and the Committee of the Regions: Towards a Common European Data Space. https://eur-lex.europa.eu/legal-content/EN/ALL/?uri=COM:2018:0232:FIN.

[②]　European Commission. Commission Staff Working Document: Guidance on Sharing Private Sector Data in the European Data Economy. https://ec.europa.eu/digital-single-market/en/news/staff-working-document-guidance-sharing-private-sector-data-european-data-economy.

则：私营部门数据利用中的相称性①、目的限制、无伤害、数据再利用的条件、降低私营部门数据的限制、透明性和社会参与。欧盟委员会组织了高级专家组会议，评估了与 B2G 数据共享有关的问题并于 2020 年 2 月 19 日发布了最终报告②，报告对六项原则进行了修改和补充。新修改的原则加强了对私营部门、市民 – 社会组织的利益保障，兼顾了公共利益和私营部门、市民 – 社会组织的共同利益诉求。其中，"目的限制"名称修改为"数据利用限制"，"无伤害"名称修改为"降低风险和保障措施"，"数据再利用的条件"修改为"补偿"和"非歧视"两项原则，同时，新增"可问责性"与"公平和合乎道德的数据利用"两项原则。另外，《共享指南》还提出了数据捐赠、设置奖项、B2G 伙伴关系、中介机构、市民数据共享五种 B2G 数据共享模式。同时，《共享指南》考虑了 B2G 数据共享中的数据利用协议等法律要求，并建议通过数据平台、算法到数据③、隐私保护计算等三种主要技术手段实现数据共享。

2. 基于数据驱动创新的 B2B 数据共享

B2B 数据共享是从数据驱动创新和经济发展的价值定位出发的数

---

① 私营部门数据利用中的相称性（proportionality in the use of private sector data）原则：在优惠条件下再利用私人部门数据的要求应以明确和可证明的公共利益为依据。对私营部门数据的要求应充分且与预期的公共利益目的相关，并且在细节、相关性和数据保护方面应是相称的。与预期的公共利益相比，提供和再利用私营部门数据所需的成本和精力应该是合理的。

② High-Level Expert Group on Business-to-Government Data Sharing. Towards a European Strategy on Business-to-government Data Sharing for the Public Interest. https://ec.europa.eu/digital-single-market/en/guidance-private-sector-data-sharing.

③ 算法到数据（algorithm-to-the-data）：将算法引入数据中可以解决数据的安全性、数据保护和隐私挑战的问题。该方案将个人数据和隐私保护作为主要考虑因素之一，即尽可能少地移动数据。使用此解决方案意味着该算法已安装在私有公司的 IT 环境中，并在那里进行了分析，仅将通过算法得出的匿名性结果转移回公共部门。数据查询界面可以由相关公司和 / 或公共组织（或由受信中介机构）共同设计。

据共享，以确保为新技术（如物联网）以及依赖于此类技术创建的非个人机器生成数据的产品和服务提供具有公平性和竞争性的市场。《迈向共同的欧洲数据空间》和《共享指南》从透明性、共享价值创造、尊重彼此的商业利益、确保公平竞争、最小化的数据锁定五个方面规定了 B2B 数据共享关键原则。同时，《共享指南》还提出了开放数据方法、数据市场上的数据货币化、封闭平台上的数据交换三种 B2B 数据共享模式。另外，《共享指南》还指出了数据利用和许可协议相关的法律要求，并提出通过 API 或工业数据平台进行一对多的数据共享、多对多的数据市场中的数据货币化、数据赋能者提供支持等主要技术手段实现 B2B 数据共享。

1.4.2.2 数据开放规则与实践最新进展

1. 公共部门数据和科学数据开放规则的进一步完善

公共部门开放数据政策是欧盟开放数据政策的重点内容。欧盟委员会于 2018 年 4 月 25 日通过了修订《公共部门信息再利用指令》（PSI 指令）的提案[①]，并于 2019 年 6 月 26 日公布了新的《开放数据和公共部门信息再利用指令》（也被称为"开放数据指令"）。该指令进一步将公共资助研究数据以及公共事业单位在特殊规则下持有的数据纳入指令范围内，高度重视高价值数据集（如地理空间数据、统计数据等）的开放和再利用，鼓励动态数据发布及 API 应用，并限制对收取边际成本的例外使用，同时，提出了开放数据和再利用过程中的透明、非歧视和非排他性的原则要求。

开放科学数据政策是欧盟开放数据政策的另一个重要方面。欧盟审查了 2012 年的《委员会关于获取和保存科学信息的建议》，并于

---

① European Commission. Proposal for a Directive of the European Parliament and of the Council on the Re-use of Public Sector Information. https://eur-lex.europa.eu/legal-content/EN/ALL/?uri=COM:2018:0234:FIN.

2018 年 4 月 25 日通过了最新版本的建议。[①] 最新版的政策文件结合开放科学的最新发展，如研究数据管理、激励计划和奖励体系、研究人员相关技能和能力、文本和数据挖掘以及技术标准等方面的最新动态，从科学出版物的开放获取、研究数据管理、科学信息的保存和再利用、面向开放科学的基础设施建设、研究人员相关技能和能力的发展、激励计划和奖励体系、多利益相关方的对话和协调等方面出发，向成员国提出了 12 条关于开放科学发展的具体建议。

2. 开放数据基础设施的部署

欧盟在数据开放基础设施建设方面也取得了重要进展。在开放数据领域，欧盟开发和建设了欧盟开放数据门户[②] 和欧洲数据门户[③]。欧盟开放数据门户于 2012 年根据第 2011/833/EU 号《委员会关于委员会文件再利用的决定》[④] 设立。截至 2020 年 7 月 17 日，欧盟开放数据门户平台提供了 15 390 个可获取数据集，发布机构主要包括欧洲议会（69 个数据集）、欧盟理事会（3 个数据集）、欧盟委员会各部门（12 965 个数据集）、欧洲中央银行（32 个数据集）、欧洲审计院（9 个数据集）、欧洲经济和社会委员会（2 个数据集）、欧洲区域委员会（2 个数据集）、欧洲投资银行（9 个数据集）、欧洲申诉专员（6 个数据集）、欧洲数据保护监管者（8 个数据集）、欧盟机构或团体（2 100 个数据集）、出版物办公室（185 个数据集），主要涉及 13 类主题。而欧洲数据门户是欧盟开放数据门户的补充，它是一个泛欧的公共部门

---

① European Commission. Commission Recommendation (EU) 2018/790 of 25 April 2018 on Access to and Preservation of Scientific Information. https://eur-lex.europa.eu/legal-content/EN/TXT/?uri=CELEX:32018H0790.

② https://data.europa.eu/euodp/en/home.

③ https://www.europeandataportal.eu/en.

④ European Commission. Commission Decision of 12 December 2011 on the Reuse of Commission Documents. https://eur-lex.europa.eu/legal-content/en/TXT/?uri=CELEX%3A32011D0833.

信息存储库，收集了欧洲各国公共数据门户网站上可获得的公共数据元数据。欧洲数据门户的战略目标是改善可访问性并提高开放数据的价值，其主要功能是提供所有 24 种欧盟官方语言的单点访问，以访问欧洲各级政府（欧盟国家、欧洲经济区国家和某些其他欧洲国家）的公共行政部门发布的数据。该门户还提供了有关开放数据再利用的培训中心，以及来自欧洲和国际再利用者的成功案例库。

在开放科学数据领域，欧洲开放科学云（EOSC）[1]是2016年《欧洲云倡议：建立欧洲具有竞争力的数据和知识经济》的一部分，其目标是为科学界开发一个可信的开放环境，用于存储、管理、分析和再利用科学数据与结果，并通过欧洲数据基础设施部署支撑超级计算能力、快速连接和高容量的云解决方案。欧洲开放科学云的最初用户以科学界用户为重点，后扩大到政府和企业用户，旨在帮助科学界、工业部门和公共部门访问世界级的数据基础设施和基于云的服务。

1.4.2.3　英国数据开放利用规则及其信息增值开发许可模式

1.《公共部门信息再利用条例》

2003 年 11 月，欧盟发布《公共部门信息再利用指令》（也被称为"PSI 指令"）[2]，认为公共部门的信息是数字内容产品和服务的重要原始材料，因此有必要为公共部门信息再利用构建一个总体框架，从而形成公平、均衡和非歧视性的环境，其后 2013 年[3]及 2018 年[4]分别对

---

① 　https://www.eosc-portal.eu.

② 　European Parliament and of the Council. The Directive on the Re-use of Public Sector Information . https://www.legislation.gov.uk/eudr/2003/98/contents.

③ 　European Parliament and of the Council. Amending Directive 2003/98/EC on the Re-use of Public Sector Information . https://eur-lex.europa.eu/legal-content/EN/TXT/?uri=CELEX%3A32013L0037.

④ 　European Commission. Proposal for a Directive of the European Parliament and of the Council on the Re-use of Public Sector Information . https://eur-lex.europa.eu/legal-content/EN/ALL/?uri=COM:2018:0234:FIN.

指令进行了修订。2005 年，英国政府根据 2003 年欧盟 PSI 指令颁布 2005 年《公共部门信息再利用条例》（PSI 条例）①，初步建立了英国公共部门信息再利用的法律框架。2015 年根据 2013 年欧盟 PSI 指令进一步修订本国 PSI 条例②，明确公民拥有获取公共部门掌握的信息（例外信息除外）的权利。要求公共部门的信息提供者在共同的开放政府许可下重复使用除个人数据外的信息和数据，确保信息和数据可以在政府中自由流动。各个部门被要求确保自身活动与 PSI 条例保持一致，在政府间建立起连贯的信息使用方式和信息管理方法。

为了进一步了解再利用概念，首先需要界定什么是公共部门信息。根据英国《公共部门信息再利用条例 2015》的规定，公共部门信息（PSI）是指公共机构生成、收集或存储的各种各样的信息和内容。一般来说，公共部门信息可以描述为"公共部门产生或收集的公共信息"。表 1-4 列出了公共部门信息的主题及其数据类型。

表1-4　英国公共部门信息类型

·经济和商业信息 公司人口信息和经济统计调查、普查数据	·社会信息 态度调查、普查数据
·地理信息 地形数据、水文信息数据	·气象信息 气象预报和气候数据环境
·运输环境和交通信息 道路安全统计	·农业和渔业信息 用地信息、环境质量数据、农场收入
·政治信息 政府新闻稿、地方和国家政府的程序以及绿皮书	·法律信息 数字犯罪、判决数据和立法信息
·科学信息 来自公共资助的研究和医疗机构的信息，包括专利	·文化信息 博物馆、美术馆和图书馆（包括大学图书馆）中的文化资料

---

① UK Cabinet Office. The Re-use of Public Sector Information Regulations 2005. https://www.legislation.gov.uk/uksi/2005/1515/contents/made.

② The Secretary of State of UK. The Re-use of Public Sector Information Regulations 2015. https://www.legislation.gov.uk/uksi/2015/1415/contents/made.

作为一种"信息产品"，公共部门信息主要是以数字形式出现的信息，与汽车或电视等"物质产品"相比，具有特殊经济特征。其特点包括：（1）低边际成本。一旦数字信息被生产出来，再制作一份副本的成本低廉。例如，将数据放在网站上意味着更多的用户可以访问它，而托管它的成本很低。（2）高固定生产成本。收集、组织和存储数字信息的第一份副本会产生较高的固定成本。例如，收集调查数据的成本可能很高。（3）多用途和重复使用的高潜力。数字信息可以以各种方式和不同目的重复使用。此外，信息变更产生的任何产品也可以很容易地与其他利益相关方共享。

了解了再利用的信息内容之后，还需对再利用这一特殊数据活动进行准确界定。英国 2015 年第 1415 号条例第 4 条明确界定：再利用是指用户出于某种目的而不是出于该文件所针对的公共目的使用公共部门机构持有的文件的行为。再利用不包括为执行本部门的公共任务而在公共部门机构内传递使用文件的活动；不包括为使任何一个公共部门机构执行其公共任务而将文件从一个公共部门机构传递到另一个公共部门机构的活动。

总体而言，英国 2015 年 PSI 条例遵循了欧洲议会和理事会 2013年 6 月 26 日的第 2013/37/EU 号指令（2013 年指令）。其特点和经验主要体现在：第一，建立切实可行的监督约束机制。英国 2015 年 PSI条例第 8 条规定公共部门机构必须在收到再利用申请后的第 20 个工作日结束前立即对请求作出答复。PSI 条例第 17 条指出任何人如认为某公共部门机构未能遵守该条例的任何要求，可按照其内部投诉程序，以书面形式向该公共部门机构投诉。同时英国在实施该条例前，经过了系统的成本效益影响评估，考虑了该条例可能影响的利益相关方，并充分评估了 PSI 条例实施对英国社会产生的影响，如 2015 年专门撰写了 PSI 条例影响评估报告。[①]第二，建立可持续发展的运行机制。例如，该条例指出公共部门机构可对数据再利用服务收取费用。除另有规定外，任何数据再利用服务的费用均必须低于因复制、提供和传播文件而产生的边际费用。PSI 条例第 15 条指出对于每个文件而言，再利用服务费用金额包含：（a）直接成本；（b）间接费用和付费业务的合理分摊；（c）公共部门的合理投资回报。PSI 条例第 16 条规定凡公共部门团体就再使用收取费用，则该团体须在合理切实可行范围内，厘定标准收费。第三，建立有利于数据交换利用的标准体系。如 PSI 条例第 11 条也指出在可能和适当的情况下，再利用数据宜采用开放格式和机器可读格式并绑定其元数据。

2. 最佳实践：英国信息增值开发许可模式

《信息公平交易规则》（IFTS）[②]是英国公共部门信息办公室设立的对公共部门许可信息行为进行监督和评估的一项机制。IFTS 主要分为两大类：一类为完全委派，另一类为在线评估。完全委派是针对主要的公共部门信息持有者设立的，它对提供信息许可的公共部门资格实施严格的实地鉴定，以确保 IFTS 中所规定的要求被执行。一旦成为其中成员，该公共部门就必须定期接受公共部门信息办公室的审查，以确保其有关公共部门信息许可的实践始终符合要求。在线评估是对所有公共部门开放的一项评估政策。它主要用于衡量公共部门行为是否符合 IFTS 准则中所规定的法定义务。它是由英国公共部门信息办公室管理的在线点击许可，该办公室颁发的许可证为点击使用许

---

① TNA. This Impact Assessment (IA) Concerns the Implementation of Directive 2013/37/EU (the Amending Directive) into UK Law. https://assets.publishing.service.gov.uk/government/uploads/system/uploads/attachment_data/file/438744/re-use-of-public-sector-information-impact-assessment.pdf.

② Met Office. Information Fair Trader Scheme. https://www.nationalarchives.gov.uk/documents/met-office-ifts-report.pdf.

可证。点击使用许可证主要是一种针对英国王室版权信息、公共部门信息、议会版权信息的在线许可。点击使用许可证又分为公共部门信息许可证、议会信息许可证、增值信息许可证 3 种类型。其中，公共部门信息许可证涵盖了一定的王室版权信息和公共部门信息，但也要符合一定的条件，并非所有的这些信息均在可供许可之列。议会信息许可证则主要覆盖了上议院与下议院生产和拥有的信息，这些信息受议会版权保护。增值信息许可证适用于上述范围之外的政府信息。

1.4.3　新加坡——支撑数据协同创新的共享开放机制

新加坡通过制定政策及法律规范了企业间和公共部门内部的数据共享以及跨境数据流动，为数据协同创新提供了有利的政策环境。新加坡政府还积极开放公共数据，开发了面向不同群体需求的数据开放平台，涵盖卫生、医疗、教育、环境多个领域。

1.4.3.1　推进数据协同创新，鼓励企业间数据共享

新加坡信息通信媒体发展管理局发起的数据协同项目旨在鼓励和帮助企业间数据共享，项目分为两个部分：《可信数据共享框架》和数据监管沙盒。《可信数据共享框架》将可信的概念与原则嵌入整个框架，强调了信任在数据共享协同关系维系中的重要作用。该框架旨在解决可信数据在企业间共享时面临的挑战，增强消费者对企业保护个人数据的信心。数据监管沙盒为企业提供有利于数据创新运用的监管环境，它的应用分为三个阶段：参与、提供指导和政策成型。使用数据监管沙盒有四点要求：创新、对公众有利、有现成的具体用例和风险评估及缓解。此外，新加坡政府设立了数据创新办公室，为企业更好地利用数据资源提供服务，鼓励企业数据共享和大数据创新。

1.4.3.2 政府数据开放平台

新加坡政府面向不同群体的需求开发了 11 个数据开放相关平台，如表 1-5 所示。data.gov.sg 是新加坡政府开放数据的一站式门户网站，涵盖了发展、经济、教育、环境、金融、卫生、社会、技术和交通各方面的开放数据及可视化，以及开放数据开发指南。新加坡政府的数据开放以需求为导向，从用户需求的角度提供相关产品和服务，鼓励和促进公众使用数据、发挥数据价值。

表1-5　新加坡政府数据开放平台

类型	网站名称	具体功能
一站式门户网站	data.gov.sg	新加坡政府公开数据的一站式门户网站，作为公共部门数据的存储库，提供 70 个公共机构的公开数据集，具有数据可视化和数据叙事功能。
开发者服务	Data.gov.sg Developers	支持应用程序开发人员使用 Data.gov.sg，包括实时 API、CKAN API 和数据商店 API。
	DI Developer and Partner Portal	该网站允许企业和开发人员访问信息和工具，以便快速、安全地测试、构建解决方案。
提供专门数据或 API	IRAS API Marketplace	提供税收相关 API 的市场。
	Land Transport DataMall	各种与交通有关的数据集和 API，供公众和社区成员共同创建创新性和包容性的交通解决方案。
	MAS API	新加坡金融管理局的 API，为金融机构和应用服务提供商提供更多为客户服务的机会。
	SingStat Website	获取有关新加坡官方统计数据的最新数据、主要统计结果、新闻稿和出版物。
应用	OneMap	一站式综合地理空间数据共享平台，政府机构在此共享基于位置的服务和信息。
	TREES.SG	这个在线门户网站在一张交互式地图上绘制了新加坡 50 多万棵城市树木，访问门户网站的人可以了解不同种类的树木，以及它们是如何被照料的。
	URA SPACE	整合详细土地利用信息的在线地理空间地图。获取与总体规划、城市设计指南、私人财产使用和批准、停车场位置和可用性、私人住宅物业交易以及保护区和建筑相关的信息。

续表

类型	网站名称	具体功能
应用	SingStat Table Builder	免费获取来自 60 个公共机构的 26 000 多个历史数据系列和 900 多个统计表，获取全面和最新的统计观点，了解新加坡的主要经济和社会人口特征。用户可以定制数据表和图形，并以不同的机器可读文件格式导出这些图表。

1.5　数据安全和隐私保护

1.5.1　美国——扩张型数据安全和隐私保护机制

早在 20 世纪 70 年代，美国便通过法律保障公民个人隐私和安全，依托联邦贸易委员会保障各细分领域的隐私保护执法，并利用数字经济主导权将国内法向国际范围扩展。同时，面对人工智能技术带来的挑战，美国的数据安全和隐私保护对策也随之更新。

1.5.1.1　数据安全和隐私保护政策及借鉴

美国是世界上最早通过立法形式开展数据安全和隐私保护的国家。1914 年的《联邦贸易委员会法》就从企业间公平竞争和保护消费者免受商业行为欺诈角度，规范隐私和数据安全；1974 年的《隐私法》对政府行政机关如何收集公民的个人信息记录、如何向公民开放、信息主体的权利以及对信息利用的保护等方面作出了详细的规定。特别地，《隐私法》作为世界上首部针对信息隐私保护以及美国数据安全和隐私保护的基本法，是美国数据安全和隐私保护机制的基石。在此基础上，美国在各细分领域的隐私保护立法，通过联邦贸易委员会（FTC）保障执法，形成了政府引导的自上而下、行业自律的立法保障。在金融领域，1996 年的《健康保险流通与责任法》和

1999 年的《金融服务现代化法》对个人信息的处理方式作出了明确规定，保护个人信息的保密性。在通信领域，1986 年的《电子通信隐私法》禁止第三方未经授权截取或披露通信，《计算机欺诈和滥用法》禁止计算机欺诈和计算机滥用，规制计算机网络犯罪行为。

联邦贸易委员会具有采取强制执法措施来制止违法行为并要求企业采取积极整改措施的职能，同时基于已有立法确立的隐私保护规则对违反隐私规则的行为进行民事罚款或实施和解协议制度。此外，联邦贸易委员会自 2016 年起，每年举办隐私保护大会，召集各利益相关者讨论与消费者隐私和数据安全有关的最新研究和趋势。2020 年联邦贸易委员会隐私保护大会重点研究与健康应用程序、人工智能和物联网设备、数码相机和虚拟助手等特定技术相关的隐私保护，同时对与国际隐私以及其他隐私和安全问题有关的研究进行讨论。联邦贸易委员会继续使其客户服务和信息技术战略与"数字政府战略"的关键方面保持一致。

同时，美国还采取多种行业自律形式来规划企业行为。美国的数据安全和隐私保护的行业自律形式包含行业协会指引、网络隐私认证和隐私选择平台三种类型，通过行业协会进行指引、认证组织进行保护和技术手段保障用户授权来实现行业自律。

此外，随着数字经济的快速发展，数据跨境需求不断增加，美国逐步推动其国内法律的国际化扩张，拓展了其在网络空间的执法权。2018 年，在执法数据跨境获取需求日益增加、国际法律冲突日益激化、国际司法协助体系效率日益低下、数据本地化成为全球趋势的大背景下，美国颁布了《合法使用境外数据明确法》（简称"CLOUD法"），规定了跨境数据调取的具体要求，为执法机构获取境外数据以及外国政府获取美国境内数据提供依据。该法案打破了传统的数据存储地模式，将美国的数据执法权扩展至全球，并建立以美国为中

心的数据跨境获取体系，给其他国家的数据合规和执法权等造成巨大
影响。

1.5.1.2 人工智能场景下的数据安全和隐私保护

近年来，随着大数据时代和人工智能技术的发展，大数据应用越
来越广泛。同时，数据安全和隐私保护也面临着更大的挑战。美国在
数据安全和隐私保护的各种行动计划和报告中重新审视人工智能背景
下的机遇和挑战，数据安全和隐私保护成为其中一个重要议题。

2020 年印发的《联邦网络安全和信息保障研发计划》旨在从内
在提升网络空间的安全性。同年的《人工智能和网络安全：机遇与挑
战》确立了八个战略优先事项，其中包括"确保 AI 系统的安全性"，
这一战略优先事项包括提高人工智能的可解释性和透明度，创建具有
信息性、用户友好界面的系统以建立信任，用新的评估方法加强 AI
系统验证，建设安全工程防范攻击，实现长期人工智能安全和价值
调整。

1.5.2 欧盟——主动防御型数据安全和隐私保护机制

欧盟将数据安全和隐私保护作为其数据战略的起点，也制定了严
格的数据安全和隐私保护法律体系，这客观上也给欧盟数字经济提供
了发展空间。同时，为避免严格的数据保护规则对数据利用的限制，
欧盟也出台了相应的政策以促进对非个人数据的开放利用，并对人工
智能等新场景的应用提供指导。

1.5.2.1 数据安全、隐私保护与数据利用的平衡

在过去几年，欧盟在数据保护框架的现代化进程中取得了重大进
展。2018 年 5 月 25 日，欧盟实施的《通用数据保护条例》（GDPR）
对 1995 年的《数据保护指令》规定的隐私保护原则进行了更新和调

整，建立了创新的数据安全治理体系，强化了个人对其数据的控制，例如提供访问权、更正权、被遗忘权、限制处理权、数据携带权、反对权等可执行的权利，同时为企业和其他组织处理个人数据提供了指导原则和数据保护要求，以提供公平竞争的环境。2020 年 6 月欧盟委员会发布了针对 GDPR 的审查和评估报告[①]，该报告围绕 GDPR 的执行、协调功能和一致性机制，统一规则基础上国家立法的碎片化和分歧，个人对其数据的控制，组织尤其是中小企业面临的机遇与挑战，GDPR 对新技术的适用，现代化国际数据传输工具箱的开发，以及数据保护领域的国际融合与协同等方面提出了当前的发现和进一步改进计划。

为了充分释放欧洲数字单一市场和数字经济的潜力，欧盟委员会于 2019 年 5 月 28 日实施了《关于欧盟境内非个人数据自由流动框架条例》，主要涉及确保数据跨境自由流动、确保数据可用于监管控制以及鼓励制定云服务行为准则三个方面的规则要求。该条例与 GDPR 共同作用，为欧盟境内数据的自由流动、保护和利用规则提供了全面、一致的方法，平衡了数据利用、数据安全和隐私保护之间的关系。同时，2017 年 1 月 10 日通过的《隐私与电子通信条例》提案建立在欧盟电信和数据保护框架基础之上，旨在确保公共网络上的所有通信保持高水平的隐私和数据保护。该条例适应了 GDPR 数据保护的新规则要求，并在符合个人数据的电子通信数据方面对其进行了特殊处理和补充。另外，2019 年通过的《网络安全法》还首次建立了欧盟范围的网络安全认证框架，以确保在欧洲内部市场采用通用的网络安全认证方法，并最终改善各种数字产品和服务中的网络安全。

---

① European Commission. Communication from the Commission to the European Parliament and the Council Data Protection as a Pillar of Citizens' Empowerment and the EU's Approach to the Digital Transition—Two Years of Application of the General Data Protection Regulation. https://eur-lex.europa.eu/legal-content/EN/TXT/?uri=CELEX%3A52020DC0264.

1.5.2.2　人工智能场景下的数据利用伦理与责任

与任何新技术一样，人工智能的使用带来了机遇和风险。当面对算法决策的信息不对称时，公民在维护自身权益和安全方面无能为力，公司也担心法律的不确定性。为此，2017 年 10 月欧洲理事会指出，欧盟需要尽快应对人工智能等新兴趋势，并邀请欧盟委员会提出"欧洲人工智能方案"。2018 年 4 月，欧盟发布了《欧洲人工智能》通讯。该通讯基于欧盟的价值观，提出了符合《欧盟基本权利宪章》发展人工智能的观点，要求建立相应的人工智能伦理准则，并将评估人工智能安全和道德纳入法律框架中。欧盟委员会于 2019 年 4 月发布了正式的《可信赖人工智能道德准则》，提出可信赖的人工智能是由合法性、道德性与技术稳健性等三者形成的有机整体，并指出了人工智能系统开发的七项具体要求。2020 年 2 月，欧盟发布了《人工智能白皮书：构建卓越可信的欧洲方案》以及关于 AI 的安全和责任影响评估报告。[①] 其中，白皮书从政策治理体系入手，指出开发人工智能所需满足的伦理要求，创新性地提出了分级分类地管理人工智能的伦理风险的主张。评估报告对 AI、物联网和机器人技术的安全和责任影响进行了评估，提出新技术发展对现有的安全和责任框架提出的挑战，例如连接性、自治性、数据依赖性、不透明性、产品和系统的复杂性、软件更新以及更复杂的安全管理和价值链等。

总体来看，近年来随着欧洲社会对人工智能产业的认识不断深入，其伦理治理从最开始要求符合《欧盟基本权利宪章》，到提出可信要求，再到提出分级分类的社会应用要求，已经逐步细化并落实到生活中，各项管理制度趋于健全，在各国大搞开发的背景下，形成了

---

① European Commission. Report on the Safety and Liability Implications of Artificial Intelligence, the Internet of Things and Robotics. https://eur-lex.europa.eu/legal-content/en/TXT/?qid =1593079180383&uri=CELEX:52020DC0064.

独特的具有理性批判思考的治理体系。

1.5.3 新加坡——融合型数据安全和隐私保护机制

新加坡以《个人数据保护法》（PDPA）为主要法律依据，以个人数据保护委员会为责任机构，并辅以数据保护信任标识认证等手段，在融合主流数据安全机制的基础上，不断加强个人数据保护的法律保障。此外，新加坡积极探索人工智能治理规则，发布了亚洲首个为私营机构提供的详细且易于实施的人工智能治理框架模型。

1.5.3.1 PDPA 保障个人数据安全与隐私

新加坡于 2012 年出台了《个人数据保护法》，该法令详细规范了个人的数据保护权利以及企业对于个人数据收集、利用和披露的规范，并发布了一系列条例以推动该法令的执行，包括 2013 年的《个人数据保护（违法构成）条例》、2013 年的《个人数据保护（禁止调用注册表）条例》、2014 年的《个人数据保护（执行）条例》、2014 年的《个人数据保护条例》以及 2015 年的《个人数据保护（上诉）条例》。为了更好地执行《个人数据保护法》，新加坡还配套出台了针对特定领域（如电信业、房地产行业、教育行业、医疗行业、社会公益服务行业）的各项个人数据保护指南，以指导企业更好地对个人数据进行保护，并根据现实情况不断对指南进行修订。

2020 年 5 月 14 日，新加坡通信和信息部与个人数据保护委员会联合发布了《个人数据保护法（修订草案）》。新修订的《个人数据保护法》加强了机构的问责制与个人对其数据享有的权利，增大了处罚力度。新加坡依托其《个人数据保护法》以及《个人数据保护（执行）条例》和《个人数据保护条例》等附加法规和指南，形成了全面覆盖的隐私保护法律框架。

1.5.3.2　开展数据保护信任标识认证

新加坡面向企业开展了数据保护信任标识（DPTM）认证活动，信任标识认证是企业范围内的一项自愿性认证，用于组织展示负责任的数据保护实践，阿里云（新加坡）等公司已通过此项认证。为使消费者放心，经过信任标识认证的组织已经制定了负责任的数据保护制度。公司申请此项认证，要根据核对表核对组织情况，由新加坡信息通信媒体发展管理局官网指定的独立的三家专业评估机构评估组织的数据保护实践是否符合 DPTM 认证要求。

1.5.3.3　发布人工智能治理框架

在 2019 年 1 月 22 日至 25 日举行的世界经济论坛（WEF）年会上，新加坡首次发布了《人工智能治理框架模型（第一版）》，并在 2020 年 1 月 21 日又发布了《人工智能治理框架模型（第二版）》。该模型框架是亚洲首个为私营机构提供的详细且易于实施的指南，用于处理使用 AI 解决方案时的道德和管治问题。

该模型框架基于两个高级别指导原则：协助机构确保 AI 作出的或在 AI 帮助下作出的决定对消费者来说是可解释的、透明的和公平的；AI 解决方案以人为本。这两项原则促进了对人工智能的信任和对人工智能技术的使用的理解。该模型从四个方面阐述了适用于常见 AI 部署流程的关键道德原则和实践：内部治理结构和措施、自主决策中的风险管理、运营管理和客户关系管理。

该模型框架是负责任地使用人工智能及其未来演变的坚实基础。新加坡政府将基于此框架，推进以人为中心的人工智能治理，在促进科技创新的同时增强公众信任，以确保人工智能对未来世界产生积极影响。

参考文献

[1] 梅宏. 数据治理之论. 北京：中国人民大学出版社，2020.

[2] 夏义堃. 政府数据治理的国际经验与启示. 信息资源管理学报，2018，8（3）：10.

[3] European Commission. A European Strategy on the Data Value Chain. 2013-11-07. https://ec.europa.eu/digital-single-market/en/news/elementsdata-value-chain-strategy.

[4] TNA. Identifying Information Assets and Business Requirements. 2017-02. https://www.nationalarchives.gov.uk/documents/information-management/identify-information-assets.pdf.

[5] TNA. Information Assets Factsheet. 2017-02. https://www.nationalarchives.gov.uk/documents/information-management/information-assets-factsheet.pdf.

[6] TNA. Understanding Digital Continuity. 2017-02. https://www.nationalarchives.gov.uk/documents/information-management/understanding-digital-continuity.pdf.

[7] GSA. Governance & Operating Model. https://ussm.gsa.gov/governance/.

[8] GSA. Federal Integrated Business Framework. https://ussm.gsa.gov/fibf/.

[9] 新加坡将加强对公民数据的保护. 2019-04-01. http://m.haiwainet.cn/middle/456236/2019/0401/content_31527983_1.html.

[10] The Secretary of State of UK. The Re-use of Public Sector Information Regulations 2015. 2015-07-18. https://www.legislation.gov.uk/uksi/2015/1415/contents/made.

[11] Met Office. Information Fair Trader Scheme. 2008-02. https://www.nationalarchives.gov.uk/documents/met-office-ifts-report.pdf.

[12] 赵丽莉，郑蕾. 美国数据与隐私安全保护制度进展述评. 重庆理工大学学报（社会科学），2019，33（10）：110-118.

第 2 章　数据治理的国内实践

党中央、国务院高度重视数字经济和大数据发展。大数据是第十九届中央政治局集体学习的第一个技术主题，也是明确的国家战略。[①] 随着信息技术日新月异地发展，整个经济社会数字化程度快速提升，对数据的认识更加深入，对数据资源整合、共享、开放、开发利用的程度更加深化。国家层面明确提出要培育数据要素市场，赋能经济社会发展，助推国家治理体系和治理能力现代化。我国大数据战略走过了由模糊到清晰、由笼统到具体、理论和实践不断促进的探索道路。

2.1　对数据资源的认识不断深入

对数据本质的认识决定了数据资源的社会地位，以及围绕数据资源的一系列管理和应用规则体系。从记录业务的载体到赋能全面发展的生产要素，人们对数据的认识经历了逐步深入的漫长过程，总结起来主要有以下三个阶段。

[①] 习近平：实施国家大数据战略　加快建设数字中国 . 新华网，2017-12-09.

2.1.1　第一阶段：加快数据资源建设和共享，提升管理服务效能

长期以来我国一直重视信息化基础设施建设，这些基础设施为丰富数据资源奠定了基础。1996 年，国务院办公厅印发《国务院办公厅关于成立国务院信息化工作领导小组的通知》（国办发〔1996〕15 号），成立了国务院信息化工作领导小组，统筹推进全国信息化工作。随后陆续启动了"金关""金桥"等以"金"字命名的国家级重大信息化工程，推进政府信息和职能上网。1999 年 1 月 22 日在北京举行的"政府上网工程启动大会"标志着"政府上网工程"正式启动。[①]2001年，我国"十五"计划将"加速发展信息产业，大力推进信息化"作为"经济结构"篇七项任务中的一项重要内容，并提出"加强信息资源开发，强化公共信息资源共享，推动信息技术在国民经济和社会发展各领域的广泛应用"。在"十一五"开局之年，中共中央办公厅、国务院办公厅印发了《2006—2020 年国家信息化发展战略》，国家信息化领导小组印发了《国家电子政务总体框架》（国信〔2006〕2 号），从中长期、全局视角明确了我国信息化发展的方向，并将建立和完善信息资源开发利用体系、加强全社会信息资源管理作为重要任务进一步强化，为数据资源体系建设和管理应用提供了基本遵循。

大数据技术的发展确立了数据资源的战略地位。2012 年 3 月，美国奥巴马政府提出了《大数据研究与开发计划》，旨在提高人们从大型复杂的数据集中提取知识和观点的能力，加快大数据在科学研究与工程建设中的应用，提升国家安全保障能力。"大数据"热度飙升，人们逐渐看到，大数据正日益对全球生产、流通、分配、消费活动以及经济运行机制、社会生活方式和国家治理能力产生重要影响，发展

---

① 　https://baike.baidu.com/item/ 政府上网工程 /9262976?fr=aladdin.

大数据、应用大数据成为各国前瞻性、战略性举措。我国同期也进一步强化了数据资源的建设和应用。

2012 年 4 月，国务院批复同意国家发展改革委编制的《"十二五"国家政务信息化工程建设规划》，提出到"十二五"期末，初步建成共享开放的国家基础信息资源体系，支撑面向国计民生的决策管理和公共服务，显著提高政务信息的公开程度。①《"十二五"国家政务信息化工程建设规划》将"深化国家基础信息资源开发利用"作为四项重点任务之一予以明确，精准强调了人口信息资源库、法人单位信息资源库、空间地理信息资源库、宏观经济信息资源库、文化信息资源库 5 大基础库的建设目标和建设内容。由此，我国进入了以政府基础数据库建设为突破口，推动业务系统和信息资源共享的新阶段。

2014 年 11 月，《国务院办公厅关于促进电子政务协调发展的指导意见》（国办发〔2014〕66 号）提出要强化国家基础信息资源开发利用，推进信息资源共享共用和数据开放利用，进一步深化人口、法人单位、空间地理、宏观经济等国家基础信息资源库的共建共享要求，提出要研究建设国家公共信息资源开放平台，有序推进政府数据开放和社会化利用，围绕重点应用领域，开展基础信息资源应用试点，不断总结经验，积极创造条件，逐步扩大应用范围。

2015 年 9 月，国务院印发《促进大数据发展行动纲要》（国发〔2015〕50 号），明确"数据已成为国家基础性战略资源"，不仅将数据作为独立的内容，更明确数据是国家基础性战略资源的地位。该文件提出了我国大数据发展的 3 大项 17 小项重点任务（见图 2-1）。随后 2015 年 10 月，党的十八届五中全会明确提出了"实施国家大数据战略"，第一次明确将"大数据"提升到国家战略层面。2015 年 12 月 16

---

① 国务院关于"十二五"国家政务信息化工程建设规划的批复.中国政府网，2012-04-18.

日，国家主席习近平在第二届世界互联网大会开幕式上的讲话中指出，中国正在实施"互联网+"行动计划，推进"数字中国"建设，发展分享经济，支持基于互联网的各类创新，提高发展质量和效益。

任务1
· 大力推动政府部门数据共享
· 稳步推动公共数据资源开放
· 统筹规划大数据基础设施建设
· 支持宏观调控科学化
· 推动政府治理精准化
· 推进商事服务便捷化
· 促进安全保障高效化
· 加快民生服务普惠化

任务2
· 发展工业大数据
· 发展新兴产业大数据
· 发展农业农村大数据
· 发展万众创新大数据
· 推进基础研究和核心技术攻关
· 形成大数据产品体系
· 完善大数据产业链

任务3
· 健全大数据安全保障体系
· 强化安全支撑

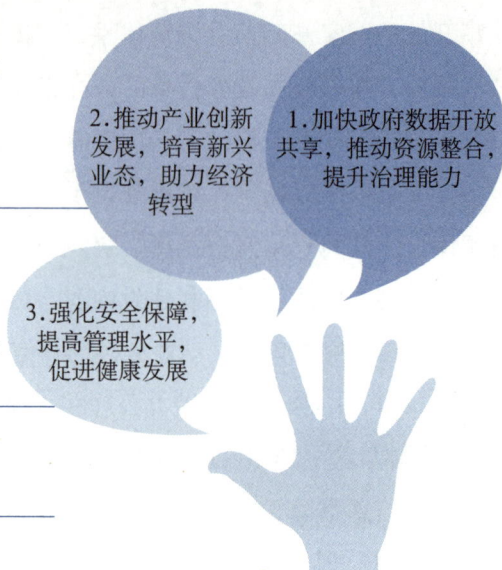

2.推动产业创新发展，培育新兴业态，助力经济转型

1.加快政府数据开放共享，推动资源整合，提升治理能力

3.强化安全保障，提高管理水平，促进健康发展

图 2-1　国发〔2015〕50 号规定的重点任务

在数据治理方面，2015 年是一个里程碑年份，揭开了中国加强数据资源利用、推进数字中国建设的新篇章。这一年，全国初步建成统一的国家电子政务外网，横向接入 118 个中央单位和 14.4 万个地方单位，纵向基本覆盖了中央到县的各级政府，为 47 个全国性业务系统和 5 000 余个地方业务系统提供有效支撑。这一年，在国家电子政务外网的基础之上，全国统一的国家数据共享交换平台基本建成，超过 100 个部门、涉及 13 个行业领域的跨部门共享交换业务已通过或拟通过国家数据共享交换平台实现。

在这一时期，政府数据整合思路也发生了重大转变，即由专题库和基础库建设向重点应用驱动的数据整合转变，国家层面以公开征集政务服务领域的"一百个堵点问题"为抓手，促进数据整合走向深入。这一阶段的主要工作包括两个方面，首先是继续编制政务信息资源建设专题规划、设计电子政务信息资源目录体系与交换体系、建设电子政务四大基础数据库这三项基础性工作；其次，建设和完善政府数据统一共享交换平台、国家统一开放平台。我们看到，当时我国大数据发展虽然已经有了一定的基础，但仍然存在政府数据开放共享不足、产业基础薄弱、顶层设计和统筹规划缺乏、法律法规建设滞后以及创新应用领域不广等问题，仍须花大力气捋顺管理体制机制、强化顶层设计、完善数据资源、深化共享开放，推动数据资源价值更好释放。

2.1.2　第二阶段：深化数据资源共享开放，助力"放管服"改革

经过多年努力，我国数据资源建设取得了从无到有的重要突破，在数据共享方面也取得了从 0 到 1 的重大进展。政府部门、公共企事业单位已逐渐成为行业性、专业化、全覆盖、公信力强的数据生产、收集、使用和发布的单位。政务数据资源成为国家数据资源的重要组成，是支撑国家治理体系和治理能力现代化的重要基础。然而，由于前期信息系统分散建设、数据资源整合共享利用机制不健全、政策制度滞后等原因，不愿共享、不敢共享、不会共享等问题突出①，影响了

---

①　不愿共享：由于行政机构的设置和职权划分，信息资源独有专享的权属观念在各个部门甚至司局、处室都普遍存在，缺乏内在动力和外部约束机制，造成政府信息资源部门化、部门信息资源利益化，各部门在信息共享中想得到却不愿付出，严重影响了政府信息资源的潜在效益。不敢共享：主要是由于制度缺位，对部门信息资源的管理权、使用权、收益权、信息共享过程中的责任主体等没有明确规定，面临诸多安全影响，导致各司局、处室不敢共享，或者共享协调的制度性成本很高。不会共享：由于信息共享具有业务性、技术性等多重属性，对管理体系、标准规范、平台技术要求较高，当时我国政府信息共享未能形成统一的平台和标准体系，对数据格式、质量标准、数据可读性、互操作性等均未作出明确要求，不会共享现象较为普遍。

数据资源共享应用的整体效能。

为适应国家全面深化改革、转变政府职能，深入推进简政放权、放管结合、优化服务的大形势，深入发掘政务数据资源潜力，全面释放数据红利，引领激发技术红利、制度红利和创新红利，我国在《中华人民共和国国民经济和社会发展第十三个五年规划纲要》中明确要求，把大数据作为基础性战略资源，全面实施促进大数据发展行动，加快推动数据资源共享开放和开发应用，助力产业转型升级和社会治理创新。① 习近平总书记在2016年4月19日网络安全和信息化工作座谈会上强调要强化信息资源深度整合，打通经济社会发展的信息"大动脉"，要以信息流带动技术流、资金流、人才流、物资流，促进资源配置优化，促进全要素生产率提升，为推动创新发展、转变经济发展方式、调整经济结构发挥积极作用。② 数据资源的作用已经不仅仅是信息记录的载体，它已成为赋能全要素配置效率提升的关键要素。

面对数据资源地位日益重要的发展趋势，为贯彻落实党中央、国务院网络强国、"互联网＋"行动计划、大数据战略等决策部署，直面数据资源整合共享难题，2016年9月5日，国务院印发《政务信息资源共享管理暂行办法》，该办法包括总则、政务信息资源目录、政务信息资源分类与共享要求、共享信息的提供与使用、信息共享工作的监督和保障、附则等共6章26条内容。该文件是国家推进政务数据资源管理制度建设的重大举措，也是我国第一份关于政务信息资源共享的规范性文件。该文件明确了政务信息资源的定义和分类，提出了"以共享为原则、不共享为例外"等原则，界定了信息共享的范围和

---

① 中华人民共和国国民经济和社会发展第十三个五年规划纲要．中国政府网，2016-03-17.

② 习近平总书记在网络安全和信息化工作座谈会上的讲话．中华人民共和国国家互联网信息办公室官网，2016-04-25.

责任，明晰了信息共享的权利和义务，对政务信息资源目录、国家数据共享交换平台体系构建以及信息共享工作的管理、协调、评价和监督等作出了硬性规定和要求。这份文件具有里程碑意义，是指导我国一个时期开展数据共享的纲领性文件，改变了我国政务数据共享"无据可依"的历史[①]，有效提升了政务信息共享管理和约束效力，使政务信息共享工作进一步制度化、规范化，推动了我国政务信息化建设进入"集约整合、全面互联、开放共享、协同共治"的新阶段，对于增强政府公信力、提升行政效率和公共服务效能具有重要意义。

2016 年 12 月，国务院印发的《"十三五"国家信息化规划》（国发〔2016〕73 号）提出了"建立统一开放的大数据体系"的重大工程，包括加强数据资源规划建设、推动数据资源应用、强化数据资源管理以及注重数据安全保护四方面的任务，不断夯实数据资源基础、探索破解制约数字红利释放的体制机制障碍，加强数据资源高效利用和安全管控。

为落实"十三五"要求，更好推动政务信息系统整合共享，为释放数据红利奠定基础，2017 年 5 月，国务院办公厅印发《政务信息系统整合共享实施方案》（国办发〔2017〕39 号），从政务信息系统"动刀子"，推进数据资源整合共享。纳入"政务信息系统"整合共享范畴的包括由政府投资建设、政府与社会企业联合建设、政府向社会购买服务或需要政府资金运行维护的用于支撑政府业务应用的各类信息系统。文件明确了政务信息系统建设管理的"五个统一"工作原则，制定了"两步走"工作目标，确定了加快推进政务信息系统整合共享的"十件大事"，提出了保障各项任务取得实效的"七项措施"，是推动政务信息资源共享的又一重要文件。"一盘棋"统筹和整体推进有

[①]　国家发展改革委高技术产业司有关负责同志就《政务信息资源共享管理暂行办法》答记者问．中国政府网，2016-09-23．

助于不断破解跨地区、跨部门、跨层级政务服务中标准不统一、平台不联通、数据不共享以及业务不协同等突出问题，将分散在各级政府和部门的数据有效整合和有序共享，从而实现凡是能通过网络共享复用的材料，不得要求企业和群众重复提交，凡是能通过网络核验的信息，不得要求其他单位重复提供的目标，解决老百姓办事难、证明难等实际问题，推动"放管服"改革向纵深发展。

为贯彻落实《政务信息资源共享管理暂行办法》（国发〔2016〕51号）、《政务信息系统整合共享实施方案》（国办发〔2017〕39号）等文件精神，2017年6月，国家发展改革委、中央网信办印发《政务信息资源目录编制指南（试行）》，为加快建立政府数据资源目录体系提供技术指导，推进政府数据资源统筹管理。2017年8月，国家发展改革委、中央网信办、中央编办、财政部、审计署制定了《加快推进落实〈政务信息系统整合共享实施方案〉工作方案》，进一步细化工作要求和实施要点，加快推进政务信息系统整合共享工作。

共享解决的是部门内部数据资源管理和流通的规则、权责问题，对于提高内部协同办公效率，提升行政管理和公共服务水平具有巨大作用。在推进共享的同时，我国大力推进公共数据资源开放，向社会开放公共数据资源①，推动公共数据资源开发利用，激发市场活力。《国务院关于印发促进大数据发展行动纲要的通知》（国发〔2015〕50号）提出"形成国家政府数据统一开放平台"。《国务院办公厅关于促进电子政务协调发展的指导意见》（国办发〔2014〕66号）提出"建

---

① 关于数据开放的定义，世界银行在2012年发表的《如何认识开放政府数据提高政府的责任感》报告认为，政府数据开放是指政府开放政府产生、收集和拥有的数据，在知识共享许可下发布，允许共享、分发、修改，甚至对其进行商业使用，并强调开放的政府数据具有三个特性：非专有性（非歧视性）、机器可读性和开放授权性（自由使用、重复使用、操作和传播）。

设国家公共信息资源开放平台"。《"十三五"国家政务信息化工程建设规划》（发改高技〔2017〕1449 号）提出"建设国家公共数据开放网站"。2018 年 1 月，中央网信办、国家发展改革委、工业和信息化部联合印发《公共信息资源开放试点工作方案》，确定在北京、上海、浙江、福建、贵州开展公共信息资源开放试点工作。试点工作以充分释放数据红利为目标，旨在进一步促进信息惠民，进一步发挥公共数据资源规模大、市场空间大的优势，促进信息资源规模化创新应用，推动国家治理体系和治理能力现代化。试点方案强调凡是不涉及国家秘密、商业秘密和个人隐私以及法律法规规定不得开放的公共信息资源，都应逐步纳入开放范围，并提出了建立统一开放平台、明确开放范围、提高数据质量、促进数据利用、建立完善制度规范和加强安全保障六个方面的试点内容。[①] 试点工作为我国发挥市场主导地位、推进公共数据资源开放利用、释放数据红利奠定了良好基础。

综上所述，2016—2018 年，我国对数据资源本身及其作用认识更加清晰，数据资源对于提升行政管理能力、提高公共服务水平、激发市场活力、推动"放管服"改革具有重要的意义。这个阶段的关键词依然是"共享开放"，数据管理知识体系和技术方法进一步成熟。我国对政府数据的认知超越了政府业务系统本身，数据已成为推动产业发展的一个重要因素，并衍生出了大数据产业。然而，推动大数据产业发展，不仅面临传统政府部门的协调问题，也遇到了严峻的法律、政策、技术等多方面障碍，于是我们看到这一阶段我国的各项政策更加具体。一方面，我国出台了关于政务信息共享开放的系列政策法规和标准规范，解决了一直以来"无据可依"的问题，切实推动各地政策落地；另一方面，以政务信息系统为切入点，优化改造政务信息系

---

① 三部门在五省份联合开展公共信息资源开放试点工作 . 中国政府网，2018-01-05.

统建设管理模式，一盘棋统筹，为政务信息资源高质量建设和管理、高效化应用奠定基础。此外，通过试点的方式，谨慎有序地推进公共数据资源开放，要求明确具体。这一系列"组合拳"深刻反映出随着数据资源不断丰富、大数据技术日益成熟，数据资源的重要性更加明显，这一系列的实践为下一阶段培育数据要素市场、推动数据要素全方位赋能奠定了坚实基础。

2.1.3 第三阶段：培育数据要素市场，赋能经济社会全面发展

2019 年 3 月的《政府工作报告》提及"全国一体化在线政务服务平台""一网通办、异地可办""最多跑一次""互联网＋监管""壮大数字经济"等要求，而这些工作的开展都需以数据为养料，通过数据的整合共享、流通和应用，改造优化业务流程，促进土地、知识、管理、技术全社会生产要素高效配置，赋能经济社会高质量发展。习近平在致 2019 中国国际大数据产业博览会的贺信中，以及在二十国集团领导人峰会上关于世界经济形势和贸易问题的发言中，多次提到要建设数字中国、发展数字经济、建设适应未来发展趋势的产业结构、政策框架、管理体系，提升经济运行效率和韧性，努力实现高质量发展。在构建适应未来发展趋势的产业结构中，数据具有基础资源作用和创新引擎作用，是经济社会高质量发展的赋能器和催化剂。

2019 年 10 月，党的十九届四中全会通过的《中共中央关于坚持和完善中国特色社会主义制度 推进国家治理体系和治理能力现代化若干重大问题的决定》首次将"数据"列为生产要素，提出健全劳动、资本、土地、知识、技术、管理、数据等生产要素由市场评价贡献、按贡献决定报酬的机制。党的十九届四中全会精神不仅充分反映了党中央对

信息技术发展时代特征及未来趋势的准确把握，也凸显了数据对于经济活动和社会生活的巨大价值，同时明确了在当前阶段，健全数据要素市场化配置机制是深化经济体制改革、建设高标准市场体系的客观要求。

经过 40 多年改革开放，我国商品和服务市场发育较为充分，商品和服务价格 97% 以上由市场定价。与之相比，土地、劳动力、资本、技术、数据等要素市场发育相对滞后，市场决定要素配置范围有限、要素流动存在体制机制障碍、新型要素市场规则建设滞后等影响了市场对资源配置决定性作用的发挥，成为高标准市场体系建设的突出短板。[①] 为贯彻落实党的十九大和十九届四中全会精神，推进要素市场制度建设，实现要素价格市场决定、流动自主有序、配置高效公平，2020 年 4 月 9 日，中共中央、国务院印发了《中共中央　国务院关于构建更加完善的要素市场化配置体制机制的意见》，该文件是新时代我国审时度势适应新发展推进经济体制改革的一项具有标志性意义的成果。文件明确了土地、劳动力、资本、技术、数据五大要素市场改革，尤其是明确了数据这一新型要素市场化配置的改革方向。数据生产要素地位进一步提升，其市场化配置改革关系我国经济增长长期动力，关系国家发展未来，是推动经济高质量发展的新动能。

综上所述，从 2019 年开始，我国对数据资源的认识和应用迈入了第三个阶段。在此阶段，数据地位上升为"生产要素"，数据的作用升级为"全面赋能"。正如弗里曼和佩雷斯所认为的，关键生产要素的变迁是推动经济增长的原生变量，具有生产成本的下降性、供给能力的无限性和运用前景的广泛性三个方面的基本特征。在这一阶

---

① 构建更加完善的要素市场化配置体制机制——专访国家发展改革委有关负责人. 中国政府网，2020-04-10.

段，数据成为联动不同组织、不同产业集群的核心要素，成为提升管理和服务效能、驱动产业转型升级、促进区域协调发展的战略资源，成为促进和引导劳动力、资本、土地、知识、技术、管理等其他生产要素高效配置的领导性生产要素，成为指挥社会经济运行的"中枢"。尤其在 2019 年年末，新冠肺炎疫情的暴发猝不及防，线上消费、云端办公、在线教育、远程医疗、网购配送等数字经济新业态、新模式快速"补位"，活力得到充分展现，数据资源利用所蕴含的潜力更加突出。我们相信，"十四五"时期，加快培育数据要素市场、促进数据资源的开发利用将是我国推动经济社会高质量发展的核心引擎，由数据要素引发的新一轮发展浪潮已扑面而来，未来将更加波涛汹涌。在新的浪潮中，各行各业均需加强学习、建立数据思维、营造数据文化、做好数据管理，让流动的数据给我们带来更多惊喜。

2.2 探索建立大数据管理体系

数据作为新型生产要素在配置和流通过程中面临体制机制障碍、要素市场规则滞后等问题，亟须建立健全围绕数据要素的一整套数据治理体系。构建统一集中的数据治理机制是数据治理的核心内容，需要国家宏观层面的统筹协调和综合决策。我国基于多年实践正在不断探索建立数据管理体制机制。

2.2.1 建立统筹协调机制，明确工作职能

为贯彻落实《促进大数据发展行动纲要》，进一步加强组织领导，强化统筹协调和协作配合，加快推动大数据发展，经国务院批复，在国家层面建立促进大数据发展部际联席会议制度，联席会议由国家发展改革委、工业和信息化部、中央网信办、中央机构编制委员会办公

室等 43 个部门和单位组成。

促进大数据发展部际联席会议制度的主要职能包括如下内容：在国务院领导下，统筹推动《促进大数据发展行动纲要》的贯彻落实，研究协调大数据发展重大问题；加强对大数据发展工作的指导、监督和评估，促进有关地方、部门和行业加强沟通协作，推进政府数据开放共享；强化国家数据资源统筹管理，审议大数据领域年度重点工作并跟踪督促落实，研究提出相关政策措施建议，及时向国务院报告有关情况。完成国务院交办的其他事项。联席会议以纪要形式明确议定事项，印发相关部门和单位，重大事项按程序报国务院。

2.2.2 强化组织领导机制，推动工作落实

促进大数据发展部际联席会议由国家发展改革委主要负责同志担任召集人，国家发展改革委、工业和信息化部、中央网信办分管负责同志担任副召集人，其他成员单位有关负责同志为联席会议成员。联席会议办公室设在发展改革委，承担联席会议日常工作。联席会议设联络员，由各成员单位有关司局负责同志担任，组建促进大数据发展专家咨询委员会，为促进大数据发展提供决策咨询。

促进大数据发展部际联席会议制度的建立推动了《促进大数据发展三年工作方案（2016—2018）》《政务信息资源共享管理暂行办法》《政务信息资源目录编制指南（试行）》等国家层面文件的研究与出台，推动了政务数据资源体系建设与共享流通，为促进大数据发展提供了决策咨询。当前，我们面临的时代形势和过去相比有了很大区别，正由工业经济时代迈入数字经济时代，数据是这个时代社会发展、经济繁荣的燃料和基础，已作为一种独立的生产要素流淌在各领域、各项活动中。然而，作为新型要素，数据面临着产权不明、配置模式不清、流通程序不畅、安全隐患突出等问题，亟须聚合力量、理

顺机制、完善规则，对制定上位法、组织管理体系改革等提出更加迫切的需求。在我国地方层面的实践中，不少地区已成立大数据管理局，承担各地大数据管理工作。但在国家层面，大数据工作主要依靠统筹协调机制来推进，制度性成本较高、协调效率较低。全社会对国家层面建立实质性载体化大数据管理部门、统筹推进全国大数据管理与发展需求迫切，在下一步实践中，还需进一步完善。

2.2.3　加强标准化建设，推动数据管理能力提升

为推动数据管理能力提升，我国积极推动数据治理领域标准化研制工作，围绕数据管理、数据资产、数据流通、数据安全、数据质量、数据开放共享等方面出台和制定了一系列标准规范。

在数据管理方面，已发布《数据管理能力成熟度评估模型》（GB/T 36073-2018）。该标准给出了数据管理能力成熟度评估模型以及相应的成熟度等级，定义了数据战略、数据治理、数据架构、数据应用、数据安全、数据质量、数据标准和数据生存周期等 8 个能力域。该标准适用于信息系统的建设单位、应用单位等进行数据管理时候的规划、设计和评估，旨在帮助组织建立和评价自身数据管理能力，持续完善数据管理组织、程序和制度，充分发挥数据在促进企业向信息化、数字化、智能化发展方面的价值。

在数据资产方面，已发布《电子商务数据资产评价指标体系》（GB/T 37550-2019）国家标准。该标准规定了电子商务数据资产评价指标体系的构建原则、指标体系、指标分类和评价过程。

在数据流通方面，已发布的标准涉及数据流通的各环节，如《信息技术　数据交易服务平台　交易数据描述》（GB/T 36343-2018）和《信息技术　数据交易服务平台　通用功能要求》（GB/T 37728-2019）两项国家标准对数据交易服务平台的数据描述和通用功能提出了标

准化要求；《电子商务数据交易 第1部分：准则》（GB/T 40094.1-2021）、《电子商务数据交易 第2部分：数据描述规范》（GB/T 40094.2-2021）、《电子商务数据交易 第3部分：数据接口规范》（GB/T 40094.3-2021）、《电子商务数据交易 第4部分：隐私保护规范》（GB/T 40094.4-2021）系列国家标准对电子商务数据交易中涉及的数据描述、数据接口、隐私保护等提出了标准化要求。

在数据安全方面，已发布的数据标准较多，如针对数据安全能力的《信息安全技术 数据安全能力成熟度模型》（GB/T 37988-2019）国家标准；针对数据安全管理的《信息安全技术 大数据安全管理指南》（GB/T 37973-2019）国家标准；针对数据安全技术的《信息安全技术 政务信息共享 数据安全技术要求》（GB/T 39477-2020）国家标准；针对数据流通安全的《信息安全技术 数据交易服务安全要求》（GB/T 37932-2019）；针对个人信息安全保护的《信息安全技术 个人信息安全规范》（GB/T 35273-2020）国家标准等。

在数据质量方面，已发布了《信息技术 数据质量评价指标》（GB/T 36344-2018）国家标准，标准规定了数据质量评价指标的框架和说明。

在数据开放共享方面，已发布的标准主要针对电子政务领域，如2020年发布的《信息技术 大数据 政务数据开放共享 第1部分：总则》（GB/T 38664.1-2020）、《信息技术 大数据 政务数据开放共享 第2部分：基本要求》（GB/T 38664.2-2020）以及《信息技术 大数据 政务数据开放共享 第3部分：开放程度评价》（GB/T 38664.3-2020）等。

这些实践通过标准化手段为政府、企业的数据治理提供指导和规范，不断扩大标准化在数据治理领域的广泛应用，促进组织完善数据治理机制，提升数据管理能力，加强组织间的数据交换共享，提升数据价值。

2.3 强化政务数据共享开放

政务数据共享开放有助于以数据驱动，简化优化业务流程，提升行政管理和公共服务效率；有助于激发市场活力，释放数据资源价值，深化"放管服"改革，推动数字经济高质量发展。当前，我国政务数据共享开放不仅仅是政务信息化建设的必然要求，政务数据的有效供给和合理开发对我国政治、经济、社会、文化、生态等的发展，对新时代国家治理体系和治理能力现代化都将发挥权威性引领作用。[①]但政务数据资源的共享和开放不是"空中楼阁"，而是一项综合性、系统性的工作，基础设施、业务系统、数据资源的整合是数据资源能够有效共享和开放的前提和基础。从多年实践来看，我国从基础设施、数据资源、业务流程等共同发力，推动政务数据共享开放应用常态化、高效化。图 2-2 展现了政务数据共享开放的逻辑。

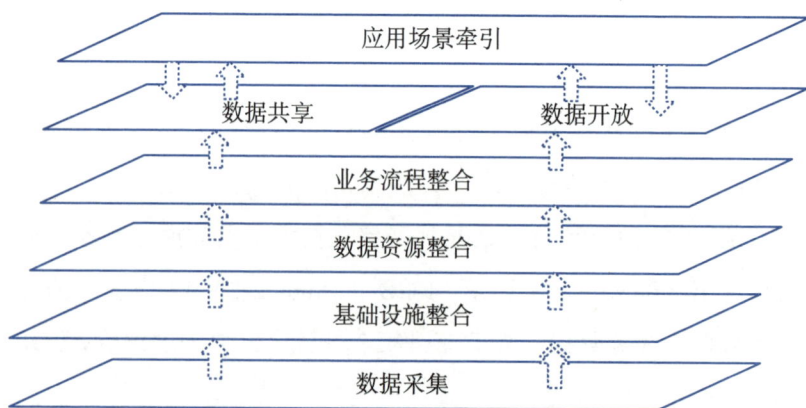

图 2-2　政务数据共享开放逻辑图

---

① 王钦敏：充分发挥数据资源在数字经济中的引擎作用．人民网，2020-05-11．

2.3.1　基础设施整合：电子政务 + 云计算数据中心

2.3.1.1　统一电子政务网络

网络整合是减少重复建设、提高政务信息化建设成效、推动政务业务和数据整合共享的基础。早在 2002 年，《国家信息化领导小组关于我国电子政务建设指导意见》就提出要建设和整合统一的电子政务网络。电子政务网络由政务内网和政务外网构成，两网之间物理隔离，政务外网与互联网之间逻辑隔离。政务内网主要是副省级以上政务部门的办公网，与副省级以下政务部门的办公网物理隔离。政务外网是政府的业务专网，主要运行政务部门面向社会的专业性服务业务和不需在内网上运行的业务。要通过统一标准，利用统一网络平台，促进各个业务系统的互联互通、资源共享。在之后 2006 年《国家电子政务总体框架》、2012 年《"十二五"国家政务信息化工程建设规划》、2014 年《国务院办公厅关于促进电子政务协调发展的指导意见》、2017 年《政务信息系统整合共享实施方案》、2018 年《国务院关于加快推进全国一体化在线政务服务平台建设的指导意见》等文件中，国家统一电子政务网络建设的要求不断深化细化。

经过多年建设，我国电子政务网络支撑能力不断提升。截至 2019 年 12 月底，我国电子政务外网覆盖程度进一步拓展，31 个省（区、市）和新疆生产建设兵团实现市、县级全覆盖，28 个省（区、市）实现下级乡镇的纵向覆盖，乡镇（街道）接入政务外网总数新增至 29 640 个，覆盖率达到 74.3%。网络结构和网络带宽进一步优化提升，广域骨干网新增上海、广州、成都、西安 4 个核心节点，支持中央部门异地数据中心（灾备中心）接入；互联网出口带宽从 1 590M 扩容至 2 700M，广域网备电路带宽从 4M 扩容至 30M，网络可靠性和业务承载能力进一步提升。截至 2019 年年底，政务外网接入中央部门和相关单位共计 162 家，接入全国政务部门共计约 25.2 万家。2019
年，新增部署退役军人事务部、应急管理部和台盟等纵向业务应用，
政务外网已承载全国性业务应用 61 项。[①] 全国统一电子政务内外网建
设为推动连接协同、促进集约化建设、加强数据资源整合共享奠定了
基础。

2.3.1.2　基于云计算的数据中心建设

2015 年，《促进大数据发展行动纲要》明确了大数据基础设施整
合的要求，提出布局国家大数据平台、数据中心等基础设施，整合分
散的数据中心资源。[②] 2016 年 10 月 9 日，中共中央政治局就实施网
络强国战略进行第三十六次集体学习，习近平总书记主持学习并发表
重要讲话强调，要以推行电子政务、建设新型智慧城市等为抓手，以
数据集中和共享为途径，建设全国一体化的国家大数据中心，推进技
术融合、业务融合、数据融合，实现跨层级、跨地域、跨系统、跨部
门、跨业务的协同管理和服务[③]，为我国一体化国家大数据中心建设指
明了方向。

随着信息化的发展，云计算成为基础设施建设的基本方向，推进
基于云计算中心的电子政务基础设施整合成为电子政务推进整合共享
的重点工作。2017 年《"十三五"国家政务信息化工程建设规划》明
确反映出云计算发展趋势和应用要求，提出依托国家电子政务网络和

---

① 2019 年全国政务外网建设、应用及运行情况．国家信息中心网，2020-04-10.

② 《促进大数据发展行动纲要》（国发〔2015〕50 号）指出，要整合分散的数据中心资
源。充分利用现有政府和社会数据中心资源，运用云计算技术，整合规模小、效率低、能耗
高的分散数据中心，构建形成布局合理、规模适度、保障有力、绿色集约的政务数据中心体
系。统筹发挥各部门已建数据中心的作用，严格控制部门新建数据中心。开展区域试点，推
进贵州等大数据综合试验区建设，促进区域性大数据基础设施的整合和数据资源的汇聚应用。

③ 打造高质量发展新引擎，习近平心中有"数"．中华人民共和国国家互联网信息办公
室官网，2019-12-10.

互联网，建成数据中心和云计算一体融合的国家政务数据中心，为中央部门提供多层次、专业化云服务，支撑政务业务协同和数据共享汇聚，为构建全国一体化的国家大数据中心奠定基础。2020 年 3 月 4 日，中共中央政治局常务委员会召开会议，研究新冠肺炎疫情防控和稳定经济社会运行重点工作，会议上强调，要加快 5G 网络、数据中心等新型基础设施建设进度。[①]"新基建"将为我国数据资源整合汇聚、共享开放、开发利用夯实数字底座。

当前，依托国家电子政务云数据中心体系建设项目，国家信息中心正在牵头在全国范围内建设"一主三备"国家级电子政务云数据中心体系，提供政务数据存储、应用部署、容灾备份等应用服务。其中，河北廊坊数据中心为主中心，贵州贵阳中国电信数据中心和内蒙古呼和浩特中国联通数据中心分别作为南方节点和北方节点，西部节点落地宁夏回族自治区中卫西部云基地中国移动数据中心。在公安、税务、海关、应急管理等垂直领域，行业性数据中心体系建设全面加速。如应急管理部在《应急管理信息化发展战略规划框架（2018—2022 年）》中规划了"1+3"的部本级数据中心以及区域数据中心和边缘节点，其中部本级数据中心包括北京主数据中心和贵阳备份数据中心、上海冷数据存储中心、中卫高性能计算中心；公安部规划了"1+1+4"的大数据中心体系，在北京部署公安部大数据主中心，用于收集各大区上报的数据，在贵州部署灾备数据中心，用于备份主中心的数据，在浙江、上海、广东、宁夏分别部署四个分中心，用来汇集所管辖区省份的业务数据。[②]国家、地方、各行业数据中心的建设与

---

① 中共中央政治局常务委员会召开会议　中共中央总书记习近平主持会议. 中国共产党新闻网，2020-03-05.

② 东数西算：我国数据跨域流通的总体框架和实施路径研究. 国家信息中心网，2020-03-10.

应用，为推进数据共享应用奠定了良好的基础。

2020 年 12 月，国家发展改革委、网信办、工业和信息化部、能源局发布《关于加快构建全国一体化大数据中心协同创新体系的指导意见》，对国内数据中心行业发展作出了要求和指导，重点关注优化数据中心建设布局，推动算力、算法、数据、应用资源集约化和服务化创新等几个方面。加快构建全国一体化大数据中心协同创新体系的本质，实际是加快建设数据强国，强化数据中心、数据资源的顶层统筹和要素流通，加快培育新业态新模式，引领我国数字经济高质量发展，助力国家治理体系和治理能力现代化。数据是国家基础战略性资源和重要生产要素，而数据中心作为数据载体，加快统筹规划和设计是贯彻落实数字中国战略的基础。

2.3.2　数据资源整合：系统整合及共享平台建设

政务信息系统是政府高效履职的重要支撑，是承载政务数据的基础。政务信息系统整合是数据资源整合的前提。2002 年印发的《国家信息化领导小组关于我国电子政务建设指导意见》重点规划了 12 个重要业务系统建设，包括继续完善已取得初步成效的办公业务资源系统、金关、金税和金融监管（含金卡）4 个工程，促进业务协同、资源整合；启动和加快建设宏观经济管理、金财、金盾、金审、社会保障、金农、金质、金水等 8 个业务系统工程建设，要求 12 个重要业务系统统一规划，分工负责，分阶段推进。

2006 年印发的《国家电子政务总体框架》提出了电子政务业务系统规划的一整套制度化的依据和方法，尤其要求围绕优先支持的业务[①]，统筹规划应用系统建设。对已建系统要重点完善、强化应用，支

---

① 根据《国家电子政务总体框架》（国信〔2006〕2 号），优先支持的业务是指社会公众关注度高、经济社会效益明显、业务流程相对稳定、信息密集、实时性强的政府业务。

持部门间业务协同，对新建系统，要统筹规划建设。文件要求，各地区、各部门要做好需要优先支持业务的流程梳理，搞好部门应用系统和地方综合应用系统的衔接。应用系统建设要避免简单地在原有体制和业务流程基础上建设应用系统。国家电子政务总体框架对我国应用系统建设提出了原则性指导，但囿于当时的信息化基础，重点强调主要业务系统的建设和应用，对信息系统的整合共享的要求相对弱一些。

2007 年，国家发展改革委制定并实施了《国家电子政务工程建设项目管理暂行办法》（国家发展改革委第 55 号令），对规范电子政务工程项目建设管理发挥了积极作用。但随着我国"放管服"改革不断走向深入，优化营商环境对提升政务服务水平提出了新要求。

经过多年的建设，我国电子政务业务系统发展取得了显著成绩，但未能从全局上和根本上解决长期以来困扰我国政务信息化建设的"各自为政、条块分割、烟囱林立、信息孤岛"问题，制约了数据资源的共享应用和数据价值的释放。在此背景下，2016 年《国务院关于印发政务信息资源共享管理暂行办法的通知》（国发〔2016〕51 号）第一次将政务信息资源从业务系统中剥离出来，提出政务信息资源共享管理的要求，为一段时间政务信息资源建设管理提出了基本遵循。要基于国家电子政务内外网，建设政务数据资源共享平台，管理国家政务信息资源目录、支撑各政务部门开展政务信息资源共享交换。各地要明确政务信息资源共享主管部门，负责组织本级共享平台建设。各政务部门业务信息系统原则上通过国家电子政务内网或国家电子政务外网承载，通过共享平台与其他政务部门共享交换数据。对已建系统要向国家电子政务内网或国家电子政务外网迁移，并接入本地区共享平台。对于新建系统，凡需要跨部门共享信息的，必须通过各级共享平台实施信息共享，原有跨部门信息共享交换系统应逐步迁移到共享平台。

2017 年,《国务院办公厅关于印发政务信息系统整合共享实施方案的通知》(国办发〔2017〕39 号)提出了推进政务信息系统整合共享的"十件大事"(见图 2-3),加快推进政务信息系统整合共享。

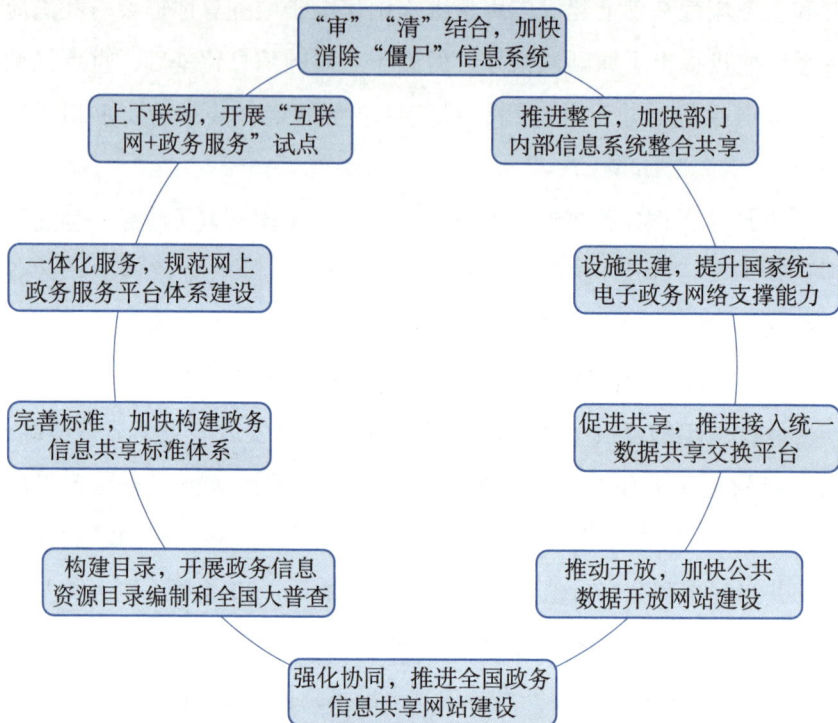

图 2-3　政务信息系统整合共享的"十件大事"

资料来源:根据《国务院办公厅关于印发政务信息系统整合共享实施方案的通知》(国办发〔2017〕39 号)整理。

根据国家要求,国务院各部门整合后的政务信息系统统一接入国家数据共享交换平台(见图 2-4),各地区结合实际统筹推进本地区政务信息系统整合共享工作,初步实现国务院部门和地方政府信息系统互联互通。[①] 截至 2020 年 12 月,国家平台累计向地方部门提供数据

---

① 东数西算:我国数据跨域流通的总体框架和实施路径研究.国家信息中心网,2020-03-10.

共享交换服务 500 亿余次，电子证照共享服务超过 4.4 亿次，提供身份认证核验服务超过 15.5 亿次。[①]

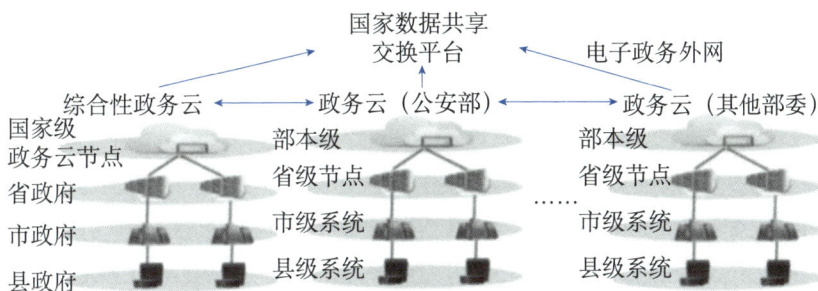

图 2-4　国家数据共享交换平台总体层级体系

资料来源：东数西算：我国数据跨域流通的总体框架和实施路径研究 . http://www.sic.gov.cn/News/609/10436.htm.

　　在地方层面，参考中央相关部门的做法，各省依托自建的数据中心搭建共享交换平台，也在不同程度上实现了省市县乡村各级数据的汇聚流转。例如，广东正在建设省市县一体化政务大数据中心，为政务数据共享提供技术和平台保障；海南已经初步实现省级信息共享交换平台省市县全覆盖；贵州依托"云上贵州"项目使省级政府部门应用系统和数据 100% 迁上平台实现物理集聚，市县两级政府应用系统和数据 100% 接入实现逻辑集聚。

　　在推进数据资源"聚通用"的同时，我国各地加快推进政务数据开放。根据复旦大学联合国家信息中心数字中国研究院发布的《中国地方政府数据开放报告：指标体系与省域标杆》，截至 2021 年 4 月底，我国已有 174 个省级和城市的地方政府上线了数据开放平台，其中省级平台 18 个（含省和自治区，不包括直辖市和港澳台地区），城市平台 156 个（含直辖市、副省级与地级行政区），政府数据开放平台已

---

　　① 省级政府和重点城市一体化政务服务能力（政务服务"好差评"）调查评估报告（2021）. 中央党校（国家行政学院）电子政务研究中心网站，2021-05-26.

逐渐成为一个地方数字政府建设的"标配"。

但与此同时，各地开放的数据集仍然面临数据质量低、冷数据、死数据、数据利用程度低、开放制度不健全等问题。例如，在各地数据开放平台中，仅有约四成的平台开放了优质数据集，但优质 API 接口仍屈指可数，调用难度较高，能调取到的数据容量小、更新频率低；近四成的平台缺少专门的数据开放授权协议，只有 16% 的平台在授权协议中明确授予了用户免费获取、不受歧视、自由利用、自由传播和分享数据的权利；只有不到一成的平台能在近两年来的每个季度中都持续上线新增数据集，而超过九成的平台曾出现数据集增长中断或停滞的情况。数据开放相关制度机制、数据质量，以及开放数据的利用还有很大的提升空间。

2020 年 1 月，国务院办公厅印发《国家政务信息化项目建设管理办法》（国办发〔2019〕57 号），从规划、审批、建设、资金、监督等方面对国家政务信息化项目的建设管理提出了更加系统、全面、具体的要求，主要表现在三个方面：一是在建设节奏上，要快速迭代。在严控新建系统数量和规模的基础上，从制度层面简化项目报批建设的相关程序，促进各部门聚焦紧迫需求开展建设，在满足当前政务信息化建设需求的同时，适应信息技术快速迭代发展。二是在建设形态上，要整体推进。引入"框架方案"概念，为强化跨部门共建共享、促进部门间业务协同提供有力抓手，有效推动跨部门业务流、数据流的整合再造，加快实现"大平台、大系统、大数据"的发展格局。三是在建设理念上，要集约创新。当前，以云计算、大数据为代表的信息技术快速演进，政府部门应充分依托云服务资源开展集约化建设，也鼓励项目建设发挥职能部门作用或者外包，减少自建自管自用自维。①

① 国家发展改革委有关负责人就《国家政务信息化项目建设管理办法》答记者问 . 中国政府网，2020-02-20.

该办法的出台为接下来一段时间政务信息系统整合共享、政务数据资源利用奠定了制度依据。

2.3.3　业务流程整合："互联网 + 政务服务"体系建设

政务数据资源共享开放的目的在于"数据驱动、应用牵引"，聚焦社会需求，通过政务数据资源的有序高效流通，创新应用，提高公共服务能力，提升行政管理效能，优化营商环境，激发市场活力，提升公众获得感。"互联网 + 政务服务"体系正是基于政务数据资源共享开放而建设的应用体系。

根据中国互联网络信息中心发布的第 48 次《中国互联网络发展状况统计报告》，截至 2021 年 6 月，我国网民规模达 10.11 亿，互联网深度融入人民群众生产生活。为提升政务服务能力，我国积极推进"互联网 + 政务服务"体系建设。推动线上线下深度融合，加快打造以国家政务服务平台为总枢纽的全国一体化在线政务服务平台，以企业和群众需求为导向，全面推进"一网通办"。

根据《国务院办公厅关于印发"互联网 + 政务服务"技术体系建设指南的通知》（国办函〔2016〕108 号），"互联网 + 政务服务"是指各级政务服务实施机构运用互联网、大数据、云计算等技术手段，构建"互联网 + 政务服务"平台，整合各类政务服务事项和业务办理等信息，通过网上大厅、办事窗口、移动客户端、自助终端等多种形式，结合第三方平台，为自然人和法人（含其他组织，下同）提供一站式办理的政务服务。"互联网 + 政务服务"平台的运转中心是政务服务资源目录和数据交换中心，一边连接政务服务事项库、办件信息库、监管信息共享库、信用信息库等政务服务业务信息库，另一边连接人口、法人、地理空间信息、电子证照、投资项目信息、政务服务事项信息等基础信息资源库，共同构成政务服务数据共享平台，为政务服务提供统一的数据支撑。

从总体层级关系来看，"互联网＋政务服务"平台体系由国家级平台、省级平台、地市级平台三个层级组成（见图2-5），各层级之间通过政务服务数据共享平台进行资源目录注册、信息共享、业务协同、监督考核、统计分析等，实现政务服务事项就近能办、同城通办、异地可办。

从平台系统组成来看，"互联网＋政务服务"平台主要由互联网政务服务门户、政务服务管理平台、业务办理系统和政务服务数据共享平台四部分构成（见图2-6），平台各组成部分之间需实现数据互联互通。

全国一体化在线服务平台已经上线试运行。截至2021年10月底，已经联通31个省（区、市）及新疆生产建设兵团488万多个政务服务事项，联通45个国务院部门政务服务平台1 376个政务服务事项。依托全国一体化平台，企业和群众可直接通达全国各地区各部门政务服务。

根据《省级政府和重点城市一体化政务服务能力（政务服务"好差评"）调查评估报告（2021）》，以国家政务服务平台为总枢纽的全国一体化政务服务平台建设成效逐步发挥作用，我国网上政务服务已经由以信息服务为主的单向服务阶段，开始迈向以跨区域、跨部门、跨层级一体化政务服务为特征的整体服务阶段，企业和群众办事便利度显著提升，办事渠道更加便捷，服务流程更加优化。全国上下全力下好"放管服"改革这步"先手棋"，通过强化顶层设计，坚持统筹推进，推动试点示范，注重顶层设计和地方创新良性互动，已形成极具中国特色的一体化政务服务有效推进路径。广东"数字政府改革"、江苏"不见面审批"、浙江"最多跑一次"、贵州"集成服务"、上海"一网通办"、安徽"智慧政务"等创新经验，拉近了党心民心的距

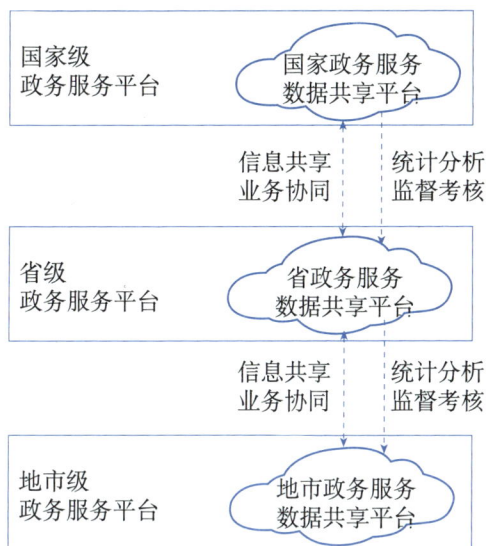

图 2-5　"互联网＋政务服务"总体层级体系图

资料来源:《国务院办公厅关于印发"互联网＋政务服务"技术体系建设指南的通知》。

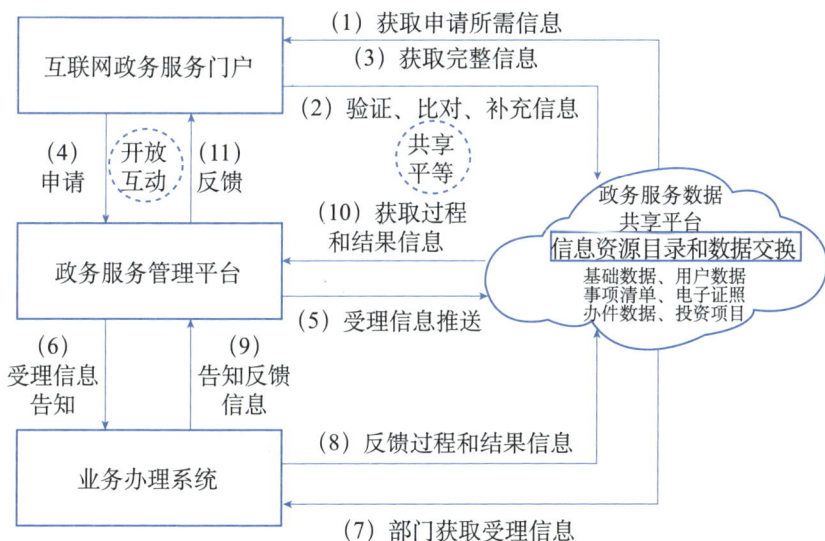

图 2-6　"互联网＋政务服务"平台系统组成图

资料来源:《国务院办公厅关于印发"互联网＋政务服务"技术体系建设指南的通知》。

离，提升了政务服务"获得感"，在全国发挥了标杆引领和示范带动作用，取得了积极成效。2020 年 7 月 10 日发布的《2020 联合国电子政务调查报告》显示，我国电子政务发展指数排名提升至全球第 45 位，其中，作为衡量国家电子政务发展水平核心指标的在线服务指数跃升至全球第 9 位，达到"非常高"水平。[①] 这充分体现了我国加强数据资源的整合应用，以人为本推动"互联网 + 政务服务"的成效。

2.4　强化数据安全与个人信息保护

我国已成为世界上网络数据体量最大、数据类型最丰富的数据大国，但是也要注意到，层出不穷的数据泄露和网络安全事件正给国家安全和个人权益带来新的挑战。保护数据安全和个人隐私已成为世界各国需要面对的重要课题。近年来，我国加快推进数据安全和个人信息保护工作，在法律、标准、监管等方面齐头并进，成效明显。

2.4.1　法律先行：数据安全保护法律框架基本形成

近年来，我国加快数据安全和个人信息保护立法进程，出台了《中华人民共和国网络安全法》(简称《网络安全法》)、《中华人民共和国数据安全法》(简称《数据安全法》)、《中华人民共和国个人信息保护法》(简称《个人信息保护法》) 等系列法律，法律体系框架基本形成。

《网络安全法》由中华人民共和国第十二届全国人民代表大会常务委员会第二十四次会议于 2016 年 11 月 7 日通过，自 2017 年 6 月 1 日起施行。《网络安全法》是为保障网络安全，维护网络空间主权和

---

① 我国电子政务排名大幅提升　在线服务水平进入全球领先梯队 . 新华财经，2020-07-11.

国家安全、社会公共利益，保护公民、法人和其他组织的合法权益，促进经济社会信息化健康发展而制定的法律，数据安全和个人信息保护也是其中的重要内容。该法作为全面规范网络空间安全问题的基本法，专门针对网络运营者的网络运行安全义务进行了规定，提出"维护网络数据的完整性、保密性和可用性""采取数据分类、重要数据备份和加密等措施"等相关要求，第四章"网络信息安全"还专门就网络运营者保护用户个人信息作出相关规定。此外，针对出境数据安全，第三十七条明确规定关键信息基础设施的运营者在中华人民共和国境内运营中收集和产生的个人信息和重要数据应当在境内存储。因业务需要，确需向境外提供的，应当按照国家网信部门会同国务院有关部门制定的办法进行安全评估。

《数据安全法》由中华人民共和国第十三届全国人民代表大会常务委员会第二十九次会议于 2021 年 6 月 10 日通过，自 2021 年 9 月 1 日起施行。作为数据安全领域的基础性法律和国家安全法律制度体系的重要组成，《数据安全法》确立了国家数据安全工作体制机制，构建数据安全协同治理体系，明确预防、控制和消除数据安全风险的一系列制度、措施，提升国家整体数据安全保障能力。具体而言，该法确立了数据分级分类管理以及风险评估、检测预警和应急处置等数据安全管理各项基本制度；明确开展数据活动的组织、个人的数据安全保护义务，落实数据安全保护责任；坚持安全与发展并重，支持促进数据安全与发展的措施；建立保障政务数据安全和推动政务数据开放的制度措施；等等。《数据安全法》本质上是以安全为基础和起点，根本目标或者终极目标是为数据作为生产要素能够顺畅加速流通提供底线规范。

《个人信息保护法》由中华人民共和国第十三届全国人民代表大会常务委员会第三十次会议于 2021 年 8 月 20 日通过，自 2021 年 11

月1日起施行。《个人信息保护法》依据宪法制定，专注于保护个人信息权益、规范个人信息处理活动、促进个人信息合理利用，为数字时代的个人信息保护提供了法律保障。在《中华人民共和国民法典》（简称《民法典》）和《数据安全法》等有关法律的基础上，该法进一步细化、完善了个人信息保护应遵循的原则和个人信息处理规则，明确了个人信息处理活动中的权利义务边界，健全了个人信息保护工作体制机制。具体而言，该法明确了个人信息的定义，确立了个人信息保护原则，如处理个人信息的告知同意原则等；规范了自动化决策过程，禁止"大数据杀熟"等数据误用、滥用行为；严格保护敏感个人信息，将生物识别、宗教信仰、特定身份、医疗健康、金融账户、行踪轨迹等信息列为敏感个人信息；专门规范国家机关处理个人信息的活动，不得超出履行法定职责所必需的范围和限度；赋予个人充分权利，明确了个人在个人信息处理活动中的知情权、决定权等；强化个人信息处理者义务，明确个人信息处理者是个人信息保护的第一责任人，对其个人信息处理活动负责；明确大型互联网平台特别义务，如成立主要由外部成员组成的独立监督机构、定期发布个人信息保护社会责任报告等；规范个人信息跨境流动，明确个人信息跨境传输要求；健全个人信息保护工作机制，明确由国家网信部门和国务院有关部门在各自职责范围内负责个人信息保护和监督管理工作。

2.4.2　标准推进：大力推进数据安全保护标准建设

随着网络信息技术快速发展应用，数据安全和个人信息保护问题日益凸显，对我国加快制定个人信息保护相关标准提出了新的更高要求。为适应新形势下网络安全标准工作要求，我国构建了统筹协调、分工协作的工作机制，全国信息安全标准化技术委员会（简称"全国信安标委"）在国家标准委的领导下，在中央网信办的统筹协调和有关网络安全主管部门的支持下，对网络安全国家标准进行统一技术归口，统一组织申报、送审和报批。全国信安标委下设信息安全标准体系与协调工作组、密码技术工作组、鉴别与授权工作组、信息安全评估工作组、通信安全标准工作组、信息安全管理工作组、大数据安全标准特别工作组等 7 个工作组，大数据安全标准特别工作组具体承担数据安全、个人信息保护相关国家标准的制定工作。

一是《信息安全技术　公共及商用服务信息系统个人信息保护指南》。我国个人信息保护标准研制工作起步较早，2013 年 2 月，首个个人信息保护相关国家标准《信息安全技术　公共及商用服务信息系统个人信息保护指南》开始实施，标准明确要求，处理个人信息应有特定、明确和合理的目的，需获得个人信息主体知情同意，在达成个人信息使用目的之后删除个人信息。

二是《信息安全技术　个人信息安全规范》。2017 年 12 月 29 日，《信息安全技术　个人信息安全规范》（2017 版）国家标准正式发布，并自 2018 年 5 月 1 日起实施。作为落实《网络安全法》的重要支撑文件，《信息安全技术　个人信息安全规范》对个人信息控制者在收集、保存、使用、共享、转让、公开披露等信息处理环节中的相关行为进行了规范，旨在遏制个人信息非法收集、滥用、泄露等乱象，最大限度地保障个人合法权益和社会公共利益。为了让标准与个人信息保护领域瞬息万变的新问题新形势相适应，全国信安标委对该标准进行了修订完善，并正式获批发布，实施时间为 2020 年 10 月 1 日。相对于 2017 版标准，2020 版标准进行了针对性修订：其一是加强标准指导实践。2020 版标准明确了数据安全责任人相关要求，规范了个人信息保护负责人的相应工作职责；规定了定向推送相关要求以及用户可以撤回的权利；提出了平台第三方接入责任相关要求，对第三方接入的监督管理责任进行了细化。其二是支撑 App 安全认证。2020 版标准规范每条要求的检测评估点，便于认证工作根据标准要求逐条开展；对 App 中涉及的核心功能、必要信息、必要权限等方面进行展开描述，提出清晰的要求并形成评估点，在标准条款中以 App 为例进行解释说明，增强其指导性。修订后的新标准，进一步使标准契合我国相关法律法规的要求，增加标准指导实践的适用性，帮助提升行业和社会的个人信息保护水平，推动个人信息保护领域技术产品、咨询服务等方面产业化进一步发展，为我国信息化产业健康发展提供坚实保障。

三是《信息安全技术 大数据服务安全能力要求》。2017 年 12 月 29 日，《信息安全技术 大数据服务安全能力要求》国家标准正式发布，该标准明确了大数据服务提供者应具有的基础安全要求和数据生命周期相关的安全要求。该标准将大数据服务安全能力分为一般要求和增强要求两个级别。关于一般要求，大数据服务提供者应能够抵御或应对常见的威胁，将大数据服务受到破坏后的损失控制在有限范围和程度内，具备基本的事件追溯能力；关于增强要求，大数据服务提供者应主动识别并防范潜在攻击的能力，能高效应对安全事件并将其损失控制在较小范围内，保证安全事件追溯的有效性以及大数据服务的可靠性、可扩展性和可伸缩性。

2.4.3 监管保障：开展各类专项行动强化监管举措

近年来，为加强个人信息保护，保障个人合法权益，工业和信息化部、公安部持续加大监督检查力度，初步形成了常态化的监管机制。

工业和信息化部连续多年组织开展电信和互联网行业网络安全检查，以强化电信和互联网行业网络安全风险防范和责任落实，提升行业网络安全保障水平。通过检查，发现并督促整改了大量数据安全漏洞和隐患，指导企业落实网络数据安全和用户信息保护法律法规，提升网络数据安全保障能力。2019 年，工业和信息化部印发《电信和互联网行业提升网络数据安全保护能力专项行动方案》，提出了深化行业网络数据安全专项治理、深入开展网络数据安全合规性评估、加快推进网络数据安全制度标准建设、提升网络数据安全技术保障能力等年度行业网络数据安全管理重点工作要求。

公安部自 2012 年起，先后多次部署全国各地公安机关开展集中打击侵犯公民个人信息犯罪行动，在 31 个省（区、市）和新疆生产建设兵团公安机关建立了反诈骗中心，统筹协调打击利用公民个人信息实施的电信网络诈骗犯罪。据统计，2020 年全国公安机关共侦办侵犯公民个人信息刑事案件 3 100 余起，抓获犯罪嫌疑人 9 700 余名，侦办治安案件 3 400 余起，处理违法人员 3 600 余名，有力维护了网络空间秩序和人民群众合法权益。特别是在 2020 年年初，由新冠肺炎疫情导致的恐慌情绪在网上蔓延，涉疫人员个人信息在网上泄露的问题引发社会广泛关注。公安机关迅速行动，严厉打击侵犯涉疫人员个人信息的违法犯罪，共治安处罚违法人员 1 500 余名，通报有关部门给予党纪政纪处分 430 余人。与此同时，公安机关对侵犯未成年人、老年人公民个人信息等犯罪活动重拳出击，破获窃取贩卖未成年人和老年人公民个人信息案件 50 起，打掉团伙 43 个，抓获犯罪嫌疑人 860 余名；查获重点行业内部涉案人员 500 余名，破获案件 94 起；破获利用"暗网"等侵犯公民个人信息犯罪案件 91 起，抓获犯罪嫌疑人 220 余名；破获窃取、贩卖人脸数据案件 22 起，抓获犯罪嫌疑人 60 名。

中央网信办、工业和信息化部、公安部、国家标准委等四部门于 2017 年 7 月启动"个人信息保护提升行动"之隐私条款专项工作，主要针对个人信息收集乱象，围绕 App 产品和服务广泛存在的隐私条款笼统不清、不主动向用户展示隐私条款、征求用户授权同意时未给用户足够的选择权、大量收集与提供所谓服务无直接关联的个人信息等行业痛点问题，开展对微信、新浪微博、淘宝、京东商城、支付宝、高德地图、百度地图、滴滴、航旅纵横、携程网等十款网络产品和服务的隐私条款评审工作，旨在推动互联网企业更加重视个人信息保护，形成社会引导和示范效应，带动行业个人信息保护水平的整体提升。开展隐私条款专项工作是政府部门开展个人信息保护提升行动的一次有益尝试，参评的十款产品和服务在隐私政策方面均有不同程度的提升，均能做到明示其收集、使用个人信息的规则，并征求用户的明确授权。微信、淘宝等部分产品运用增强式告知、即时提示等方式，在注册、使用环节引导用户阅读、了解隐私条款的核心内容；主动区分核心功能和附加功能提供用户选择。小部分产品提供了更便利的在线"一站式"撤回和关闭授权，在线访问、更正、删除其个人信息，在线注销账户等功能。

2019 年 1 月 25 日，中央网信办、工业和信息化部、公安部、市场监管总局举行"App 违法违规收集使用个人信息专项治理"新闻发布会，正式对外发布《关于开展 App 违法违规收集使用个人信息专项治理的公告》，自 2019 年 1—12 月，在全国范围组织开展 App 违法违规收集使用个人信息专项治理。App 违法违规收集使用个人信息专项治理工作可以看作是隐私条款专项工作的全面升级，具体来说，二者之间存在以下不同：内容上，专项治理是隐私条款专项工作的延续，但更加强调对隐私条款内容落实情况的监管、对 App 定向推送的管理、对个人信息的保护。手段上，专项治理侧重加强对违法违规收集使用个人信息行为的监管和处罚，相关处罚措施包括责令 App 运营者限期整改，逾期不改的公开曝光。情节严重的，依法暂停相关业务、停业整顿、吊销相关业务许可证或吊销营业执照。处罚的力度比隐私条款专项工作大得多。机制上，专项治理不再局限于行业倡议，而是提出组织建立 App 个人信息安全认证制度，鼓励 App 运营者自愿通过 App 个人信息安全认证，鼓励搜索引擎、应用商店等明确标识并优先推荐通过认证的 App，旨在从源头上规范 App 运营商研发和推广，以实际行动打造健康、规范的行业生态。

参考文献

[1] 耿志敏. 邓小平理论和"三个代表"重要思想概论. 上海：上海人民出版社，2004.

[2] 邓小平推动国家信息化发展的历史经验. 人民政协网，2016-11-23.

[3] 中华人民共和国国民经济和社会发展第十个五年计划纲要. 中国政府网，2001-03-15.

[4] 中共第十八届中央委员会第五次全体会议公报. 中共中央党校官网，2015-10-30.

[5] 李广乾. 政府数据整合政策研究. 北京：中国发展出版社，2019.

[6] 王建冬，童楠楠. 数字经济背景下数据与其他生产要素的协同联动机制研究. 电子政务，2020（3）：22-31.

[7] 单志广. 国务院批复建立"促进大数据发展部际联席会议"制度. 大数据，2016（4）：113-116.

● 第二篇

贵州实践

——先行先试谱新篇

第 3 章　贵州数据治理概貌

当前，世界已进入"数字全球化"时代，数据资源成为重要生产要素，数字经济成为生产力的新组织方式。围绕数据资源的开发与应用愈发广泛、深入和频繁，大数据成为重要的战略资源。贵州作为首个国家大数据综合试验区，抓住发展机遇，充分依托生态能源有利条件，以"大扶贫、大数据、大生态"三大战略为核心，探索建设云上贵州政务云平台，统筹全省政务信息化工作，开创出一条大数据与实体经济深度融合的数字产业化、产业数字化发展道路。经过多年积累和不断创新迭代，贵州数据治理探索卓有成效，政务数据整合共享、"一云一网一平台"成为全国领先示范，"数博会"品牌享誉国际，在数据治理道路上迈向更高台阶。

3.1　贵州大数据发展历程

作为西部内陆省份，贵州不临海、不临江、不临边，发展的先天优势不明显，如何选好发展路子实现跨越转型至关重要。亚热带季风性湿润气候，地质结构稳定，丰富的水能资源和煤炭资源等生态能源优势，以及地处西南腹地，有着天然安全屏障，为贵州探索大数据发展道路奠定了基础。2014—2020 年，贵州省从无到有，用七年的时间慢慢摸索出适应本地实际的数据管理体制机制，开创了政务信息化建设新模式，数字经济发展成为全国示范，实现后发赶超（如图 3-1 所示）。

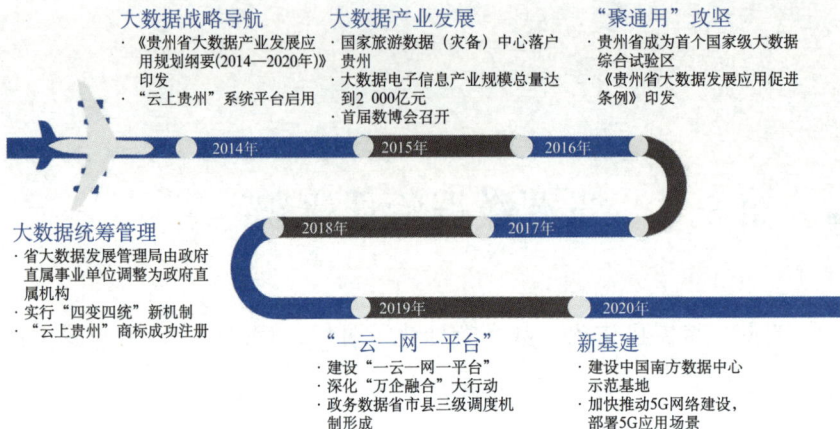

大数据战略导航
· 《贵州省大数据产业发展应用规划纲要(2014—2020年)》印发
· "云上贵州"系统平台启用

大数据产业发展
· 国家旅游数据（灾备）中心落户贵州
· 大数据电子信息产业规模总量达到2 000亿元
· 首届数博会召开

"聚通用"攻坚
· 贵州省成为首个国家级大数据综合试验区
· 《贵州省大数据发展应用促进条例》印发

大数据统筹管理
· 省大数据发展管理局由政府直属事业单位调整为政府直属机构
· 实行"四变四统"新机制
· "云上贵州"商标成功注册

"一云一网一平台"
· 建设"一云一网一平台"
· 深化"万企融合"大行动
· 政务数据省市县三级调度机制形成

新基建
· 建设中国南方数据中心示范基地
· 加快推动5G网络建设，部署5G应用场景

2014年　2015年　2016年　2017年　2018年　2019年　2020年

图 3-1　贵州数据治理大事记

资料来源：根据公开资料整理。

3.1.1　从无到有——大数据战略引领贵州新发展

经过调研与分析，贵州省委、省政府认为发展大数据产业确实可行。依托国家对贵安新区建设的扶持，贵州明确将"大数据"作为地区发展的三大战略之一，出台了《关于加快大数据产业发展应用若干政策的意见》《贵州省大数据产业发展应用规划纲要（2014—2020 年）》等政策，并将大数据产业发展作为一把手工程推进。"7+N 朵云"工程和云长制的实施，使贵州成为引领全国电子政务云建设模式的先锋。

3.1.1.1　大数据产业是贵州省经济社会发展的战略选择

2014 年 1 月，国务院发布《国务院关于同意设立贵州贵安新区的批复》（国函〔2014〕3 号），确立了贵安新区作为西部地区重要的经济增长极、内陆开放型经济新高地和生态文明示范区的战略定位。建设贵安新区是国家加大对贵州省经济结构优化调整、现代产业体系建

立支持力度的重要表现，对探索欠发达地区后发赶超途径、发展内陆
开放型经济、建设生态文明社会具有重大意义。

在此国家战略性支持下，贵州开启了发展大数据产业的大门。经
过调研与分析，贵州省委、省政府认为发展大数据产业是培育和壮大
贵州省战略性新兴产业的有效途径。亚热带季风性湿润气候、地质结
构稳定、地处西南腹地、有着天然安全屏障，为贵州建设数据中心、
发展高科技产业提供了良好的生态优势；丰富的水能资源和煤炭资源
使得贵州工业用电平均价格明显低于国内其他地区，能源优势也可为
大数据企业提供稳定的电力资源，降低企业运行成本。

2014 年 2 月 25 日，贵州省人民政府印发《关于加快大数据产
业发展应用若干政策的意见》《贵州省大数据产业发展应用规划纲要
（2014—2020 年）》，提出按照"基础构建、集群聚集、创新突破"的
思路，科学规划大数据产业布局，建基地、引人才、聚企业、抓应
用、保安全、促创新，建设信息资源聚集地，打造大数据产业发展
应用新高地，推动大数据产业成为贵州省经济社会发展的新引擎。同
年 6 月，为加快推进全省大数据产业发展，贵州省人民政府成立贵州
省大数据产业发展领导小组，时任贵州省委副书记、省长陈敏尔任组
长，大数据产业发展成为一把手工程。

可以说，贵州发展大数据享有"天时、地利、人和"的优势，是
落实习近平总书记牢牢守住发展和生态两条底线要求的具体体现，是
转变发展方式、推进结构调整和转型升级的重要抓手，是实现科学发
展、后发赶超、同步小康的重要路径。由此，贵州明确了爬坡过坎、
转型攻坚的关键方向，扛起大数据发展旗帜坚定前进。

3.1.1.2　科学打造以"7+N 朵云"为核心的大数据产业高地

在贵州大数据产业发展过程中，"云"基础设施是最先着力点，

也是最大亮点。电子政务云、智能交通云、环保云、智慧旅游云、工业云、电子商务云、食品安全云 7 大重点领域应用示范工程成为贵州探索面向政府、公众和企业的云计算和大数据服务平台的有效举措。"7 朵云"示范工程逐步实施。

> ➤ 电子政务云工程，建立统一的贵州省电子政务云服务平台，发展电子政务云计算服务。

> ➤ 智能交通云工程，统筹全省运输方式及管理部门的数据资源，整合公安、城管、交通、气象、铁路、民航等监控体系和信息系统，实现全网覆盖，提供交通诱导、应急指挥、智能出行、智能导航等服务。

> ➤ 环保云工程，依托"云上贵州"平台，加快构建公共信息服务资源目录，为企业、公众提供环境数据服务；建设环保公共服务平台，实现商业化运营；建设环保智能终端，提升环境信息感知及监管能力。

> ➤ 智慧旅游云工程，整合旅游、建设、文化、交通、公安等部门和旅游景区、旅行社、酒店等单位的数据资源，记忆公路、铁路、机场等交通数据资源，建立全省统一的跨地区、跨景区的旅游数据资源交换体系。

> ➤ 工业云工程，面向国防工业、装备制造、轻工食品等行业提供云计算服务，并逐步推广。

> ➤ 电子商务云工程，依托电商产业园区，加快电子商务支撑体系建设，整合生产企业、销售企业、运输企业、消费者、电商等数据，实现电子商务运行一站化。

> ➤ 食品安全云工程，创新构建全国领先的食品安全政府监管、企业自律、媒体监督、消费者参与的社会管理"贵州模式"。

同时，贵州大力引进公共云服务龙头企业，促进本地电子信息企业转型发展和创新创业，集聚一批服务能力突出的云服务提供商，提供高质量的云计算服务。以云计算服务为核心的信息化基础设施建设模式，契合国家"探索基于云计算的政务信息化建设运行新机制"的要求，成为引领全国电子政务云建设模式的先锋。

3.1.1.3　"大数据"取代"贫困"成为贵州标签

作为国务院扶贫办认定的"全国扶贫攻坚的主战场"，贵州曾是我国贫困人口最多、贫困面积最大、贫困程度最深的省份。作为全国唯一一个没有平原的省份，连绵不绝的山地丘陵覆盖贵州全省，境内岩溶分布范围广泛、形态类型齐全、地域分异明显，喀斯特地貌出露面积为 109 084 平方千米，占全省国土总面积的 61.9%，构成一种特殊的岩溶生态系统。耕地面积小、石漠化严重、修路成本高等均成为严重制约贵州发展的瓶颈，也是导致贵州扶贫攻坚难度巨大的根本原因。

"大扶贫、大数据、大生态"三大战略方针的落地实施，对贵州摘掉"贫困"帽子发挥了极大的作用。"大扶贫"补短板、"大数据"抢先机、"大生态"迎未来，牢牢守住发展和生态两条底线，以全新的方式部署谋划跨越发展新路径。2015 年 7 月 9 日，国家旅游数据（灾备）中心在贵州揭牌签约，这是贵州全面发展大数据产业以来第一个在贵州落地的国家级数据中心[①]；2017 年 2 月 22 日，水利部南方数据灾备中心落户贵州，标志着水利信息系统安全灾备的"一主两备"数据灾备保障格局基本形成。[②] 同时，华为、腾讯、苹果等大型企业也将数据中心落户贵州，贵州以自然禀赋优势和在大数据产业上

---

①　国家旅游数据（灾备）中心落户贵州.中国新闻网，2015-07-09.

②　水利部南方数据灾备中心落户贵州.中国政府网，2017-02-23.

的努力成为国家和企业争先抢占的数据要塞之地。

2017 年 11 月，《关于进一步科学规划布局数据中心大力发展大数据应用的通知》（黔数据领办〔2017〕31 号）印发，贵州省大力推进数据中心绿色化发展，打造中国南方数据中心示范基地，提出科学规划布局数据中心建设、严格数据中心立项程序、大力推动数据中心应用、加强政府数据聚集"云上贵州"平台四大任务要求，为国家大数据（贵州）综合试验区各项试验任务提供强有力的基础设施支撑保障。同年 12 月 25 日，国家信息中心、贵州省大数据发展管理局、省信息中心、贵安新区管理委员会、中国电信贵州分公司、云上贵州公司共同签署《国家电子政务云数据中心南方节点战略合作协议》，标志着南方节点正式落户贵州，成为第一个签约建设的国家电子政务云国家级骨干节点。[1]

随着大数据战略对大扶贫工作的有效支撑，至 2020 年 3 月，贵州已有 57 个贫困县（区）实现脱贫"摘帽"，占全省 66 个贫困县的 86%，标志着贵州省消除区域性整体贫困取得决定性胜利。[2]回首二十年，贵州经历了天翻地覆的变化：2000 年贵州地区生产总值首次突破 1 000 亿元，2005 年突破 2 000 亿元，2011 年突破 5 000 亿元，2015 年突破 10 000 亿元，连续 9 年来位居全国 GDP 增速前三名。2019 年，贵州省 GDP 为 16 769.34 亿元，比上年增长 8.3%。其中，第一产业增加值为 2 280.56 亿元，增长 5.7%；第二产业增加值为 6 058.45 亿元，增长 9.8%；第三产业增加值为 8 430.33 亿元，增长 7.8%。[3]贵州以实际行动走出了一条符合自身实际和时代要求的后发赶超之路，"贫困"已不再是贵州的代名词，"大数据"为贵州重新赋予了新标签。

---

[1] 国家电子政务云数据中心南方节点落户贵州.中国政府网，2017-12-26.

[2] 脱贫大决战：贵州省去年 24 个县退出贫困县序列.人民网，2020-03-06.

[3] 贵州省 2019 年国民经济和社会发展统计公报.天眼新闻，2020-04-09.

3.1.2　云上贵州——探索信息化建设新模式

贵州省以破除信息孤岛为目标，全面推进云上贵州政务云平台建设，所有省级政务部门不再自行购买服务器、交换机、存储器等硬件设备，不再自建机房，政府数据统一存到云上贵州系统平台，实现了省级政府、企业和事业单位数据整合管理和互通共享，成功探索出一种以统筹建设、整合共享为原则的信息化建设新模式。云上贵州政务云平台规划图如图 3-2 所示。

3.1.2.1　整合共享，一体化云平台打破信息孤岛

2014 年 7 月，贵州启动云上贵州系统平台建设，阿里巴巴、中软国际、浪潮、华为等企事业单位参与云上贵州系统平台系列项目建设，打造了全国第一个实现省级政府、企业和事业单位数据整合管理和互通共享的政务云服务平台，真正意义上打响了信息孤岛突围战。

同年 10 月，云上贵州系统平台正式上线运行。除有特殊需求外，省级政务部门不再自建机房，非涉密政务数据统一上云。[①] 这显著提高了政务信息资源利用效率，为贵州政府部门间数据互通、共享、开发利用、资源整合打下了坚实基础。

随后，电子政务云、智能交通云、环保云、智慧旅游云、工业云、电子商务云、食品安全云"7 朵云"共完成了 41 个系统的"云"应用系统迁移。[②] 同时，为催生带动一批增值服务企业与商业应用，形成开发应用产业链，"7 朵云"工程以外同步建设"N 朵云"，北斗位置云、朗玛医疗健康云、贵阳市民生云、惠普·贵州国际金贸云、培生教育集团智慧教育云等云平台启动建设，云应用领域不断扩大，开发应用龙头企业培育兴起。"7+N 朵云"工程率先迁入云上贵州系

---

① 不可思议的华丽转身——"云上贵州"的探索之路. 搜狐网，2016-03-03.

② 贵州：打开"大数据"发展之门. 光明日报，2015-05-26.

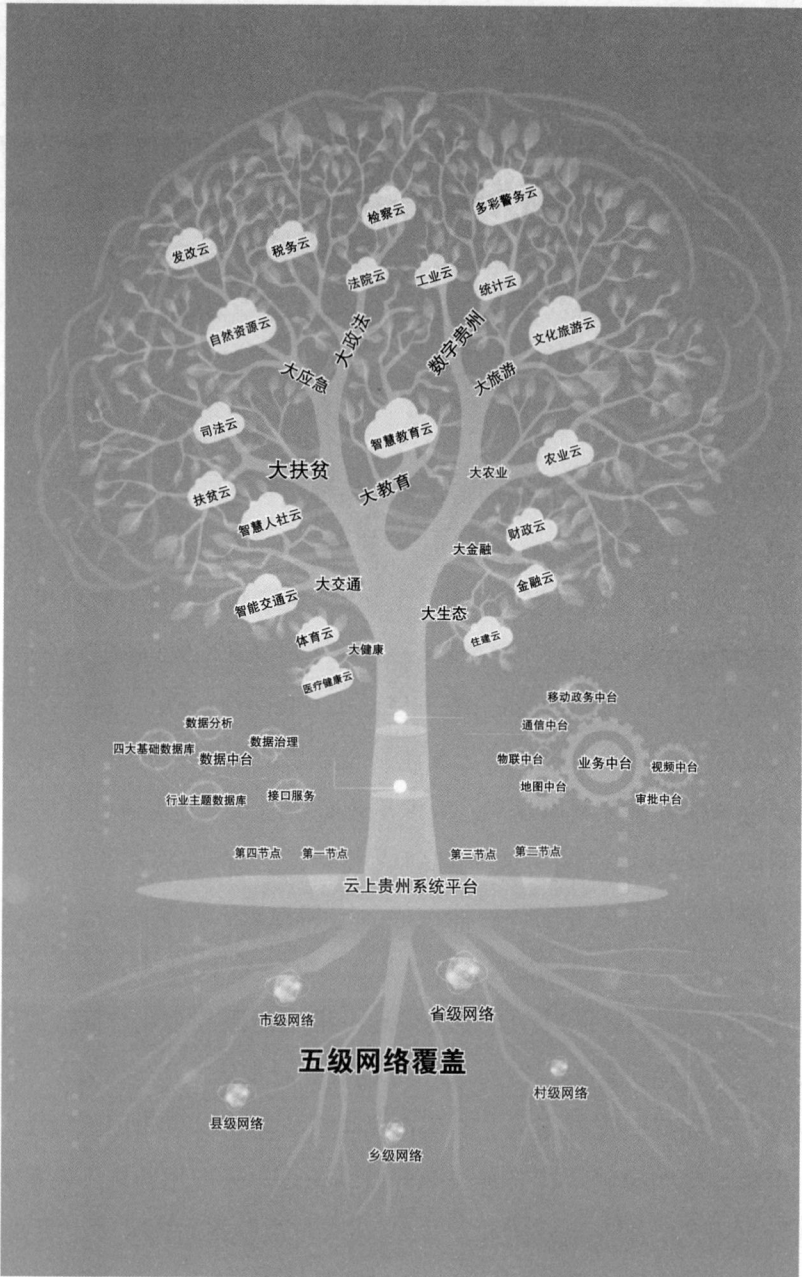

图 3-2 云上贵州政务云平台规划图

资料来源：贵州省大数据发展管理局。

统平台开展数据应用服务，是贵州省探索大数据开发、政府应用带动社会应用的示范性工程。

3.1.2.2　率先开放，政企研合作挖掘数据价值

2014 年 9 月，为落实大数据具体应用、具体技术和商业模式，贵州启动"云上贵州"大数据商业模式大赛，挖掘了一批优秀的大数据商业模式，推动大数据商业价值的实现。大赛接受贵州省内外以及美国、加拿大、澳大利亚等国家和港澳台地区超过 8 600 支队伍报名，成为境内大数据领域第一大赛。在大赛进展过程中，"7 朵云"单位率先开放了政府数据目录，供参赛者激发商业模式之用。与此同时，贵州省交通运输厅还联合阿里巴巴、贵州省经信委开展了"智能交通算法大挑战"，开放了贵阳市南明区部分路段国庆节前后的交通数据，以激发开发者的数据联想与实际运算，为其进一步运用交通等数据开发商业模式提供灵感。[①]

2016 年，贵州省政府数据开放平台上线之后，贵州的数据开放水平领跑全国。2018 年，贵州获批为国家公共信息资源开放试点省，省市县数据资源目录 100% 上架，已开放 67 个省直部门 1 915 个数据资源，其中 1 223 个可通过 API 接口直接调用，可机读数据占比达96.75%。2020 年 3 月，新版贵州省政府数据开放平台正式上线，对原有功能进行了整体优化升级，进一步提升了政府数据面向社会开放的服务能力。随着开放数据目录、数据地图和应用集市更加完善，开放数据场景、数据分析等服务也更加多元实用，平台的数据获取效率和用户体验显著提升。这对鼓励企业、社会组织和个人利用数据资源开展商业模式创新，促进政府数据资源的开发利用提供了良好基础。2020 年 7 月 22 日，复旦大学联合国家信息中心数字中国研究院发布

---

① 大数据产业发展的贵州路径 . 人民网，2015-03-05.

《2020 中国地方政府数据开放报告》，贵州省位居"2020 中国省级开放数林综合指数"第五名，贵阳市位居"2020 中国地级开放数林综合指数"第二名。

3.1.2.3 国企担责，辐射带动大数据产业生态建设

2014 年 11 月 3 日，云上贵州大数据产业发展有限公司（以下简称"云上贵州公司"）在贵州省贵安新区市场监督管理局登记成立。成立之初，云上贵州公司主要负责大数据电子信息产业投融资平台搭建、发起管理大数据电子信息产业发展基金、孵化培育大数据电子信息产业企业、承担建设和运营"云上贵州"系统平台等任务。通过有效的资源整合，云上贵州公司积极搭建从需求分析到建设运维全过程高效协同的产业供应链，吸引了华为、阿里、腾讯、三大电信运营商等知名企业及行业细分冠军中小企业近 200 家企业参与贵州省的信息化建设。公司汇聚了丰富的产业生态资源，助力贵州省大数据战略大步向前推进。

2014 年建成运行的贵州大数据综合试验区展示中心设置"产业发展情况""应用案例""云上贵州""数据铁笼"等专题，展示了贵州省和贵阳市在政府、商业、民用等方面的大数据产业发展情况。2015 年贵州大数据电子信息产业规模总量达到 2 000 亿元，增长 37%。截至 2015 年 12 月，贵州大数据电子信息产业工商注册企业达到 1.7 万家，以电子信息产业为主导的园区有 25 个，以大数据引领的贵州电子信息产业 2015 年增加值同比增长 80% 以上。[①]2015 年 6 月 17 日，习近平总书记在贵州考察期间，非常关注贵州大数据产业发展情况，并来到展示中心听取贵州大数据产业发展、规划和实际应用情况并指出贵州发展大数据确实有道理。

---

① "数"说贵州大数据：从无到有再到优．新浪财经，2016-03-02.

3.1.3　"聚通用"攻坚——国家大数据综合试验区落地生根

2016 年，贵州省成为首个国家级大数据综合试验区。在国家的战略支持下，贵州快速行动、科学规划，积极整合资源，聚焦政务数据资源"聚通用"，做好立法、制度和标准规范保障，在实践中进一步探索数据资源管理与共享开放、数据中心整合、数据资源应用、数据要素流通、大数据产业集聚、大数据国际合作和大数据制度创新。通过"聚通用"攻坚会战，实现了政务系统和数据的互联互通、整合共享，为深入挖掘数据价值奠定了良好基础。

3.1.3.1　贯彻国家要求精神，完善政策制度保障

2016 年 2 月 25 日，国家发展改革委、工业和信息化部、中央网信办发函批复，同意贵州省建设国家大数据（贵州）综合试验区，这也是首个国家级大数据综合试验区。批复要求国家大数据（贵州）综合试验区围绕数据资源管理与共享开放、数据中心整合、数据资源应用、数据要素流通、大数据产业集聚、大数据国际合作、大数据制度创新等七大主要任务开展系统性试验，通过不断总结可借鉴、可复制、可推广的实践经验，最终形成试验区的辐射带动和示范引领效应。同年 5 月 24 日，工业和信息化部办公厅下发工信厅通信函〔2016〕357 号文件，同意授予贵州省"贵州·中国南方数据中心示范基地"称号。函称贵州在数据中心建设方面拥有自然条件优势和较好的探索示范基础，要求贵州在数据资源整合、应用服务推广、产业聚集发展、制度规范创新等方面开展系统性试点示范，实现数据中心应用服务水平提升、绿色节能降耗、保障安全可靠，把贵州建设成为全国领先的数据存储灾备基地和大数据应用服务基地，并将云计算数据中心服务逐步向南方地区辐射，为全国数据中心发展布局起到一定的示范作用。

在接连的国家级"大礼包"面前，贵州快速行动、科学规划，做好立法、制度和标准规范保障，整合资源、稳步推进各项任务，为加快国家大数据综合试验区和中国南方数据中心示范基地建设打下坚实基础。

地方立法层面：为推动大数据发展应用，运用大数据促进经济发展、完善社会治理、提升政府服务管理能力、服务改善民生，培育壮大战略性新兴产业，2016 年 1 月 15 日，贵州省第十二届人民代表大会常务委员会第二十次会议通过《贵州省大数据发展应用促进条例》，这是中国首部大数据地方法规，紧扣贵州大数据应用的现实需求和发展趋势，对数据采集、数据共享开发、数据权属、数据交易、数据安全以及"云上贵州"等基本问题作出了宣示性、原则性、概括性和指引性规定，大数据发展正式步入法治轨道。

顶层设计方面：2016 年 6 月，贵州省委、省政府出台《关于实施大数据战略行动建设国家大数据综合试验区的意见》（黔党发〔2016〕14 号），明确开展七项试验探索，构建五大支撑体系，实施十大重点工程，对加快建设国家大数据综合试验区作出全面部署，推动大数据与各行各业深度融合。同年 11 月，《关于印发贵州省政务数据资源管理暂行办法的通知》（黔府办发〔2016〕42 号）颁布，对全省政务数据资源的采集、存储、共享、开放及安全管理等方面作出了明确规定，为推进政务数据资源"聚通用"指出了明确的行动方向。2017 年 7 月，贵州省大数据发展管理局领导小组办公室印发《贵州省政府数据资产管理登记暂行办法》，标志着贵州省成为全国首个出台政府数据资产管理登记办法的省份，在政府数据资产管理登记方面走前列、树标杆。

标准规范方面：2016 年 9 月，贵州省质量技术监督局在全国率先发布了《政府数据　数据分类分级指南》《政府数据资源目录　第 1 部分：元数据描述规范》《政府数据资源目录　第 2 部分：编制工作指南》《政府数据　数据脱敏工作指南》4 项地方标准，指导政府部门在开放和共享本部门政府数据时，对政府数据分级分类、编制政府数据目录、做好数据脱敏工作。同时，贵阳市与全国信标委大数据标准工作组进行全面合作，共同开展三项贵阳标准研制和两项国家标准研制与试点示范。2017 年 2 月 14 日，国内首个大数据标准化技术委员会在贵阳市成立，在负责贵州大数据领域标准体系建设及地方标准制定、修订、技术审查工作的同时，承担国家标准实验验证和试点示范等应用推广工作。

3.1.3.2 "聚通用"攻坚会战，全省政府数据汇聚共享

2016 年 5 月，国务院总理李克强在中国大数据产业峰会上指出，贵州正成长着一棵"智慧树"，发展大数据产业是开了一个"钻石矿"。为了促进"智慧树"繁荣生长、挖掘"钻石矿"的价值，2016 年 8 月 1 日至 12 月 31 日，根据《贵州政府数据"聚通用"攻坚会战实施方案》（黔数据领〔2016〕1 号），贵州省动员全省各级政府开展政府数据"聚通用"攻坚战，以消除"信息孤岛""数据烟囱"、推动政府系统数据互联共享为目标，以贵州省数据共享交换平台为核心，加快国家大数据（贵州）综合试验区建设。在为期 5 个月的时间里，贵州全省上下挂图作战，清单化管理、长效化监督、动态化考核，"聚通用"攻坚战成绩斐然。

"聚"：政府数据全面迁入云上贵州系统平台。2016 年 8 月 8 日，云上贵州系统平台第二节点正式启动。可提供 3 368 台弹性计算服务器、972 台云数据库服务器、3 000T 数据存储空间的云上贵州系统平台成为贵州深化政府数据"聚通用"的重要支撑。[①] 截至 2016 年 12 月底，含省直单位 382 个应用系统和 9 市州及贵安新区共 103 个应用

---

① "云上贵州"第二节点启动助力政府数据"聚通用".搜狐网，2016-08-09.

系统在内的 485 个应用系统按照计划顺利接入了云上贵州系统平台。根据《政府数据　数据分类分级指南》等 4 项标准规范的指引，贵州解决了海量数据汇聚过程中格式不统一、标准不统一等问题，加速迁云聚集数据，为数据的共享开放提供了坚实基础。

"通"：跨部门、跨层级、跨区域数据整合共享。2015 年，云上贵州公司与其参股企业贵州中软云上数据技术服务有限公司联合启动了全省统一数据共享交换平台"贵州省数据共享交换平台"的建设工作。2015 年平台一期功能搭建完成，2016 年 5 月平台二期优化升级完成，2016 年 12 月平台正式上线运行。云上贵州数据共享交换平台作为云上贵州系统平台的核心组成部分，支撑全省政府数据共享，推动信息资源互联互通。平台上线运行也标志着贵州人口、法人、自然资源与空间地理、宏观经济四大"基础云"建设完成，超过 7 760 万条数据成功互联互通，基础数据库真正变成基础云，贵州成为全国第一个把四大基础库放在一个云平台上全面共享的省份。截至 2017 年 12 月，平台共有数据目录 257 个，数据子目录 1 088 个，数据元目录 45 932 个，数据集 542 个。

"用"：深度挖掘大数据政用、商用、民用价值。2016 年 9 月 30 日，贵州省政府数据开放平台正式上线运行。作为全国唯一以省级为单位的数据开放平台，"数据池"里包括医疗机构信息、农产品价格信息、企业注册基本信息、城市污水处理等相关资源，公众用户可按照数据主题、数据类型、数据来源这三个方面进行查找，然后通过平台直接下载数据、利用应用程序编程接口直接调用数据，对数据进行建模、挖掘等开发，促进政府数据在政用、民用和商用方面的探索实践。这一年，贵州省工商局与省国税局、省地税局、省质监局、省人社厅、省统计局等部门通过"云上贵州"数据共享交换平台实现"五证合一、一照一码"业务办理，大数据也在"一网通办"等政务服务提升行动中发挥更大价值。

　　贵州省政府数据"聚通用"攻坚会战到 2016 年年底全面收官，并取得预期成果，政府应用大数据的水平显著提升，大数据应用场景产生示范性作用。2016 年 11 月，国家发展改革委正式批复贵州省组建全国首个大数据领域国家工程实验室——提升政府治理能力大数据应用技术国家工程实验室。2017 年 5 月，实验室在贵阳高新区揭牌成立，确定了政务数据采集融合与分析、政务数据共享与开放、政务数据安全与隐私保护、面向政府综合决策的大数据应用、面向政府廉洁高效的大数据应用、面向政府社会管理的大数据应用和面向政府公共服务的大数据应用七大研究方向。[①] 实验室在引领技术发展、培育数据人才、助力政府治理等方面发挥了积极的作用。2020 年 5 月 13 日，实验室作为第一批倡议方，与国家发展改革委等部门共同发起"数字化转型伙伴行动"倡议。

3.1.3.3　疏通"中梗阻"，建立省市县三级数据调度机制

　　贵州省在推动数据共享交换的实践过程中，面临着全省数据共享标准不统一，省、市、区、县各部门信息资源建设分散，查询定位与数据协同再利用效率低等问题。为了让数据真正顺畅流动起来，实现"数据多跑路、群众少跑腿"，贵州省逐步厘清数据管理分权分责体系，构建省市县三级调度工作机制，建设省级政务数据调度中心，对数据共享、交换、开放过程进行了统一管控，推动了政务数据共享交换。

　　贵州省通过几年的不断探索和实践，总结提炼出三个政务数据权属关系的关键概念，分别是归集权、使用权及管理权（见图 3-3）。

---

①　全国首个大数据领域国家工程实验室确立七大研究方向 . 贵商网，2017-05-25.

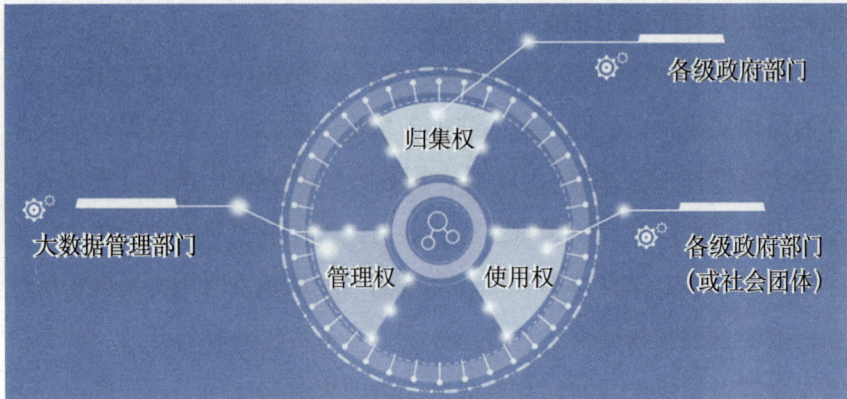

图 3-3 政务数据"归集权 – 使用权 – 管理权"权责体系

资料来源：贵州省大数据发展管理局。

政务数据归集权是指各级政府部门对于按照职能所获取和产生的政务数据拥有归集管理的权利和义务。各级政务部门应对按照职能所获取和产生的政务数据拥有全生命周期的管辖权，主要涉及政务数据采集、处理、备份、分类、分级、加密、清洗、脱敏、销毁、授权共享、授权开放等，即"谁拥有，谁负责"。

政务数据使用权是指各级政府部门按照相关规程在明确的授权范围内，依法依规合理使用其他政府部门政务数据的权利和义务。各级政府部门有申请使用其他部门政务数据的权利，同时也有确保政务数据合理安全使用的义务，主要涉及政务数据使用申请、签订授权协议、受限合理使用、防止非法扩散等，即"谁使用，谁负责"。

政务数据管理权是指某区域（如国家、省、市）按照政府职能赋予某个部门统筹管理该区域所有政府部门政务数据的权利和义务。政务数据统筹管理部门拥有对该区域所有部门政务数据的管理权，保证该区域内各部门间政务数据共享交换和开放能够高效地进行，实现跨部门的共享交换和开放，主要涉及统筹规划、平台建设、数据资源目录编制、监管政务数据调度等，即"谁流转，谁负责"。

　　数据归集权、使用权、管理权的分权分责体系是构建数据调度管理体系的基础。通过构建规范的政务数据契约式共享规则，由数据使用部门提需求，数据归集部门做响应，数据统筹管理部门保流转，逐步形成了完善的数据调度工作机制，促进政务数据安全、有序共享。

　　与此同时，在三级"云长制"的有效组织保障和《贵州省政府数据调度管理办法（试行）》《贵州省块数据指挥调度工作机制》《贵州省块数据指挥调度实施细则》《省大数据发展领导小组办公室关于进一步做好政务数据调度工作的通知》等制度保障下，贵州省的数据调度工作机制逐步清晰，为省、市、县三级调度的顺利推行奠定了基础。截至 2020 年 5 月 31 日，贵州省数据共享交换平台累计受理通过数据申请 2 972 次，审批通过 2 078 次，签发 2 787 次（含无条件共享不需审批数据），有 2 517 个数据接口提供服务，跨部门、跨层级数据共享交换更加顺畅。依托严密的调度机制和不断优化的调度平台，贵州省实现了全省政务数据"可有""可用""可控""可溯""可视"。

3.1.4　各司其职——自上而下工作机制逐渐理顺

　　作为贵州省的一把手工程，大数据产业发展受到省委、省政府的高度重视。贵州省大数据发展领导小组的成立和省、市、县三级"云长制"的全面推行，为各级政府大数据行动提供了可靠指导。为进一步统筹大数据发展工作，贵州省成立大数据发展管理局，下设贵州省信息中心、贵州省量子信息和大数据应用技术研究院，负责统筹全省政务信息化建设和政务数据资源管理；同时成立国有全资企业云上贵州公司作为省级政务信息化基础设施的建设主体。由此，贵州捋顺了大数据工作协同机制，"一局一中心一院一公司"的组织保障格局正式形成。

3.1.4.1 成立大数据发展领导小组，推进一把手工程

2016 年 6 月，贵州省大数据产业发展领导小组更名为贵州省大数据发展领导小组（简称"领导小组"），同时加挂国家大数据（贵州）综合试验区建设领导小组牌子，负责贯彻落实省委、省政府的重要决策部署，审定大数据发展战略和规划，统筹推动全省大数据发展；研究解决全省大数据发展全局性、方向性的重大问题和事项；审定全省大数据发展重要政策措施等。[①] 根据《贵州省人民政府办公厅关于全面推行云长制的通知》（黔府办发〔2017〕57 号），贵州省、市、县三级"云长制"全面推行，省长任省级"总云长"，分管省领导任"第一云长"，各地各部门主要负责人任本地区本部门"云长"，进一步优化了大数据工作的管理机制。

一路走来，贵州省大数据发展领导小组作为贵州大数据发展的指南针和掌舵手，引领大数据战略发展方向，为各级政府大数据行动提供可靠指导。领导小组的成立和作为、云长制的推行和落实，充分说明作为一把手工程，贵州大数据产业发展已成为贵州省政府、企事业单位的关键任务。从上到下任务清晰、分工明确，才能为落实大数据战略行动提供可靠保障。

3.1.4.2 "一局一中心一院一公司"工作格局形成

2017 年 2 月，根据中央编办相关批复，贵州省政府办公厅印发《贵州省大数据发展管理局主要职责内设机构和人员编制规定》（黔府办发〔2017〕3 号），将贵州省公共服务管理办公室更名为贵州省大数据发展管理局，为省人民政府正厅级直属事业单位。2018 年，根据中共贵州省委办公厅、贵州省人民政府办公厅关于印发《贵州省大数据

---

① 省人民政府办公厅关于贵州省大数据产业发展领导小组更名为贵州省大数据发展领导小组的通知.贵州省大数据发展管理局官网，2016-06-05.

发展管理局职能配置、内设机构和人员编制规定》的通知，贵州省大数据发展管理局由政府直属事业单位调整为政府直属机构，单位性质为正厅级行政机关。

贵州省大数据发展管理局下设 2 个直属事业单位：贵州省信息中心，为副厅级公益一类事业单位，主要承担全省政务信息化建设、宏观经济预测预警分析研究、信息内容和信息技术服务等职能；贵州省量子信息和大数据应用技术研究院，为正处级公益一类事业单位，主要承担量子信息应用技术和大数据应用技术研究和相关标准制定、技术研发、应用推广、平台建设、应用成果产业化等职能。同时，成立国有全资企业云上贵州公司作为云上贵州系统平台等省级政务信息化基础设施的建设主体，接受省大数据发展管理局的指导与监督，为各级政府和企事业单位提供云计算、云储存、数据库、云安全及数据共享开放等服务。

整体来看，省大数据发展管理局统筹管理全省政务数据资源；省信息中心负责具体数据资源管理调度工作；量子信息和大数据应用技术研究院负责数据调度管理评估工作；国有全资企业云上贵州公司负责省级政务云平台建设、管理、运维和技术支撑。由此，贵州省大数据工作保障机制理顺落实，"一局一中心一院一公司"的组织保障格局就此形成。

3.1.4.3　"四变四统"，推进"一云一网一平台"建设

2018 年 11 月 13 日，《贵州省推进"一云一网一平台"建设工作方案》正式印发，提出"四变四统"工作机制和"一云一网一平台"建设要求，围绕解决企业群众"办事难、办事慢、办事繁"等问题，以消除"信息孤岛""数据烟囱"为重点，加快提升政府管理、社会治理和民生服务水平。自此，贵州省数据治理迈向"统筹治理、数据为王"的新阶段。

"四变四统"新机制下的权责划分如图 3-4 所示。"四变四统、健全监管"的政务信息化建设工作新机制核心在于四个方面：一是变"分散规划"为"统一规划"；二是变"分散建设"为"统一建设"；三是变"政府直接投资"为"统一购买服务"；四是变"分散资金保障"为"统筹资金保障"。这四个方面不仅在形式上由"分散"到"统一"，而且在管理体制和建设模式两大层面实现了巨大创新。**在管理体制层面，**贵州省大数据发展管理局和省级部门的角色发生了转变。全省信息化建设项目和资金不再分散到各省级部门信息中心，而是由省大数据发展管理局统筹。省级部门转变成为用户角色，提出信息化建设发展的项目需求。**在建设模式层面，**贵州省政府大力培育的龙头企业云上贵州公司成为省级政务信息化建设服务的总抓手。通过政府统一购买服务方式，承担着统筹顶层技术规划设计、统筹系统架构集成、统筹资源共建共享、统一标准规范管理、统筹安全保障运行等重要职责。

省级部门
提需求

信息化建设
全生命周期闭环管理

省大数据发展
管理局
统一规划
统一预算
统一采购

云上贵州公司
统一建设

图 3-4 "四变四统"新机制下的权责划分

资料来源：贵州省大数据发展管理局。

由此，贵州省正式开启了"一云统揽、一网通办、一平台服务"

一体化建设新模式。**"云上贵州一朵云"**。汇聚全省政务信息资源，移动、联通、电信、广电四个节点共同形成统一、安全、可靠的云服务体系，实现跨运营商互联、多云混合、功能互补，为全省政务信息系统和政务数据的整合打下了坚实基础。**"一张网办全省事"**。加快电子政务外网建设，为政府、企业、群众提供"一网通办"大窗口，向上连接国家，向下覆盖省、市、县、乡、村五级，提高群众网上办事效率，实现"服务到家"。截至 2020 年 5 月，除审计外，省级 20 家单位 23 张业务专网全部打通，贵州成为全国唯一实现业务专网和电子政务外网互联互通的省份。"贵州政务服务网"首批接入国家政务服务平台，省、市、县、乡、村政务服务事项实现查询和办理。**"一平台服务到家"**。全面建成全省政务服务一体化平台，整合了各级各部门办事服务平台，并实现与国家政务服务平台互联互通。推行审批服务便民化，让企业和群众网上办事像"网购"一样方便，实现全省通办、就近能办、异地可办。

3.1.5　后发赶超——贵州数字经济发展成为全国示范

随着大数据、人工智能、量子信息、区块链等新一代信息技术的加速应用，数字经济已经成为我国乃至全球经济增长新的驱动力。贵州自 2017 年开始，逐步规划数字经济创新发展道路，促进大数据与实体经济深度融合，加速数字产业化、产业数字化发展。经过多年积累，贵州数字经济增速成为全国领先示范，大数据发展成果也通过"数博会"品牌向全国乃至全球展示发布。

3.1.5.1　规划创新发展道路，促进数字经济加快成长

2017 年 2 月 6 日，贵州省发布《贵州省数字经济发展规划（2017—2020 年）》，这是全国首个省级数字经济发展专项规划。《贵州省数字经济发展规划（2017—2020 年）》提出实施数字经济集聚发展、信息基础设施提升、数据资源汇聚融通、数字政府增效便民、企

业数字化转型升级、民生服务数字化应用、新型数字消费推广、精准扶贫数字化、创新支撑载体打造、数字经济安全保障十大工程，发展资源型、技术型、融合型、服务型"四型"数字经济，用三年时间探索出一条具有数字经济时代鲜明特征的创新发展道路。

2017年，贵州数字经济增速为37.2%，全国第一；电子信息制造业规模以上工业总产值增长86.3%，对工业增长贡献率达到15.3%，拉动工业增长1.5个百分点，成为工业第二大增长点；软件和信息服务业（全口径）收入增长34.8%；电信业务收入增长14.3%，总量增长146.2%，两项增速均列全国第一。2019年，我国数字经济规模达到31.3万亿元，增长20.9%，占GDP比重为34.8%，其中贵州省数字经济规模增速最快，超过20%。[①]

3.1.5.2 持续深化转型，助力大数据与实体经济融合发展

2018年2月12日，贵州省政府印发《贵州省实施"万企融合"大行动 打好"数字经济"攻坚战方案》，以带动实体经济企业与大数据深度融合、实体经济企业生产运营效率和产品服务供给质量明显提高为目标，加快大数据与工业、农业、服务业深度融合，加快发展以大数据为引领的电子信息产业，开展大数据融合高科技企业招商引资，完善大数据与实体经济深度融合支撑体系。促进实体经济向数字化、网络化、智能化转型，由投资驱动、资源驱动向数据驱动、知识驱动转变，推动经济发展质量变革、效率变革、动力变革，为全省实施大数据战略行动、推进国家大数据综合试验区建设、加快转型升级和新旧动能转换提供强大支撑。

在贵州省的大力推动下，2018年年底，全省大数据与实体经济

---

① 《中国数字经济发展与就业白皮书（2019年）》：各地数字经济发展成效显著. 中华人民共和国国家互联网信息办公室官网，2019-04-19.

深度融合指数达到 36.9。省"万企融合"标杆项目 101 个、示范项目 1 147 个，带动 2 280 家实体经济企业与大数据深度融合。[①] 电信业务总量增长 165.5%，电子信息制造业增加值增长 11.2%，规模以上软件和信息技术服务业、互联网和相关服务营业收入分别增长 21.5% 和 75.8%，大数据成为支撑贵州全省生产总值增长的重要因素。[②]

2019 年，贵州省"趁热打铁"，于 2 月印发《贵州省实施大数据战略行动问责暂行办法》，督促各项大数据战略任务措施落实到位，成为推动大数据与实体经济深度融合的有力保障；5 月印发《贵州省深化提升"万企融合"大行动　推动大数据应用和产业转型工作方案》（黔数据领办〔2019〕5 号），将全省标杆项目、示范项目、带动企业目标任务分解到各行业、各市州。随后工业、农业、服务业和煤炭、旅游等子行业、10 个市州都印发了行业或地区融合方案，实现了融合工作行业全覆盖、地区全覆盖。

2016—2019 年，贵州省共打造形成 338 个"万企融合"典型示范项目、2 197 个示范项目，带动 3 905 家实体经济企业与大数据深度融合。大数据与实体经济深度融合已经成为贵州实体经济转型升级新引擎，成为推动贵州省经济向高质量发展的新动能。

3.1.5.3　打造数博品牌，向全球展示贵州大数据发展成果

2015 年 5 月，以"'互联网+'时代的数据安全与发展"为主题的 2015 贵阳国际大数据产业博览会暨全球大数据时代贵阳峰会（简称"数博会"）在贵阳国际会议展览中心举办。作为高端前沿的交流合作平台，数博会为全球大数据重要企业、研究机构、领军人物和专

---

① "万企融合"成为贵州经济向高质量发展的新动能.贵州省大数据发展管理局官网，2019-12-13.

② 2019 数博会：数字经济成为推动贵州经济增长重要引擎.新浪财经，2019-05-27.

家学者共同探讨大数据发展趋势、共享发展成果搭建了有效通道，也向全世界展示了贵州大数据产业蓬勃发展的新风采。2016 年，数博会升格为"国家级"，由国家发展改革委、贵州省政府共同主办，全称也由"2015 贵阳国际大数据产业博览会暨全球大数据时代贵阳峰会"变为"2016 中国大数据产业峰会暨中国电子商务创新发展峰会"。英国、美国等国家也有代表参加此次会议，自此数博会开始走向国际舞台。历届数博会主题与规模如表 3-1 所示。

表3-1　历届数博会主题与规模

年份	数博会主题	观众人数
2015	"互联网＋"时代的数据安全与发展	超 4.2 万
2016	大数据开启智能时代	超 9.2 万
2017	数字经济引领新增长	超 8.7 万
2018	数化万物·智在融合	超 12 万
2019	创新发展·数说未来	超 12.5 万

资料来源：根据公开资料整理。

　　2017 年，数博会正式升级为国家级展会活动。在开幕式上，国务院总理李克强发来贺信。信中表示，当前新一轮科技革命和产业变革席卷全球，数字经济正深刻地改变着人类的生产和生活方式，作为经济增长新动能的作用日益凸显。贵州省主动顺应这一发展趋势，大胆探索、先行先试，取得了积极成效。[①]2018 年开始增设的"数博发布"板块，发布了一系列领先科技成果、公益成果、企业成果，得到行业高度认可，数博品牌更加响亮。图 3-5 展现了 2018 年首届数字中国建设峰会的场景。

---

① 李克强向 2017 中国国际大数据产业博览会致贺信. 中国政府网，2017-05-26.

图 3-5　2018 年数字中国建设峰会

资料来源：贵州省大数据发展管理局。

2019 年，为进一步巩固、提升"数博发布"的影响力，数博会按"一会、一展、一发布、大赛及系列活动"进行策划。2018 年、2019 年连续两年，国家主席习近平向数博会致贺信，代表了国家领导对大数据发展的高度重视和对贵州发展大数据的鼎力支持。

　　当前，以互联网、大数据、人工智能为代表的新一代信息技术日新月异，给各国经济社会发展、国家管理、社会治理、人民生活带来重大而深远的影响。把握好大数据发展的重要机遇，促进大数据产业健康发展，处理好数据安全、网络空间治理等方面的挑战，需要各国加强交流互鉴、深化沟通合作。

　　中国高度重视大数据发展。我们秉持创新、协调、绿色、开放、共享的发展理念，围绕建设网络强国、数字中国、智慧社会，全面实施国家大数据战略，助力中国经济从高速增长转向高质量发展。希望各位代表和嘉宾围绕"数化万物·智在融合"的博览会主题，深入交流，集思广益，共同推动大数据产业创新发展，共创智慧生活，造福世界各国人民，共同推动构建人类命运共同体。

——习近平向 2018 中国国际大数据产业博览会致贺信 [1]

---

[1]　习近平向 2018 中国国际大数据产业博览会致贺信 . 中国政府网，2018-05-26.

当前，以互联网、大数据、人工智能为代表的新一代信息技术蓬勃发展，对各国经济发展、社会进步、人民生活带来重大而深远的影响。各国需要加强合作，深化交流，共同把握好数字化、网络化、智能化发展机遇，处理好大数据发展在法律、安全、政府治理等方面挑战。

中国高度重视大数据产业发展，愿同各国共享数字经济发展机遇，通过探索新技术、新业态、新模式，共同探寻新的增长动能和发展路径。希望各位代表和嘉宾围绕"创新发展·数说未来"的主题，共商大数据产业发展与合作大计，为推动各国共同发展、构建人类命运共同体作出贡献。

——习近平向 2019 中国国际大数据产业博览会致贺信 ①

受新冠肺炎疫情影响，2020 年未举办中国国际大数据产业博览会，而是围绕打造"国际性盛会、世界级平台"和"永不落幕的数博会"目标，于 2020 年下半年举办系列区域性活动。② 回望数博会 5 年，嘉宾规格提升、组织形式不断创新、参会规模不断扩大、参会成果更加丰富。数博会已成为贵州的地标性活动，代表中国向全世界展示大数据发展成果。

3.2　从数据治理体系框架看贵州实践

随着贵州省大数据战略的深入实施，贵州省从"科技洼地"跳上"数据高地"，走上了以大数据产业为核心的跨越发展之路。7 年时间里，贵州的数据治理探索之路稳扎稳打，小步快走，出台了一揽子政策、开创了一种体制、优化了一套机制、颁布了一批标准、建设了一

---

① 习近平向 2019 中国国际大数据产业博览会致贺信 . 中国政府网，2019-05-26.

② 数博会执委会关于开展"永不落幕的数博会——2020 全球传播行动"的通知 . 数博会官网，2020-05-14.

批项目、统筹了一批数据、推进了一批应用，逐步在全省营造出良好的数据治理环境，也为其他省份提供了借鉴示范。

回顾数据治理系列丛书《数据治理之论》，在数据治理体系参考框架中，数据治理的核心目标是通过各种手段提升数据的价值。围绕释放数据价值的核心目标，要以确立数据资产地位为基础，数据在社会经济发展中所处的地位直接决定了围绕数据的各项活动的开展方式和流程；要以数据管理体制机制为核心，建立健全规则体系，形成多方参与者良性互动、共建共享共治的数据流通模式；要以数据共享开放和开发利用为重点，通过对数据的有效整合、共享、开放和开发利用，促进数据在流通中释放价值；要以数据安全和隐私保护为底线，在保证国家、企业和个人信息安全的前提下开展数据治理活动。

对标数据治理体系参考框架（见图 3-6），贵州大数据发展的方向和逻辑（见图 3-7）与其基本吻合。贵州在数据资产地位、管理体制机制、共享开放和开发利用、安全与隐私保护四项治理内容方面不断探索创新，并通过法律制度、标准规范、应用实践、技术支撑的方式支撑数据治理工作，为数据治理体系的理论发展增添了更加丰富的地方政府实践经验。

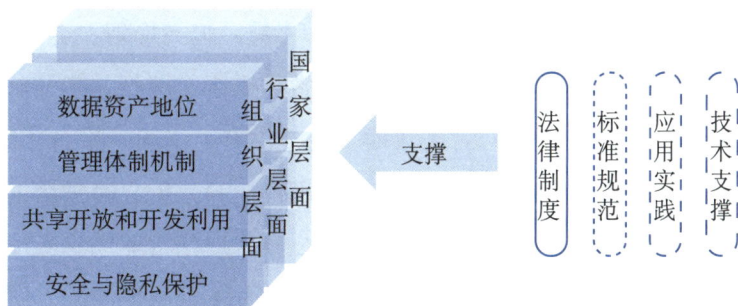

图 3-6　数据治理体系参考框架

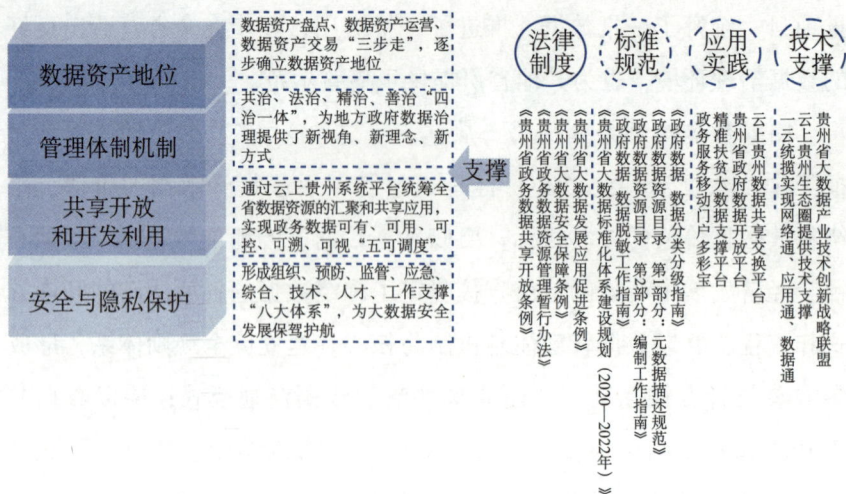

图 3-7　数据治理体系参考框架下的贵州实践

3.2.1　贵州数据治理的四项内容

第一，"三步走"逐步确立数据资产地位。数据资产盘点，出台《贵州省政府数据资产管理登记暂行办法》，开展政务数据资产清查和评估；数据资产运营，授权国有企业参与政府数据资产管理工作，充分调动市场主体积极性；数据资产交易，探索数据产品和服务定价机制与收益分配机制，推动数据要素市场化进程。

第二，"四治一体"创新政府数据管理体制机制。多元化共治，以强有力组织领导机制有效协调各方面力量，统一规划、统一管理、统一建设；规则化法治，在数据资产、数据安全、数据共享开放等方面领先发布地方性法规，为大数据发展提供有力指引；平台化精治，云上贵州平台统揽全省政府数据，让跨部门、跨系统、跨领域的多源数据在重构中产生价值；场景化善治，以场景应用为驱动，实现数据融合、技术融合和业务融合，切实依托大数据解决发展痛点。

第三，"五可调度"推动数据共享开放。全省政务应用系统和数据上云，摸清数据家底，盘活数据资源，让数据"可有"；依托贵州省数据共享交换平台，推动数据汇集应用，让数据"可用"；建设政务数据调度中心，探索数据调度机制，让数据"可控"；建立完善政务数据溯源安全管理模型，让数据"可溯"；构建全景可视化系统，为管理者提供大屏态势感知与综合分析支持，让数据"可视"。

第四，"八大体系"为大数据发展保驾护航。积极推动大数据安全地方性立法，贯彻落实保护组织体系、预防保护体系、监管保护体系、应急处置体系、综合防护体系、技术服务体系、人才教育训练体系、工作支撑体系八大内容，形成全社会参与的大数据安全综合治理网格局。

3.2.2　贵州数据治理的四大支撑

第一，率先探索地方立法，依法开展数据治理。陆续出台《贵州省大数据发展应用促进条例》《贵州省大数据安全保障条例》《贵州省政务数据资源管理暂行办法》《贵州省政府数据共享开放条例》，将大数据产业、大数据安全、政府数据的管理和共享开放纳入法治轨道，对大数据发展和以政府数据为核心的数据治理基本问题作出宣示性、原则性、概括性和指引性规定，对促进全省大数据统筹管理和发展应用具有重大而深远的意义。

第二，完善标准规范体系，有序推动数据归集。围绕"聚通用"攻坚，出台《政府数据　数据分类分级指南》《政府数据资源目录　第 1 部分：元数据描述规范》《政府数据资源目录　第 2 部分：编制工作指南》《政府数据　数据脱敏工作指南》等贵州省地方标准，对政府数据治理工作提出了具有可操作性的规范要求。在此基础上，进一步发布《贵州省大数据标准化体系建设规划（2020—2022 年）》，加强贵州省大数据标准化顶层规划，提高大数据标准供给能力，为数据治理规范化提供更大助力。

第三，建设数据基础设施，促进数据应用实践。 随着法律制度和标准规范的不断完善，贵州省也逐步捋顺了数据治理的工作机制，通过"一局一中心一院一公司"的组织保障格局，加快数据整合共享开放和场景应用探索。贵州省数据共享交换平台和贵州省政府数据开放平台作为全省数据治理的主要抓手，在四大基础库、行业主题库、数据分析、接口服务等数据中台服务基础上，建设了可供各部门共用的移动中台、视频中台、地图中台等业务中台，启动"大扶贫""大应急""大政法""大旅游"等大应用系统示范工程建设，并通过政务服务网、多彩宝等前端门户为企业和群众提供更好的服务。

第四，加强技术支撑能力，在安全中促发展。 贵州依托云上贵州公司，采用多元合作模式，形成了云上贵州生态圈，为全省数据治理提供技术支撑。基于"一云统揽"的目标，贵州与移动、联通、电信、广电等通信运营商合作共建"一云一网一平台"四个云上贵州政务云节点，与中软国际、启明星辰、BBD等一批知名企业形成深度合作，保障平台系统安全有效流转，并吸引了华为、阿里、腾讯及行业细分冠军中小企业近200家企业参与全省的数据治理工作，极大地增强了促进大数据发展的技术支撑能力。

本书第4～7章将会分别聚焦数据资产管理、数据管理的体制机制、数据共享开放、数据安全保障四大数据治理内容，围绕法律制度、标准规范、应用实践和技术支撑，对贵州的数据治理探索、成绩与挑战进行具体介绍，力求全面总结分析数据治理的贵州模式。

参考文献

[1] 梅宏. 数据治理之论. 北京：中国人民大学出版社，2020.

[2] 孙琳佳，袁航 . 贵州大数据发展大事记 . 当代贵州，2018（20）：32-33.

[3] 陈加友 . 国家大数据（贵州）综合试验区发展研究 . 贵州社会科学，2017（12）：149-155.

[4] 冯海红 . 贵州省大数据纵深发展战略研究 . 北京：科学技术文献出版社，2020.

第4章 贵州数据资产化探索

数据是数字经济时代的核心生产要素，也将成为各经济参与主体重要的资产形态，在大数据时代，需要通过发展数字经济来解决数据资产化问题。数据已从资源转变成资产，借鉴传统的资产管理办法，数据资产管理涉及数据资产确权、数据资产配置、数据资产定价、数据资产收益、数据资产评估等方面内容。近几年，贵州大力推动大数据战略实施，数字经济发展走在全国前列。本章试图从贵州这些年来的实践中总结提炼出数据资产化方面的实践与经验，以期为各地数据资产化管理提供启示。①

4.1 贵州数据资产运营实践

贵州作为全国首个出台地方性法规明确数据资产地位的地区，最先尝试以资产管理的方式对数据资产进行管理，根据数据资产运营框架，其在数据要素化、数据资产化、数据资本化三个阶段开展了相关工作，主要实现了数据资源的汇聚与流通，具体包括创新体制机制、

---

① 本章数据资产运营框架和贵州数据资产运营的三大特征内容主要参考 2021 年 5 月数博会上由贵州省大数据发展管理局作为指导单位发布的《省域数据要素市场自治与可信流通白皮书》。

明确各方权责、理顺数据权属、实施数据资产登记、打造安全加工环境等活动。

4.1.1　夯实数据要素化管理

4.1.1.1　实行三级"云长制"，强化组织保障

贵州省为了加强对数据资源的有效管理，在组织保障方面一是实行三级"云长制"，推行数据专员。三级"云长制"，即总云长、第一云长、云长。其中省长是"总云长"，分管省领导是"第一云长"，各地各部门主要负责人是本地区本部门"云长"；同时，数据专员是指由各市（州）、贵安新区、各县（市、区）、省直各行政职能部门指定，负责对本辖区（部门）政府数据共享开放工作进行协调，并参与政府数据协商调度事宜的人员。通过云长制、数据专员制度，从上到下形成合力，统筹推动贵州数据治理工作，不仅为贵州数据资产管理提供了强大的组织机制保障，也提高了全省对数据资产的重视程度。二是成立数据管理机构，明确各方权责。2017 年率先成立贵州省大数据发展管理局，作为正厅级的省政府直属机构，统筹管理全省政府政务数据资源；省信息中心具体负责数据资源管理的调度工作；贵州省量子信息和大数据应用技术研究院负责数据调度管理评估工作；云上贵州公司负责省级政务云平台建设、管理、运维和技术支撑等工作，形成了"一局一中心一院一公司"的工作组织保障格局。

4.1.1.2　出台地方性政策法规，完善标准体系

为了科学有效地管理数据，实现政务数据资源管理有规可循、有法可依，贵州省近年来出台了《贵州省大数据发展应用促进条例》《贵州省政务数据资源管理暂行办法》《贵州省政府数据资产管理登记暂行办法》等一系列文件，从政策法规上明确了数据资产地位，为数据

资产的管理提供了强有力的政策保障与指导。另外，贵州省也出台了《政务数据　第3部分：数据清洗加工规范》《政务数据　第4部分：数据质量评估规范》《政务数据平台　第3部分：数据存储规范》《政务云　第2部分：云资源管理通用要求》等标准规范。贵州省通过标准先行，一定程度上解决了全省政务数据标准格式不一、汇聚难的问题，通过统一标准也保障了数据质量，为数据资源的开放和开发利用打下了良好的基础。

4.1.1.3　理顺政务数据权属，创新管理机制

在管理机制方面，贵州省创新性地提出"三权分治"，"三权"是指归集权、使用权及管理权。其中，归集权是指各级政府部门应对按照职能所获取和产生的政务数据拥有全生命周期的管辖权，即"谁拥有，谁负责"。使用权是指各级政府部门有申请使用其他部门政务数据的权利，同时也有确保政务数据合理安全使用的义务，即"谁使用，谁负责"。管理权是指某区域（如国家、省、市）按照政府职能赋予某个部门统筹管理该区域所有政府部门政务数据的权利和义务，以保证该区域内各部门间政务数据共享交换和开放能够高效地进行，即"谁流转，谁负责"。另外，贵州省通过制定规则，完善信息化项目管理制度，实施"四变四统"，变"分散规划"为"统一规划"，变"分散建设"为"统一建设"，变"政府直接投资"为"统一购买服务"，变"分散资金保障"为"统筹资金保障"，从源头上打破了"数据烟囱"，避免了"建用脱节"，解决了政务数据标准格式不一、统筹不力的问题，促进了数据有效汇聚。

4.1.1.4　明确数据资产地位，实施资产登记

2017年7月，贵州省大数据发展领导小组办公室印发的《贵州省政府数据资产管理登记暂行办法》正式施行（如图4-1所示），贵州

省成为全国首个出台政府数据资产管理登记办法的省份，这标志着贵州省在政府数据资产管理登记方面走在全国前列，为其他地方树立了标杆。

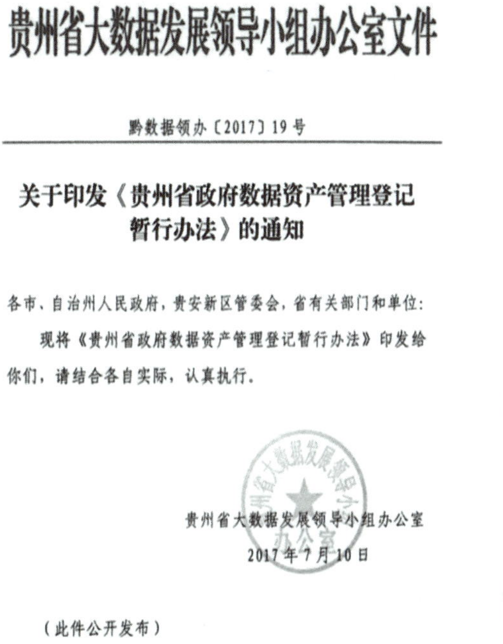

贵州省大数据发展领导小组办公室文件

黔数据领办〔2017〕19 号

关于印发《贵州省政府数据资产管理登记暂行办法》的通知

各市、自治州人民政府，贵安新区管委会，省有关部门和单位：
　　现将《贵州省政府数据资产管理登记暂行办法》印发给你们，请结合各自实际，认真执行。

贵州省大数据发展领导小组办公室
2017 年 7 月 10 日

（此件公开发布）

图 4-1 《贵州省政府数据资产管理登记暂行办法》印发通知

资料来源：贵州省提供的调研资料。

　　该办法指出政府数据资产是由政务服务实施机构建设、管理、使用的各类业务应用系统，以及利用业务应用系统依法依规直接或间接采集、使用、产生、管理的，具有经济、社会等方面价值，权属明晰、可量化、可控制、可交换的非涉密政府数据；提出政府数据资产台账登记范围包括政府信息系统资产目录清单，政府信息系统硬件资产清单，政府信息系统软件资产清单，政府信息系统采集、使用、产生、管理的数据资产清单；并明确了政府数据资产登记的流程，负责单位、各政务部门的职责，保障措施等。通过数据资产登记，贵州省全面加强了政务服务实施机构的数据资产管理，详细掌握了全省的政务数据资产情况，保证了政府数据资产信息全面完整。

4.1.1.5 编制数据资源目录，实现资产上架

贵州省制定地方标准《政府数据资源目录 第 1 部分：元数据描述规范》（DB 52/T 1124–2016），对元数据的属性描述方法，包含标识类、定义类、关系类、表示类、管理类等均进行了规范，同时也制定了《政府数据资源目录 第 2 部分：编制工作指南》（DB 52/T 1125–2016）和《政府数据资源目录 第 3 部分：共享数据资源目录》（DB 52/T 1411–2019），具体指导全省各级各部门数据资源目录编制工作。另外，贵州省出台了《政府数据 数据分类分级指南》（DB 52/T 1123–2016），对政务数据资源分类原则、分类方法、分级原则、分级方法等进行了规定，用于指导政府部门在开放和共享本部门政府数据时，对本部门政府数据进行正确的分类，并对分类后的政府数据定级提供参考，确保在实现贵州省政府数据价值最大化的同时，不会影响到国家安全、社会稳定、公众和个人安全。通过以上标准，贵州省根据目录，分热数据、冷数据，进行数据归集、清洗、比对、入库，逐步构建全省标准统一、数据共享、权威认证的数据资源目录体系，实现省市县数据资源目录 100% 上架，让数据"能找到"。

4.1.2 加快推进数据资产化

4.1.2.1 授权开展数据资产运营

《贵州省政府数据调度管理办法（试行）》提出省大数据主管部门可向基础好、有实力、符合资格要求的省属国有全资企业授予政府数据的运营权。数据运营内容包括政府数据资源目录梳理、数据资源体

系建设、贵州省数据共享交换平台和贵州省政府数据开放平台运营维护、提供政府数据政府共享及开发过程中的云资源及技术支撑、数据安全管理等。同时明确提出数据运营方应当构建安全可控的数据开发环境，保护政府数据免受泄露、窃取、篡改、毁损与非法使用。数据开发利用过程中的数据模型、数据产品等应经省大数据主管部门审定。数据运营方与第三方合作开发时，应提前报省大数据主管部门批准，并提交责任证明。

为了进一步挖掘数据资源潜在价值，实现数据从资源到资产的转变，贵州省已授权云上贵州公司开展政务数据资源的目录编制、数据准备、接口封装、数据清洗加工等工作，并探索提出了数据资源占用费，指出各单位各部门相关数据资源共享占用费由政府部门统一支付，以期通过此方式保证政务数据共享的可持续发展。

4.1.2.2　打造安全可控加工环境

贵州采用"线上+线下"的模式，打造安全的加工环境。在线上，采用安全数据沙盒、多方安全计算模式，搭建统一安全可靠开发利用云平台，将其作为安全闸口，与互联网逻辑隔离，确保"数据不搬家、数据可用不可见"，也就是数据保存在安全数据沙盒里，市场企业拿不走、碰不到原始数据，把算法模型放在安全数据沙盒里运算，平台由云上贵州公司建设和运营，只把结果反馈市场企业，对外统一服务，实现全过程监管，既保障各类市场主体平等参与，又避免数据泄露、窃取、篡改、毁损和其他非法使用。在线下，搭建"封闭式"数据清洗"加工厂"，进行数据的标注、加工、标准化等工作，实现数据的"按需"加工和重新封装。

安全可靠开发利用云平台的基础平台搭建工作已完成，正在进行功能深化及接口开发；线下封闭式的数据清洗加工车间已启动场地装

修；模型审定系统已完成基础功能开发测试并已上线生产环境。按照
"一场景一申请、一需求一审核、一场景一授权、一模型一审定"的
管理机制，打造从数据申请区、数据供给区、数据清洗加工区、数据
开发利用区到数据运营区的全程闭环（见图4-2）。

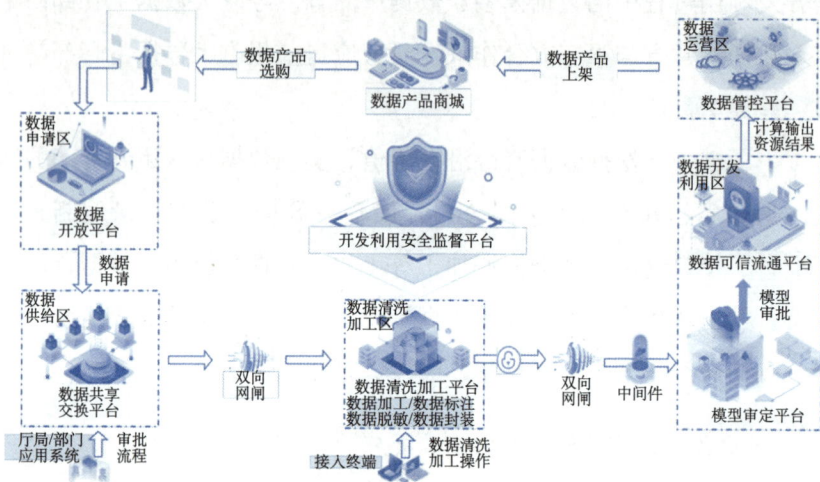

图4-2　公共数据资源开发利用平台架构

资料来源：《省域数据要素市场自治与可信流通白皮书》。

4.1.3　推动实现数据资本化

4.1.3.1　研究数据交易制度和标准

联合省内外科研单位和相关企业，根据应用场景实践经验，开展
数据服务和价格体系规范课题研究，综合存储资源、清洗加工、计
算资源、网络资源、安全服务、模型开发、资源运维、人力成本等维
度，研究制定云平台使用定价标准，拟按照前期免费试用、后期获得
收益后再收费的原则，逐步完善收费标准。引导市场主体依法合理行
使定价自主权，鼓励市场主体综合云资源利用、模型开发、网络服
务、人力成本等维度，探索数据服务和数据产品价格形成机制。

4.1.3.2　探索数据产品收益分配机制

数据产品收益分配是数据资本化流通过程中必须要解决的一个关键问题。贵州下一步鼓励多方合作开展数据服务和数据产品市场化运营，根据不同应用场景和建设模式，探索成本分摊、利润分成、股权参股、知识产权共享等多元化数据资产收益分配机制。同时鼓励科研单位、高校针对数据资产收益分配机制进行研究。

4.2　贵州数据资产运营框架与模型

大数据及其技术的迅速发展使得数据价值日益凸显，数据是一种资源的说法成为共识。随着数据要素市场化的培育，数据资源变现越来越成为一种可能，数据逐渐从资源转变为一种资产。本节结合贵州数据资源运营的三大特征，提出数据资产化探索的理论框架，为各地数据资产化探索提供参考。

4.2.1　贵州数据资产运营的三大特征

通过对贵州数据资产运营实践的总结分析，得出贵州数据资产运营的以下三大特征。

4.2.1.1　数据资产化管理

贵州作为我国大数据产业发展的先行者、示范区，十分重视数据的价值，在实践中通过"一云一网一平台""开发利用云平台""数据商城"等设施打造了数据资产从供给、流通到交易的全流程运营体系，实现了专业化、流程化的数据资产管理。"一云一网一平台"构建了覆盖省、市、县、乡、村五级的电子政务网络，实现了省域内政务数据共享交换和应用平台的互联互通，平台汇聚了全省政务数据资源，成为数据资产的供给来源。"开发利用云平台"打造了数字供应链，解决了数据流通过程中存在的安全、隐私问题，让数据的流通"可用不可见，可算不可拥，用途可控可计量"，实现了从数据申请、数据供给、数据清洗加工到数据开发利用的全流程可信流通，成为数据资产的流通平台。"数据商城"通过汇聚来自政务网、互联网端的数据产品服务（政务数据产品服务、行业/企业数据产品服务等），形成有效可用的服务，发布至数据产品超市，并为不同市场主体提供个性化服务的注册、发布与获取，为数据资产上市流通与交易提供了渠道，成为数据资产的交易平台。

4.2.1.2　要素多元化自治

贵州在数据资产运营过程中体现出供给者、运营者、消费者、监管者多元自治的特点。政府是贵州数据资产运营中主要的数据供给者，通过规范化整合政府数据、企业数据和个人数据等数据要素，打破各层面的数据要素壁垒，实现数据的共享汇聚，并为数据运营者提供数据资源。云上贵州公司是贵州数据资产运营中的运营者，通过打造安全的数据要素加工环境和数据产业生态的构建，以市场需求为基础对数据要素进行整合和加工，开发出各种类型的数据产品和服务，以适用不同的应用场景；同时推进数据资产的价值评估，促进数据产品和服务的上市交易。生态企业是当前云上贵州数据产品和服务的主要消费者，通过"数据商城"购买数据产品和服务。政府相关部门是数据资产运营过程中的监管者，主要对数据资产运营过程中的安全、价格和质量进行监管。各参与方各司其职，形成从数据供给到数据产品交易的良性数据资产运营体系。

4.2.1.3　省域一体化市场

当前贵州在数据资产运营实践中呈现了省域一体化市场特征，主要表现在政策法规、标准规范、行政管理、可信流通技术这四个方面。在政策法规方面，贵州省在数据资产运营实践中均从省级层面出台相关政策法规，比如《贵州省政府数据资产管理登记暂行办法》等。相比于国家层面，省级地方法规条例的创新力度和改革速度更具有优势；相比于地市层面，省级层面具有立法权，对于数据权属的确立和市场行为的管控更加有约束力。在标准规范方面，贵州省也实行全省统一的标准规范：一方面能够考虑到不同省之间的经济和技术水平差异，有效控制标准适用范围，使标准更加具有实操性；另一方面可以有效避免地市之间的数据壁垒，不影响省域数据的整合共享和统筹调度。在行政管理方面，省级层面数据统筹协调难度较低且能形成数据规模效应。贵州省在省级层面通过行政管理体系的改革高效推动政府、企业和个人等多元主体的有效联动。在可信流通技术方面，贵州省基于省级平台建立了数据要素的可信流通平台：一是省级层面部门间信任基础相对良好，相较于跨区域、跨层级的数据要素流通难度较低；二是随着政务信息系统的整合共享，省级层面逐步建设了越来越多的共用信息化基础设施，由省级层面提出可信流通的技术标准更有利于应用实践。

4.2.2　数据资产运营框架

数据资产运营就是数据从生产要素转变为资产甚至资本的过程，也即数据要素市场培育的过程。数据要素充分流动，才能最大限度地激发其价值和活力。数据要素市场是以数据要素价值的开发和利用为目的、围绕数据要素全生命周期环节所形成的市场。数据要素市场的建立和完善有利于数据要素的整合分析、价格形成、交易流通和开发利用，激发各类市场主体对数据开放和流转的积极性。

数据要素的独特特征使得数据要素市场具备一些不同于其他要素

市场的规则。一是数据要素市场需求多样化。由于数据采集手段不断增加，数据要素具有较强的非稀缺性（高质量要素稀缺）、非消耗性，可以说是取之不尽、用之不竭，数据量大且涉及面广，涉及经济社会的方方面面，这就导致数据要素市场具有需求多样化特征。二是数据要素市场参与主体多元化。由于数据本身的非竞争性、可复制性，同一数据可能涉及多个主体、多种权属，这就导致数据要素市场具有主体多元化、权属关系不清晰的特征。三是数据要素市场联动性强。与传统的要素市场相比，由于数据要素本身流通性较高，因此数据要素在不同部门、不同机构以及不同行业间流通和交易，实现其价值就离不开高度协同联动的市场环境。

鉴于数据和数据要素的独特特征，我们提出数据要素市场培育的理论框架，即数据资产运营框架（如图4-3所示）。

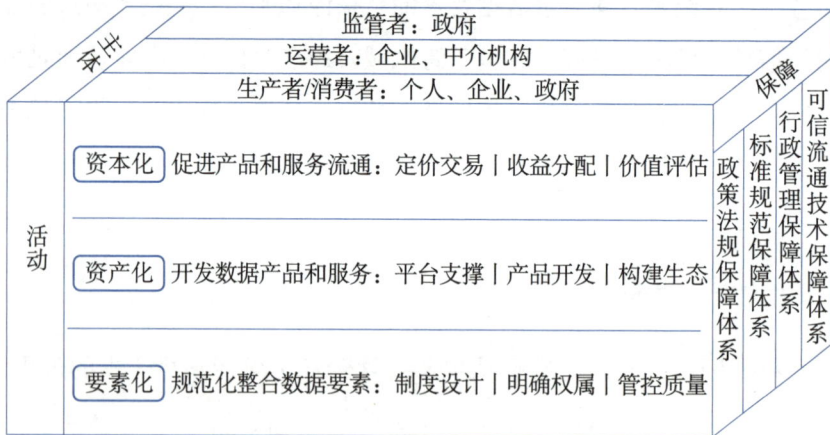

图4-3　数据资产运营（数据要素市场培育）框架

4.2.2.1　多元参与主体

数据资产运营需要各方主体的参与和部分数据权利的让渡，为数据资产的交易和流通奠定基础。其中个人、企业和政府都可以是数据的生产者和消费者，在生产、生活和管理的过程中，不断产生新的数据，同时也对数据产品和服务产生需求；企业和中介机构是数据要素的运营者，可依托大数据、云计算、人工智能、物联网等现代信息技术从事数字化的产品开发和产品服务，以市场中的需求为基准，通过产品开发、电子合约、计量计费、运营服务、统计分析等促进数据资产的流通和交易；政府是数据资产运营的监管者，通过法律法规、标准规范以及监管监察等方式，对数据资产的安全、定价和质量等关键问题进行监管，引导和规范数据要素市场主体的行为，推动政府数据、公共数据、企业数据和个人数据的有序流通、开放共享和开发利用，实现数据要素市场的良性循环。

4.2.2.2　主要活动内容

数据资产运营的主要活动包含数据要素化、数据资产化以及数据资本化三个阶段，每个阶段的重点内容具体如下：

1. 数据要素化阶段

数据要素化也即数据资源化，是数据资产化的前提和基础，该阶段工作的主要任务是理顺机制体制，明确各方权责，保证高质量数据在政府各部门之间有序共享，为下一步数据资源的开放和开发利用奠定基础。

1）加强制度设计。

数据资产化探索的首要任务是解决制度问题。通过加强基础性制度和配套制度规则的制定，以顶层设计强化政策引导和制度保证，建立一个与中国特色社会主义制度相适应的数据规范体系和体制机制。通过制定数据"游戏规则"，明确政府部门之间的权责关系，明确市场主体之间的权责范围，营造良好的数据创新环境，推动数据资源的合理开发利用。同时要建立高效有序的数据开放、数据共享、数据协调、数据服务等机制，确保数据的有序流动，促进数据市场的有效运转。

（2）明确数据权属。

产权制度是市场经济的基石。只有产权得到平等、有效保护，市场主体才能放心投资，市场交易才有前提条件。很多要素市场发展不起来，就是因为确权存在问题。我国数据要素市场的核心问题也是确权问题。由于产权制度不完善，特别是数据的产权界定规则尚未建立，我国的技术和数据的要素市场发育迟缓。在目前我国提出加快培育数据要素市场的背景下，数据确权是一个亟待探索和首要解决的问题。当前国内外对数据确权没有达成共识，有人认为是"信息权"，有人认为是"物权"，有人认为是"新型人格权"，有人认为是"知识产权"……众说纷纭，尚未有明确的定论。数据的相关权利义务在法律性质、权利内容、权利归属等方面存在着诸多空白。因此，亟须从国家层面制定相关法律政策，明确数据产权性质；坚持安全和隐私保护的底线；厘清数据流转环节，明确数据权属涉及的多方参与者，明确数据权责，为数据资产化运转奠定基础。

（3）强化质量管控。

保障数据从采集、传输到加工过程的有序化，首要是从源头上保证数据资源的可靠性、有用性和标准化，制定各类数据产品标准，进而提升数据质量。通过加快一体化大数据平台建设和数据共享交换平台建设，按照物理分散、逻辑集中的集约化原则，规范数据加工产业各个环节的操作标准，制定相关的数据产品标准，从而打造互认互通的标准化、规范化、高质量的数据资源。同时，要尽快确立数据的资产地位，把数据作为重要的资产加以管理，优化提升数据质量管理水平。可通过开展数据资产的申报、登记、普查，确立数据的资产地位。绘制数据资产的完整地图，摸清各部门的数据资产，提升数据资

产的质量，做到真正的心中有"数"，逐步建立形成一个完备的数据
资源体系。

2. 数据资产化阶段

数据资产化阶段是数据从资源转变成资产的阶段，主要任务是搭
建一个安全可控的数据资源加工环境，并把数据从资源变成产品和服
务。在这个过程中技术和平台支撑是关键，鉴于政府部门在技术实现
上的限制，为了借助技术企业的力量，采取政企合作方式开展数据资
产运营具有可行性，同时为了确保数据安全，由国资企业承担数据资
产的运营工作成为首选。

（1）强化平台支撑。

平台是数据资产运营的支撑，是确保数据可信流通的屏障。建议
将业务流程、平台架构、数据库建设统筹考虑，发挥"工匠精神"，
建设"数据加工厂""数据治理工具箱""数据流水线"等精细化管理
模块，搭建安全高效可信的政务数据资源开发利用平台环境，为数据
全程流转提供技术支持。针对平台的安全运营开展考核评估，"以评
促建、以评促治"，形成 PDCA〔Plan（计划）、Do（执行）、Check
（检查）、Act（处理）〕的良性循环，推进开发利用系统平台由"小作
坊"向"精工坊"转变。

（2）做好产品开发。

产品开发是数据资产化阶段的关键环节，主要实现数据产品和服
务的开发。产品是数据资产化的产物，是数据交易的主要对象。做
好数据产品开发，需要依托数据资源开发利用平台，应用多方安全计
算、联邦学习、可信执行环境（TEE）、区块链等技术保障过程的安
全可控，同时以市场需求为导向，对运营的多方数据进行有效的融合
开发，开发出各种类型的数据产品和服务，使之适用于不同的应用场
景，从而实现数据资源向数据资产化的转变。

（3）构建产业生态。

数据资产化阶段就是数据资源开发利用的过程，而数据资源开发利用是一项复杂的工程，无法依靠单方面的力量完成，要以领域为主体培育不同类型的数据加工产业，不断探索优化数据加工模式与定价机制，不断深化产业结构性改革升级。从需求侧来看，数据资产运营应当以应用为牵引，以技术为支撑，以市场为纽带，把供给和需求两端有效地链接起来，从而形成市场和产业之间的良性互动。加紧数据资产运营机制探索与实践，构建安全可靠的数据资源开发利用环境，促进多元主体参与各类数据产品和服务的开发和运营，形成科学合理的定价机制。

3. 数据资本化阶段

数据资本化阶段是指数据产品或服务上市流通阶段，在这个阶段政府的职能应由制定具体价格水平向制定定价规则转变，重点要关注数据资产定价机制、分配机制、价值评估几方面工作。

（1）数据产品定价。

数据产品定价是数据资产交易的前提，目前仍是一个亟待探索的问题。当前数据要素市场是不完全的，很多数据要素价格是人为主观规定的，比如乔布斯将 iTunes Music 中的每首歌曲，不论作者、歌曲长短、受欢迎程度，统一定价为 99 美分，真正客观的财务报价并不多。目前国内外对数据产品价格进行了一些探索，但尚未形成权威的定价机制。归纳起来，国内外的大数据交易所采用的数据交易定价策略有以下几种类型①：

①拍卖式定价。采用这种定价方式的原因有两种：一是某类数据产品不能做大范围复制式传播，只能将其所有权转移到一位或少数买

---

① 【网安智库】浅析国内大数据交易定价.信息安全与通信保密杂志社搜狐号，2017-05-19.

家手中，如此一来数据产品卖家的利益就得到了保证。二是如果数据产品买方对所购买的数据产品的正面效用有足够信心，又不想让竞争对手获取，便可以与数据产品卖方协商拍卖式定价。

②自由定价。自由定价包括大数据卖方自由定价和大数据买方自由定价。大数据卖方自由定价是使用范围最广的大数据交易定价方式，大数据卖方有权自主确定交易大数据的价格，不同大数据卖方针对大数据产品的定价方式可能千差万别，定价自由度高、不透明性强，旁人无法得知具体的定价方式。大数据买方自由定价又称为悬赏式定价或中标定价，绝大多数平台都有该项定价措施，这种定价方式只在大数据买方进行数据定制时才会出现：大数据买方通过大数据交易平台发布悬赏任务，召集能为自己提供相应大数据产品的大数据卖方来竞标，最终依据大数据卖方提供的样本大数据决定选取哪个大数据产品。悬赏任务价格的高低完全取决于大数据买方，具体定价方式也是不透明的。

③协议定价。协议定价的产生背景是大数据买卖双方对交易大数据产品的估值无法达成一致，在这种定价方式中，大数据交易平台、大数据买卖双方分别扮演撮合方和协议方的角色，大数据买卖双方通过反复报价议价，最后达成统一定价。

④捆绑式定价。有时为了薄利多销或推广某些大数据产品，可以适当对大数据产品进行捆绑式定价，比如可以在出售价值量高的大数据产品时附上价值量低的大数据产品进行销售。

在现行的大数据交易定价策略中拍卖式定价以大数据产品的使用价值为前提，自由定价、协议定价、捆绑式定价虽然没有明确的定价原则，但也可以认为是以大数据产品的使用价值为前提，均采用了效用价值论思想。虽然采用效用价值论进行数据产品交易定价在实践中已得到应用，但其比较具有局限性，这种定价方式主观性较大，仅适用于小范围或者一事一议交易中，因此面向市场形成依据数据产品价值定价的机制是当前业界亟待探索的问题。

（2）数据收益分配。

《中共中央　国务院关于构建更加完善的要素市场化配置体制机制的意见》明确提出健全生产要素由市场评价贡献、按贡献决定报酬的机制。如何建立数据资产收益分配机制是数据要素市场化运营必然面临的一个问题。但当前数据要素难以确权，数据资产定价、估值机制尚未形成等因素严重制约着数据资产收益分配机制的建立。当前数据资产收益分配机制的建设应将数据资产收入获取建立在公平竞争和数据要素贡献基础之上，严重遏制以权力、垄断和不正当竞争等获取收入的行为。

（3）数据资产评估。

数据资产评估是数据资产交易必不可少的环节。由于数据资产具有非实体性、依托性、多样性、可加工性、价值易变性等基本特征，其价值易受技术因素、数据容量、数据价值密度、数据应用的商业模式和其他因素的影响，因此，数据资产的评估难度较大。目前对数据资产价值的评估方法主要包括成本法、收益法和市场法三种基本方法及其衍生方法。成本法是根据形成数据资产的成本进行评估。尽管无形资产的成本和价值先天具有弱对应性且其成本具有不完整性，但一些数据资产应用成本法评估其价值存在一定合理性。收益法是通过预计数据资产带来的收益估计其价值。这种方法在实际中比较容易操作。该方法是目前对数据资产评估比较容易接受的一种方法。虽然目前使用数据资产直接取得收益的情况比较少，但根据数据交易中心提供的交易数据，还是能够对部分企业数据资产的收益进行了解。市场法是根据相同或者相似的数据资产的近期或者往期成交价格，通过对比分析，评估数据资产价值的方法。根据数据资产价值的影响因素，可以利用市场法对不同属性的数据资产的价值进行对比和分析调整，反映出被评估数据资产的价值。虽然这三种方法在理论层面比较成熟，但在实际操作中也是困难重重。

4.2.2.3 支撑保障体系

支撑保障体系是数据资产运营的实现手段，主要包含政策法规、标准规范、行政管理以及可信流通技术四个方面。

1. 政策法规保障体系

数据资产运营离不开相关法规政策的约束。一方面要加快数据立法，出台与反垄断法、民法、隐私保护法、数据保护法、消费者权益保护法紧密结合的数据政策和立法。比如对于数据安全和隐私保护问题，应继续推进数据安全、个人隐私保护等方面法律法规的制定。另一方面，在既有立法的基础上，进一步强化和完善数据资产运营的政策和制度，包括数据要素市场准入、数据资产价值评估、数据交易定价、数据跨境流动、数据安全管理、税收征管等规则体系，设计出针对数据开放共享、数据授权运营、数据交易和跨境流通等不同场景的数据要素市场运行机制，以突破数据要素市场培育发展的关键瓶颈，使得数据资产运营规范化、有序化。

2. 标准规范保障体系

数据资产运营离不开统一的标准规范体系。一是在数据层面，推动数据标准化建设，以元数据规范建设为核心，选取细分领域和相关业务场景，推动形成行业标准元数据库、元数据主题库，指导垂直行业业务数据定义标准化，提高数据采集、存储、加工、处理等活动的效率。二是在数据流通层面，推动数据交易的标准化工作，对数据质量、交易合同文本、数据定价机制等制定统一的技术标准或参考规范。三是在技术层面，统一跨部门数据交换共享技术标准，实施既有系统业务改造，促进跨系统、跨企业的数据流动共享。四是在数据管理层面，积极推动我国数据管理领域国家标准（数据管理能力成熟度评估模型，DCMM）的贯标评估工作，促进企业和行业数据管理水平。

3. 行政管理保障体系

数据资产运营离不开行政管理体制的改革创新。要探索推动政府、平台、企业以及个人等多元主体参与、协同共治的数据资产运营体系。在政府做好本职工作的前提下，平衡和协调数据资产运营过程中政府和市场的关系，厘清不同主体权责边界，引导和规范数据资产运营行为。搭建数据要素的协同自治平台，发挥政府主导作用，建立平台治理、行业自律和个人参与的多元化、立体化的数据监管治理体系，确保数据要素高效流通。

4. 可信流通技术保障体系

数据资产运营离不开可信流通技术保障体系。可信流通技术保障体系主要解决数据来源可信、交易可信、用户可信、审计可信等方面的问题。其中，数据来源可信，包括数据采集过程中确保数据的真实性和可靠性，保障了数据要素流通和交易过程中的可追溯性和可审计性。交易可信就是数据要素价值交换和全程可追溯。用户可信是指数据运营企业的专业化、牌照化和备案化。审计可信就是数据要素资源的提供、交易和使用过程实现全程记录可审计，数据流通过程信息不可篡改。只有构建可信流通技术保障体系，才能进一步降低信任机制问题对数据要素市场发展的阻碍，有利于实现数据要素的共享和价值共创，极大限度地发挥数据要素的价值。

4.2.3 数据自治与可信流通模型

结合数据资产运营框架和贵州实践，贵州省提出数据自治与可信流通模型。该模型是培育发展省域数据要素市场的参考架构，是以云、大数据、人工智能、区块链为基础，以数据安全共享、可信计算为核心，打造全域自治、安全可信、公平交易和可持续进化的数据全生命周期智能协同系统。

如图 4-4 所示，该模型分为要素链和信任链两大架构，其中要素链由数据要素供给、数据可信流通、数据要素交易、数据价值场景四大平台构成，信任链由信任技术保障和全程安全监管两大体系组成。

（1）数据要素供给：构建云、大数据、人工智能、区块链等基础设施平台，打破数据壁垒，聚合政府数据、信托数据、企业数据，让数据可跨地域、跨层级、跨部门、跨系统、跨业务自由流动，让数据归集者可依法保护、授权和感知其资产。

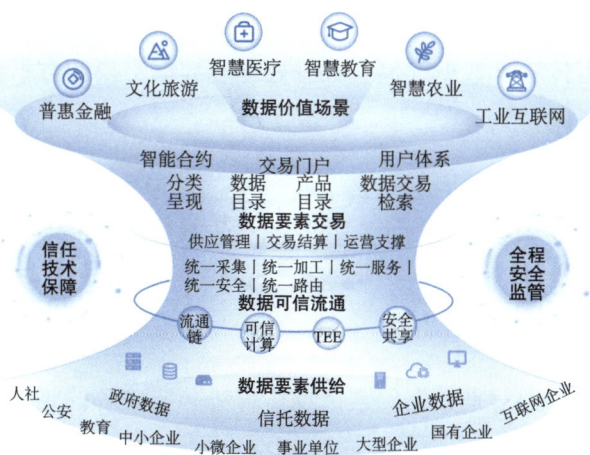

图 4-4　数据自治与可信流通模型框架

资料来源：《省域数据要素市场自治与可信流通白皮书》。

（2）数据可信流通：以隐私计算、区块链等技术为基础，构建安全共享、可信计算、留痕留存的计算环境，让数据的流通"可用不可见"，让数据交易行为可追溯、可审计；让数据资源结合算力、算法等形成可供交易的产品和服务，实现数据"可算不可得"。

（3）数据要素交易：汇集经审定的数据产品和服务，让数据来源可信、用户可信、用途可信，让每个市场主体可以平等获取、自由买卖、公平交易、智能结算，构建可持续、自循环、平衡的数据要素交易市场。

（4）数据价值场景：利用数据要素供给、数据可信流通和数据要素交易，解决数据流通面临的难题，在普惠金融、文化旅游、智慧医疗、智慧教育、智慧农业、工业互联网等价值场景发挥数据价值，实现数据要素市场全方位全场景价值应用落地。

（5）信任技术保障：基于用户"实名制"管理，提供身份管理、身份认证、授权管理、责任认定等信任技术保障，对各层次的数据访问行为实施统一的细粒度、动态管控。

（6）全程安全监管：构建一个动态的、系统的、智能的涵盖数据采集、数据传输、数据存储、数据处理、数据交换和数据销毁的全流程安全监管体系。

4.3 贵州数据资产化探索的成效及启示

4.3.1 成效及不足

数据资产运营是数据要素市场培育势必要破解的难题，目前各地区都在进行积极的探索，贵州作为全国首个大数据综合试验区，把大数据作为贵州转型升级的战略选择，并建立了全国第一个大数据交易所，在资产化探索方面取得了较大突破：一是明确了数据资产的地位，为推进数据资产化管理和运营提供了理论支撑。贵州是全国首个出台政府数据资产管理登记办法的省份，明确了数据资产的地位，并启动了数据资产运营和交易。二是在体制机制方面取得了重大突破，为数据资产运营打下了坚实基础。贵州创新性地提出"三权分治"理论，在数据确权问题仍存在较大障碍的前提下，将公共数据资源的所有权与使用权分离，为数据资产运营打开新的思路。三是积极推进数据资源盘点，推动了数据资产运营落地实施。贵州通过实施"云长制"等机制强化了对数据资源的管理，编制了数据资源目录，推进了数据资产的登记上架，并授权云上贵州公司推进数据资产运营工作。总体而言，贵州在数据资源管理方面已经取得较大成果，处于数据资源向数据资产转化的关键阶段。

但与此同时，贵州在推动数据资产运营方面仍存在一定的不足：一是数据资产化认识仍存在偏差。贵州已经推出一系列关于数据资产的制度规则，但在数据资源在什么情况下能够转化为数据资产、如何转化为数据资产、如何确定数据资产价值等方面仍不清晰，相关法律法规和制度规范亟待研究制定。二是数据资源质量参差不齐。贵州目前已经形成了数据资源目录，但从实际情况看，纵向数据和横向数据难以打通问题，特别是跨层级、跨区域、跨领域、跨业务的数据难以打通问题仍较为严重，而且各部门共享和开放的数据质量难以保障，在支撑数据资产运营方面仍存在较大差距，难以做到真正的"心中有数"。三是数据运营加工能力不足。贵州拥有专门的数据运营机构，但面对庞杂的海量数据，数据资源的运营加工能力已成为新的难题，运营加工需要数据清洗工具、数据加工环境、数据治理平台等一系列技术平台支撑，特别是需要一大批具备专业技术能力的技术人员，这对于任何一个地方都是巨大的挑战。四是数据应用场景具有局限性。贵州目前已经开展了一系列应用实践，但大都集中于政务应用和公共服务层面，缺少市场化可盈利的应用场景，数据运营机构的可持续化运营仍存在巨大障碍。五是安全风险问题仍难以解决。贵州虽然建立了大数据安全保障体系，但数据资产运营作为一种新型产业，面临网络安全、隐私保护、数据垄断、数据泄密、数据勒索等一系列新的安全风险，而如何应对和解决这些新问题、新风险将是一个大挑战和大考验。

4.3.2 经验及启示

通过贵州数据资产管理实践，我们可以看出数据资产管理可分为三个阶段，即数据资源化阶段、数据资产化阶段、数据资本化阶段，也可以说数据逐步从资源、资产到资本的阶段。在这一过程中，我们需要以新型生产要素价值释放为核心，更新劳动工具，培养新型劳动者，打造数据服务产业，激发各主体积极主动性，而要做到这些就需要从市场主体角度出发来设计激励机制，构建一个良性的生态体系，从而重构数据生产关系，打造数据要素市场。

一是建立新制度。建立数据要素市场生态体系的首要任务是解决制度问题。通过加强基础性制度和配套制度规则的制定，以顶层设计强化政策引导和制度保证，建立一个与中国特色社会主义制度相适应的数据规范体系和体制机制。通过制定数据"游戏规则"，明确政府部门之间的权责关系，明确市场主体之间的权责范围，营造良好的数据创新创造环境，推动数据要素资源的合理开发利用。同时要建立高效有序的数据开放、数据共享、数据协调、数据服务等机制，确保数据的有序流动，促进数据市场的有效运转。比如，地方政府成立了相关的大数据管理部门，明确了相关委办局的职能职责，建立了一系列管理制度和配套制度，制定了数据方面的政策文件和标准规范等，这些都是确保政务数据有序开放共享和有效流通运转的前提基础和必要条件。

二是开发新要素。高质量、规范化数据要素市场的培育，首要是从源头上保证数据新要素的可靠性、有用性和标准化，制定各类数据产品标准，进而提升数据质量。通过加快一体化大数据平台建设和数据共享交换平台建设，按照物理分散、逻辑集中的集约化原则，规范数据加工产业各个环节的操作标准，制定相关的数据产品标准，从而打造互认互通的标准化、规范化、高质量的数据资源。同时，要尽快确立数据的资产地位，把数据作为重要的资产加以管理，优化提升数据质量管理水平。同时，要开展数据资产的申报、登记、普查工作，确立数据的资产地位。绘制数据资产的完整地图，摸清各部门的数据资产，提升数据资产的质量，做到真正心中有"数"，逐步形成一个完备的数据资源体系。

三是研发新工具。数据要素市场的培育，需要研发核心的数据加工工具，解决数据加工的技术瓶颈，提高数据的生产效率，确保核心技术的自立自强，同时还要加快数据基础设施建设。数据加工工具的供给将数据的全生命周期所需要的各类工具有效地衔接起来，从供给侧出发，政府要引导培育一批具有自主知识产权的国产化工具，实现大数据产业的关键核心技术突破，开发一批对数据的采集、存储、加工处理、脱敏等全生命周期进行高效、安全操作的工具，从而保证数据要素市场的自立自强。

四是培育新业态。要培育一个真正的数据新业态，就必须以应用场景牵引带动数据要素市场的繁荣发展，以领域为主体培育不同类型的数据加工产业，不断探索优化数据加工模式与定价机制，不断深化产业结构性改革升级。从需求侧来看，数据要素市场应当以应用为牵引，以技术为支撑，以市场为纽带，把供给和需求两端有效地链接起来，从而形成市场和产业之间的良性互动。加紧数据资产运营机制探索与实践，构建安全可靠的数据资源开发利用环境，促进多元主体参与各类数据产品和服务的开发和运营，形成科学合理的定价机制。

五是发展新职业。新要素孕育出新职业。数据要素市场的培育急切需要一批拥有新技能的专业劳动者，这就必然会创造一批新职业。尽快培养一批符合市场需求的专业大数据人才队伍，为我国大数据安全稳定发展提供智力支撑至关重要。通过设置多重激励机制来吸引和培养新型劳动者，培养一批大数据产业的专业化的服务供应商，提升大数据加工和管理能力。

六是防范新风险。数据安全事关国家安全。要防范数据安全的新风险，必须加强底线思维，强化伦理道德规范，提升数据安全防范意识，遵守《民法典》及个人隐私保护的相关要求，构筑数字生态安全体系，同时要加强统一的监督制度，防范非传统安全风险。此外，还需要完善数据领域的相关法律、规范等制度建设，开展数据安全治理，平衡数据流通使用与个人信息保护及数据安全之间的关系，加强个人信息保护和数据安全管理，加大数据安全保护力度，确保数据要素市场得以安全、可靠、有效运行。

参考文献

[1] 梅宏. 数据治理之论. 北京：中国人民大学出版社，2020.

[2] 李学峰，贾中河. 论现代产权理论的核心问题. 金融管理科学. 河南金融管理干部学院学报，1995（6）：51-53.

[3] 宫明波，黄少安. 格罗斯曼－哈特－莫尔模型评析. 经济学动态，2002（12）：78-80.

[4] 许有伦. 劳动价值论与效用价值论比较研究. 西安财经学院学报，2005，18（6）：29-32.

[5] 罗英. 劳动价值论和效用价值论之比较. 当代经济研究，2004（11）：50-52.

第5章　贵州数据管理的体制机制

近年来，贵州省积极实施大数据战略、全面建设国家大数据综合试验区，以打造"中国数谷"为牵引，大力推动数据管理体制机制创新，从破解主体协同不到位、规章制度不健全、平台联通不顺畅、融合应用不充分等难题入手，开展了一系列先行探索，积累了一套实践经验，形成了集多元化共治、规则化法治、平台化精治、场景化善治"四治一体"的数据管理体制机制，探索出一条具有贵州特色的数据治理之路，成为地方政府推动大数据发展的典范。

5.1　贵州数据管理的探索实践

贵州大数据如何能够在短期内从无到有、从弱到强发展起来？构建一套完善的大数据治理体制机制是贵州大数据实现弯道取直的关键。贵州通过构建全省"一盘棋"的大数据发展格局，积极开展大数据综合性、示范性、引领性的先行先试，在大数据治理领域摸索出符合本省特点的实践经验，大数据治理体制机制日益健全，政策法规体系逐步完善，政府治理水平显著提升。

5.1.1 强化统筹管理，建立一体化数据管理格局

为率先推动全省大数据产业发展，贵州省于 2014 年 6 月成立了贵州省大数据产业发展领导小组，由省长亲自挂帅，省直部门及地市州负责人参与，建立起全省统一的大数据发展统筹管理机制。随着国家大数据（贵州）综合试验区获批，2016 年 6 月，省人民政府决定将贵州省大数据产业发展领导小组更名为贵州省大数据发展领导小组，同时加挂国家大数据（贵州）综合试验区建设领导小组牌子，统筹推动全省大数据发展，研究解决全省大数据发展全局性、方向性的重大问题和事项，审定全省大数据发展的重要政策措施，使得全省大数据发展的一体化管理机制得到进一步完善。领导小组下设办公室，具体负责制定大数据发展战略，制订规划、工作方案和实施计划，开展工作调度督查及第三方评估，统筹推进云应用和数据资源建设。2017 年 3 月，为应对日益严峻的网络安全挑战，贵州省成立了省大数据安全领导小组，统筹全省网络数据安全工作。至此，大数据面临两大对立统一的议题——发展与安全，在省级层面实现了有效统筹。

在贵州省大数据发展领导小组的统筹领导下，贵州省形成了"大数据发展管理局＋研究院＋数据中心＋公司＋交易所"的组织运营模式，全省大数据发展"一盘棋"的格局正式形成。

2017 年 2 月，贵州省公共服务管理办公室更名为贵州省大数据发展管理局，成为我国首个正厅级大数据管理机构，负责全省数据中心规划建设及政府数据统一云上贵州政务云平台建设管理，统筹全省数据资源建设、管理及应用。贵州省大数据发展管理局下设管理省信息中心（贵州省电子政务中心、贵州省大数据产业发展中心），为全省大数据发展提供技术及信息咨询服务，负责电子政务网络建设和运行维护。2014 年 5 月成立的贵州省大数据产业发展应用研究院，聚焦科

学研究、人才培养、技术创新等领域，努力构建以研发为主的大数据协同创新生态体系，为贵州大数据发展提供智力资源支撑。

2014 年 11 月，贵州组建以推动全省大数据产业发展为主要职责的国有全资平台公司——云上贵州大数据产业发展有限公司，由贵州省经济和信息化委员会全资控股，作为全省大数据产业发展的主要投融资平台、大数据产业投资基金的发起及运营平台，公司负责投资、建设、运营云上贵州政务云平台及政府数据资源开发利用等业务。2018 年 2 月，云上贵州大数据（集团）有限公司正式批复成立，成为省属国有大型企业，全资控股的云上贵州大数据产业发展有限公司，主要开展政务服务、企业服务、IDC 服务，成为全省数字经济产业的"顶梁柱"和全国数字政务服务的"新样板"，全面服务贵州大数据战略行动和国家大数据（贵州）综合试验区建设。

2014 年 12 月，贵阳成立了大数据交易所，并于 2015 年 4 月正式挂牌运营。贵阳大数据交易所是经贵州省政府批准成立的全国第一家以大数据命名的交易所，是我国乃至全球第一家大数据交易所。交易所可以提供全流程的数据确权、数据定价、数据指数、数据交易、结算、交付、安全保障、数据资产管理和融资等综合配套服务。交易所定位于不交易底层数据，而是基于底层数据，通过数据清洗、分析、建模、可视化的结果，彻底解决保护数据隐私及数据所有权的问题，交易所实行 7×24 小时的交易时间。

同时，为了实现全省政府数据"聚通用"的协同，贵州还建立了省、市、县三级云长制的纵向协同模式，各市（州）政府、省直各部门等的主要负责人是本级政府和本部门的"云长"，形成了省、市、县三级健全的云长制工作格局（如图 5-1 所示），并明确了其工作职责和任务，发挥了一把手的领导权威作用，以其明确的职责分工组织体系保障了政策、资源、技术协同的实现。

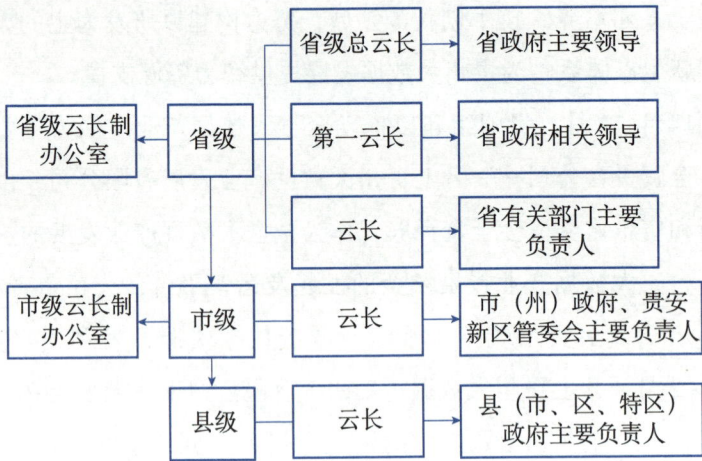

图 5-1　贵州省、市、县三级云长制工作格局

5.1.2　完善顶层设计，出台一系列政策标准规范

2014 年年初，贵州省人民政府在全国率先印发实施《关于加快大数据产业发展应用若干政策的意见》《贵州省大数据产业发展应用规划纲要（2014—2020 年）》，明确提出要多方协同发力，推动大数据产业成为贵州经济社会发展的新引擎，分步骤分阶段建设全国有影响力的战略性新兴产业基地。2016 年 6 月，贵州省委、省政府出台《关于实施大数据战略行动建设国家大数据综合试验区的意见》，对加快建设国家大数据综合试验区作出了全面部署。此后，省政府相继发布《贵州省大数据发展应用促进条例》《贵州省推进"一云一网一平台"建设工作方案》《贵州省大数据新领域百企引领行动方案》《贵州省大数据融合创新发展工程专项行动方案》等政策文件，促进全省大数据发展的政策体系基本成形。一系列政策文件的制定，为贵州建设全省一体化大数据平台、推动数据开放共享、提升政府治理能力、培育产业发展、促进与实体经济融合指明了发展方向、提出了目标路径、明确了保障措施，举全省之力推动大数据创新发展的顶层设计体系基本

形成。贵州近年出台的促进大数据发展的相关文件如表 5-1 所示。

表5-1　贵州近年出台的促进大数据发展的相关文件（部分）

规划文件	1.《关于实施大数据战略行动建设国家大数据综合试验区的意见》 2.《中共贵州省委　贵州省人民政府关于推动数字经济加快发展的意见》 3.《关于加快大数据产业发展应用若干政策的意见》 4.《贵州政府数据"聚通用"攻坚会战实施方案》 5.《贵州省人民政府办公厅关于全面推行云长制的通知》 6.《省数据办关于印发〈"云工程"成效考核工作方案〉的通知》 7.《关于印发贵州省政府系统2018年"聚通用"工作专项目标实施方案的通知》 8.《贵州省推进"一云一网一平台"建设工作方案》（2018） 9.《贵州省实施"万企融合"大行动　推动大数据与工业深度融合方案》（2018） 10.《贵州省实施"万企融合"大行动　推动大数据与农业深度融合方案》（2018） 11.《贵州省实施"万企融合"大行动　推动大数据与服务业深度融合方案》（2018） 12.《贵州省大数据战略行动2019年工作要点》（2019） 13《贵州省大数据新领域百企引领行动方案》（2019） 14.《贵州省大数据融合创新发展工程专项行动方案》（2020） 15.《贵州省大数据标准化体系建设规划（2020—2022年）》
条例办法	1.《贵州省大数据发展应用促进条例》 2.《贵阳市政府数据共享开放条例》 3.《贵州省政务数据资源管理暂行办法》 4.《贵州省政务信息数据采集应用暂行办法》 5.《贵州省政府数据资产管理登记暂行办法》 6.《贵州省大数据安全保障条例》 7.《贵州省政府数据共享开放条例》
标准规范	1.《贵州省大数据清洗加工规范》 2.《政务云　政府网站数据交换规范》 3.《政务云　政府网站建设规范》 4.《政务云　贵州省电子政务网应用平台公文数据交换规范》 5.《政府数据　核心元数据　第1部分：人口基础数据》 6.《政府数据　核心元数据　第2部分：法人单位基础数据》 7.《政府数据　数据分类分级指南》 8.《政府数据　数据脱敏工作指南》 9.《政府数据资源目录　第1部分：元数据描述规范》 10.《政府数据资源目录　第2部分：编制工作指南》 11.《云上贵州数据共享交换平台规范》 12.《云上贵州数据共享交换平台数据资源发布管理使用指南》 13.《云上贵州系统平台使用管理规范》 14.《云上贵州市州分平台建设规范》

5.1.3　探索管理机制，形成三层次数据管理架构

数据管理的体制机制是学界研究的一个热点议题，目前学界已研究总结了 20 多种数据管理机制。我们以贵州省和贵阳市大数据领域政策文件分析为入手点，结合相关单位的实地调研考察，从宏观、中观、微观三个层面的分析中提炼总结出了贵州数据管理的三大特点。

5.1.3.1　数据治理研究概览

通过对 120 多篇"大数据治理"相关文献进行梳理，我们总结了数据治理的主要机制及衍生和补充要素。结合数字连续性理论和协同创新共同体理论，我们对相关机制进行了补充完善，提炼总结了 24 类数据综合管理机制。

根据数字连续性管理和知识服务联动的政府大数据治理规则体系和大数据治理体系规则构建的协同创新原则，对此 24 类机制进行宏观、中观、微观层次的划分（如表 5-2 所示），其中宏观层上的制度安排体现的是多元主体互联；中观层上的业务规则构建体现的是多层次活动互通；微观层上的技术标准规范要求实施体现的是多维度要素互动。

表5-2　数据综合管理机制的类型及其关系

编号	主要机制层次	主要机制类型	主要机制特征	来源	应用场景
1	宏观层	动力机制	信息资源管理机制	马亮，2017	制度安排，多元主体互联
2			创新机制	郑磊，2015；孟庆国，2012	
3		协同创新机制	协同机制	安小米等，2018	
4			资源配置机制	An et al.，2016	
5			产权机制	安小米等，2015	
6			服务机制	An et al.，2016	

续表

编号	主要机制层次	主要机制类型	主要机制特征	来源	应用场景
7	宏观层	协同创新机制	业务嵌入机制	李雪梅等，2018	制度安排，多元主体互联
8			信息安全保障机制	李雪梅等，2018	
9			应急机制	An et al.，2016	
10			审计机制	An et al.，2016	
11			预警机制	安小米等，2015	
12			投诉机制	安小米等，2015	
13			反馈机制	安小米等，2015	
14	中观层	运行机制	激励 – 约束机制	米日亨，2014	业务规则构建，多层次活动互通
15	微观层	约束机制	授权机制	米日亨，2014	技术标准规范要求实施，多维度要素互动
16			监管机制	阎严，2007；陈聪，2006	
17		保障机制	监督机制	牛力，2012；陈聪，2006	
18			法律机制	史江荣，2016	
19			利益机制	朱锐勋，2013	
20			风险控制机制	周毅，2009	
21			决策机制	于施洋等，2016	
22			责任机制	牛力，2013；张锐晰等，2014；陈聪，2006	
23			标准规范机制	刘亮，2015	
24			信息技术工具机制	李雪梅等，2018	

5.1.3.2　贵州政策文件分析

围绕贵州大数据创新实践，我们对近年来贵州、贵阳发布的 68 份政策文件进行了系统梳理研究。其中，省级层面的文件 50 份，包括条例 2 个、规划 4 个、计划 1 个、方案 12 个、意见 5 个、办法 5 个、通知 7 个、规范 7 个、指南 6 个、要点 1；市级文件 18 份，包括条例

2个、计划2个、方案4个、意见4个、办法6个。

政策文件聚类按照"四治、三互、三性"原则进行分析。

共治：多主体联盟，统一方案和意见。

法治：多过程联通，统一规定和办法。

精治：多要素连接，统一标准、指南、方案。

善治：多业务互动，统一全流程管理。

互联：系统设施互联。

互通：数据信息互通。

互动：人与平台互动。

多维性：跨领域、跨主体、跨层级、跨地域、跨系统、跨部门、跨业务的体系框架。

成套性：技术融合、业务融合、数据融合，覆盖全生命周期、全过程、全要素的方案、办法、规定、意见、通知。

针对性：某一领域内的某一主体、某一业务、某一要素或某种行为活动。

下面我们将从治理层级、治理领域、治理对象、治理目标、治理效用和治理特点六个维度，对68份政策文件进行文本内容聚类分析（如表5-3所示）。

表5-3 贵州省和贵阳市大数据治理相关文件文本分析

序号	文件名	层级/工具	领域/对象	目标	效用	特点
W1	《贵州省信息基础设施条例》（2014）	省级1/条例1	技术/设施	法治	互联	针对性
W2	《贵州省信息基础设施建设三年会战实施方案》（2014）	省级2/方案1	技术/设施	共治	互联	针对性
W3	《贵阳市大数据产业行动计划》（2014）	市级1/计划1	经济/产业	共治	互联	针对性

续表

序号	文件名	层级 / 工具	领域 / 对象	目标	效用	特点
W4	贵州省《关于加快大数据产业发展应用若干政策的意见》（2014）	省级 3/ 意见 1	经济 / 产业	共治	互联	针对性
W5	《贵州省大数据产业发展应用规划纲要（2014—2020 年）》（2014）	省级 4/ 规划 1	经济 / 规划	共治	互联	针对性
W6	贵阳市《关于加快推进大数据产业发展的若干意见》（2014）	市级 2/ 意见 1	经济 / 产业	共治	互通	针对性
W7	贵阳市《关于加快大数据产业人才队伍建设的实施意见》（2015）	市级 3/ 意见 2	管理 / 人才	共治	互通	针对性
W8	《贵阳市政府数据交换共享平台推进工作方案》（2015）	市级 4/ 方案 1	技术 / 平台	共治	互联	针对性
W9	《贵阳市大数据综合治税推进工作方案》（2015）	市级 5/ 方案 2	管理 / 业务	善治	互联互通	成套性
W10	《贵州省大数据产业发展领导小组关于加快推进政府数据集聚共享开放的通知》（2015）	省级 5/ 通知 1	管理 / 数据	共治	互通	针对性
W11	《关于开展"提升政府治理能力大数据云应用示范工程"创建工作的通知》（2015）	省级 6/ 通知 2	管理 / 工程	善治	互联互通	成套性
W12	《贵州省大数据发展应用促进条例》（2016）	省级 7/ 条例 2	综合 / 体系框架	法治	互联互通	多维性
W13	《政府数据　数据分类分级指南》（2016）	省级 8/ 指南 1	数据 / 规范	精治	互通	针对性
W14	《关于实施大数据战略行动建设国家大数据综合试验区的意见》（2016）	省级 9/ 意见 2	管理 / 机构	共治	互联互通	针对性

续表

序号	文件名	层级 / 工具	领域 / 对象	目标	效用	特点
W15	《贵州政府数据"聚通用"攻坚会战实施方案》（2016）	省级 10/ 方案 2	数据 / 平台	共治	互通	成套性
W16	《政府数据资源目录 第 1 部分：元数据描述规范》（2016）	省级 11/ 规范 1	数据 / 规范	精治	互通	针对性
W17	《政府数据资源目录 第 2 部分：编制工作指南》（2016）	省级 12/ 指南 2	数据 / 规范	精治	互通	针对性
W18	《政府数据 数据脱敏工作指南》（2016）	省级 13/ 指南 3	数据 / 规范	精治	互通	针对性
W19	《贵阳市大数据"十百千万"人才培养计划实施方案》（2016）	市级 6/ 方案 3	管理 / 人才	共治	互通	针对性
W20	《贵阳国家高新区促进大数据技术创新十条政策措施》（2016）	市级 7/ 办法 1	技术 / 政策	法治	互联	成套性
W21	《贵阳市大数据产业人才专业技术职务评审办法（试行）》（2016）	市级 8/ 办法 2	管理 / 人才	法治	互通	针对性
W22	《贵州省卫生计生委关于加快医疗卫生事业与大数据融合发展的指导意见》（2016）	省级 14/ 意见 3	管理 / 业务	善治	互联互通互动	成套性
W23	《省发展改革委关于实施 2016 年第一批大数据发展项目工程包的通知》（2016）	省级 15/ 通知 3	综合 / 项目	共治	互通	成套性
W24	《中共贵阳市委关于以大数据为引领加快打造创新型中心城市的意见》及"1+4+1"系列配套文件（2016）	市级 9/ 意见 3	综合 / 体系框架	善治	互联互通互动	多维性
W25	《贵州省大数据产业发展引导目录（试行）》（2016）	省级 16/ 指南 4	经济 / 产业	共治	互联	针对性

续表

序号	文件名	层级 / 工具	领域 / 对象	目标	效用	特点
W26	《贵州省大数据产业统计报表制度（试行）》（2016）	省级 17/办法 1	经济 / 管理机制	精治	互通	针对性
W27	《贵州省应急平台体系数据管理暂行办法》（2016）	省级 18/办法 2	技术 / 管理机制	法治	互通	针对性
W28	《贵州省政务数据资源管理暂行办法》（2016）	省级 19/办法 3	数据 / 管理机制	法治	互通	成套性
W29	《关于贵阳国家高新区大数据"十百千万"培育工程的实施意见》（2016）	市级 10/意见 4	管理 / 人才	共治	互通	针对性
W30	《贵阳市"十三五""互联网+"行动计划》（2016）	市级 11/计划 2	综合 / 体系框架	善治	互联互通互动	多维性
W31	《关于进一步科学规划布局数据中心大力发展大数据应用的通知》（2017）	省级 20/通知 4	管理 / 管理机制	共治	互联互通互动	成套性
W32	《贵州省"十三五"信息化规划》（2017）	省级 21/规划 2	综合 / 体系框架	共治	互联互通	多维性
W33	《贵州省政府数据资产管理登记暂行办法》（2017）	省级 22/办法 4	数据 / 管理机制	法治	互通	成套性
W34	《贵州省政务信息数据采集应用暂行办法》（2017）	省级 23/办法 5	数据 / 管理机制	法治	互通	针对性
W35	《数字贵阳地理空间框架建设与使用管理办法》（2017）	市级 12/办法 3	技术 / 体系框架	法治	互通	多维性
W36	《省人民政府办公厅关于印发贵州省大数据发展管理局主要职责内设机构和人员编制规定的通知》（2017）	省级 24/通知 5	管理 / 机构和人员	共治	互通	成套性

续表

序号	文件名	层级 / 工具	领域 / 对象	目标	效用	特点
W37	《贵阳市大数据标准建设实施方案》（2017）	市级 13/ 方案 4	综合 / 体系框架	精治	互联互通	多维性
W38	《贵州省数字经济发展规划（2017—2020年）》（2017）	省级 25/ 规划 3	综合 / 体系框架	善治	互联互通	多维性
W39	《贵州省大数据人才支撑行动计划（2017—2020）》（2017）	省级 26/ 计划 1	管理 / 人才	共治	互通	成套性
W40	《中共贵州省委 贵州省人民政府关于推动数字经济加快发展的意见》（2017）	省级 27/ 意见 4	综合 / 体系框架	善治	互联互通	多维性
W41	《关于进一步推进省市两级政府应用系统迁云工作的通知》（2017）	省级 28/ 通知 6	技术 / 系统	共治	互联	成套性
W42	《贵阳市政府数据资源管理办法》（2017）	市级 14/ 办法 4	数据 / 管理机制	法治	互通	成套性
W43	《贵州省政府数据共享交换与应用管理规范》（2017）	省级 29/ 规范 2	数据 / 共享交换与应用	精治	互通	针对性
W44	《人口基础数据库共享应用规范》（2017）	省级 30/ 规范 3	数据 / 共享应用	精治	互通	针对性
W45	《电子证照批文库共享应用规范》（2017）	省级 31/ 规范 4	数据 / 共享应用	精治	互通	针对性
W46	《省人民政府办公厅关于全面推行云长制的通知》（2017）	省级 32/ 通知 7	组织 / 责任机制	共治	互动	成套性
W47	《全面深化推进"云长制"工作方案》（2017）	省级 33/ 方案 3	管理 / 责任机制	共治	互动	成套性
W48	《"云工程"成效考核工作方案》（2017）	省级 34/ 方案 4	管理 / 考核机制	共治	互动	成套性

续表

序号	文件名	层级 / 工具	领域 / 对象	目标	效用	特点
W49	《云上贵州数据共享交换平台数据资源发布管理使用指南》（2017）	省级 35/指南 5	数据 / 发布	精治	互联互通	针对性
W50	《云上贵州系统平台使用管理规范》（2017）	省级 36/规范 5	技术 / 平台	精治	互动	针对性
W51	《云上贵州数据共享交换平台接口规范》（2017）	省级 37/规范 6	技术 / 平台	精治	互联	针对性
W52	《贵州省政务信息系统整合共享工作方案》（2017）	省级 38/方案 5	技术 / 系统	共治	互联	针对性
W53	《云上贵州平台应用规范指南》（2017）	省级 39/指南 6	技术 / 平台	精治	互联	针对性
W54	《贵州省大数据清洗加工规范》（2017）	省级 40/规范 7	数据 / 清洗	精治	互通	针对性
W55	《贵阳市政府数据共享开放条例》（2017）	市级 15/条例 1	数据 / 管理机制	法治	互通	成套性
W56	《贵州省发展农业大数据助推脱贫攻坚三年行动方案（2017—2019）》（2017）	省级 41/方案 6	综合 / 业务	善治	互联互通互动	成套性
W57	《贵阳市政府数据共享开放实施办法》（2018）	市级 16/办法 5	数据 / 管理机制	法治	互通	成套性
W58	《贵州省人民政府关于促进大数据云计算人工智能创新发展加快建设数字贵州的意见》（2018）	省级 42/意见 5	技术 / 顶层设计	精治	互通	针对性
W59	《贵阳市大数据安全管理条例》（2018）	市级 17/条例 2	数据 / 管理机制	法治	互通	成套性
W60	《贵阳市政府数据共享开放考核暂行办法》（2018）	市级 18/办法 6	数据 / 管理机制	法治	互通	成套性

续表

序号	文件名	层级/工具	领域/对象	目标	效用	特点
W61	《贵州省推进"一云一网一平台"建设工作方案》（2018）	省级43/方案7	技术/系统	共治	互联	针对性
W62	《贵州省实施"万企融合"大行动 推动大数据与工业深度融合方案》（2018）	省级44/方案8	经济/产业	共治	互联	针对性
W63	《贵州省实施"万企融合"大行动 推动大数据与农业深度融合方案》（2018）	省级45/方案9	经济/产业	共治	互联	针对性
W64	《贵州省实施"万企融合"大行动 推动大数据与服务业深度融合方案》（2018）	省级46/方案10	经济/产业	共治	互联	针对性
W65	《贵州省大数据战略行动2019年工作要点》（2019）	省级47/要点1	综合/项目	共治	互通	成套性
W66	《贵州省大数据新领域百企引领行动方案》（2019）	省级48/方案11	经济/产业	共治	互联	针对性
W67	《贵州省大数据融合创新发展工程专项行动方案》（2020）	省级49/方案12	综合/项目	共治	互通	成套性
W68	《贵州省大数据标准化体系建设规划（2020—2022年）》	省级50/规划4	数据/规范	精治	互通	针对性

5.1.3.3　实地考察调研验证

为全面梳理贵州大数据管理体制机制现状、提炼治理特点，在贵州省、贵阳市大数据相关政策文件系统分析的基础上，我们通过调研访谈等方式，对贵州大数据管理体制机制进行了系统分析，走访调研了贵州省大数据发展管理局、贵阳市大数据发展管理局、云上贵州大数据产业发展有限公司、贵阳市大数据产业集团有限公司、贵阳块数据城市建设有限公司等大数据主管单位及企业，验证了涵盖宏观层、中观层、微观层的治理机制在贵州已基本成为共识。从宏观层看，创新机制是动力机制，资源配置机制、服务机制、信息安全保障机制、应急机制是协同创新机制；从中观层看，虽然个别单位在运行机制和保障机制方面有一些不同看法，但对激励 – 约束机制是运行机制的一种基本上可以达成共识；从微观层看，信息共享机制和信息技术工具机制是约束机制。

综合政策文本分析与实地调研访谈可以发现，贵州省数据管理体制机制已经基本建立，贵州大数据治理显现出三大特点：在宏观层体系框架上采用规划、计划、方案、意见等引导共治和善治，具有多维性特点；在中观层体系框架上，采用条例和办法等提供法治管控依据，具有成套性特点；在微观层体系框架上，采用技术标准和指南指导互联互通互动精治目标实现，具有针对性特点。

5.2　贵州数据管理的四大机制

借鉴已有数据管理体制机制研究成果，结合贵州近年来的实践经验，我们面向大数据治理主体、客体、活动及其风险挑战，通过将协同创新理论、公共价值理论、数字连续性理论融入大数据治理实践，构建了集共治、法治、精治、善治为一体的数据管理体制机制。以提升领导能力为基础动力，构建政产学研用的多元化共治格局；以增强统筹能力为核心要领，完善跨部门的规则化法治保障；以互操作能力为技术赋能，打造跨系统的平台化精治体系；以可持续能力为检验标准，实现价值导向的场景化善治目标（如图 5-2 所示）。

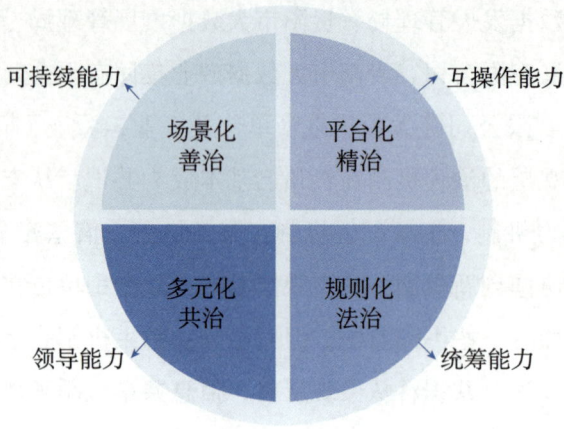

图 5-2 贵州省"四治一体"的数据管理体制机制

5.2.1 数据管理研究的理论基础

为系统研究数据管理体制机制，我们采取了多学科融合的方法论，借鉴了协同创新理论、公共价值理论和数字连续性理论的相关理念，共同构建了数据管理体制机制的方法论体系（如图 5-3 所示）。以协同创新理论为指导，旨在解决主体联盟间的主体角色转型、多元协同共治问题，促进政府领导能力提升，同时，通过政府制定相关政策法规，为数据创新应用提供保障。以公共价值理论为指导，旨在以满足各主体利益诉求为导向，充分激活数据要素公共价值，通过调动社会各方积极性、创造性，为各项工作开展提供源源不断的动力。以数字连续性理论为指导，旨在解决跨部门各类平台对接联通的技术问题，并且通过将技术规范纳入政策法规，显著提升平台的数据治理能力。

5.2.1.1 协同创新理论

与一般创新不同，协同创新具有自身特点（如表 5-4 所示）。构建协同创新机制，需要从单一主体创新走向多元化主体创新，从独立

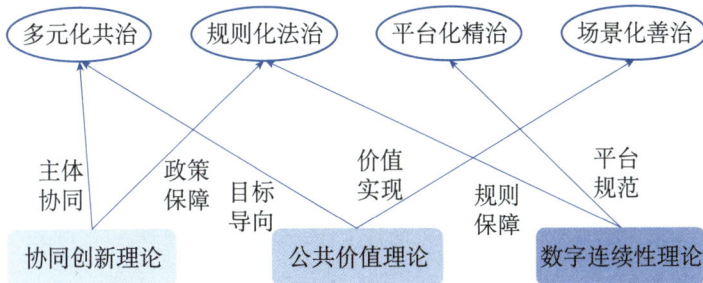

图 5-3 数据管理基础理论示意图

系统发展为自组织开放生态系统，从创新主体竞争关系发展为创新主体联盟、互惠共存关系。创新活动从静态走向动态，从明晰的组织边界内创新走向边界模糊的组织间和跨组织创新，从简单线性作用发展为复杂非线性作用，沟通、协调、合作和协同互动，产生整体协同效应，促进社会价值提升。创新客体从创新要素封闭性特点发展为创新要素连接、动态性整合并匹配。

表5-4 协同创新与一般创新的概念区别

创新要素	一般创新	协同创新
主体	单一主体、独立系统、创新主体竞争关系	多元化主体、自组织开放生态系统、创新主体联盟、互惠共存关系
活动	创新活动简单线性作用	创新活动联通、复杂非线性作用、整体协同效应、价值增加和价值创造
客体	创新要素封闭性特点	创新要素连接、动态性整合并匹配

研究数据管理体制机制，可借鉴的协同创新理论的创新策略包括四个方面，即多元主体联盟、多维度关系联通、多层次要素连接和多向度过程连贯。

（1）多元主体联盟（规划）。数据资源管理体制机制构建过程中要加强规划，多视角考虑政府、企业、第三方和市民利益相关方的服务需求，多利益相关方共同参与以建立合作伙伴关系，通过资源整合和优势互补，拓宽数据资源共享和利用途径，创新数据资源增值再利用产品和服务方式。

（2）多维度关系联通（实施）。数据资源管理体制机制构建过程中要将数据资源采集、加工、保存、利用、再利用工作和提供服务的数据全生命周期过程看成连续整体，优化数据资源流动，改进数据资源服务创新模式。

（3）多层次要素连接（运行）。数据资源管理体制机制构建过程中要将城市、机构和市民的多层次需求连接，将数据资源主体、活动过程、技术手段和服务环境等多层次要素连接，提供创新型服务和创新型技术和产品。

（4）多向度过程连贯（评估和持续改进）。数据资源管理体制机制构建过程中要将数据资源的行政效用、社会效用和经济效用最大化，以期提升社会的整体效益。

5.2.1.2　公共价值理论

公共价值由美国哈佛大学的马克·穆尔（Mark Moore）教授提出，他认为公共管理者的主要任务就是要致力于寻求、确定和创造公共价值。公共价值的实现，需要公共部门的管理者努力工作来界定公共价值并创造公共价值，根据政治环境和任务环境的改变及时调整和重新定位公共管理组织，而不仅仅是维持连续性。一个社会的公共价值包括公民应该享有的权利、利益、规范性共识和公民对社会、国家和其他各方的义务，是政府和政策最根本的原则。

公共价值理论的基本观点是，将政府核心目标定位为"确保公共价值的实现"，公共管理者发挥公共价值创造者和探索者的角色。公共管理者必须通过与公民、纳税人、顾客、客户群体等其他利益相关者进行沟通和信息互换，掌握各利益相关者的公共价值需求，为创造公共价值寻求外在条件和提供充分的理由。公共治理行为具有内在联系和相互依赖的特征，这就使得公共价值的创造需要更多的合作努力与协调整合机制来完成。

政府需要正确认识到所提供的公共服务能否带来预期的社会和经济效应、能否充分实现公共价值。将政府的职能定义为创造公共价值，并且以合作的网络治理方式作为公共价值的实现手段，公共价值理论的这一新型管理范式将为提升政府行政效能、构建服务型政府提供新的理论指导。迈进 21 世纪，公共价值概念已趋于多维度发展，可从不同侧面被广泛诠释。将公共价值理念引入数据管理研究实践，可为构建数字政府提供一种可选范式。

5.2.1.3　数字连续性理论

在国外，数字连续性是一个重要的研究课题。数字连续性是国家治理现代化，电子政务和电子商务数字业务连续性的基本保障，是互联网时代人们转向数字方式工作和数字方式生活的技术保障，是在线数字文化、数字社区和数字服务数据资源可持续发展的安全保障。

数字连续性包括数字连续性特征及数字连续性管理两个方面（见图 5-4）。一是数字连续性特征。它由数字生成文件、数字生成信息、数字生成内容三部分组成。数字生成文件是指能够以数字方式保存和提供可持续再用的能力。为此，文件的形成者、保管者和利用者应该建立共同遵循的文件治理机制，共同维护电子文件在其全生命周期内的真实性、可靠性、完整性和可用性。数字生成信息是指能够以数字方式维护，确保其可获取、可信任和可持续再用的能力。为此，数字信息的采集者、保存者、服务者应该建立可信数字信息跨系统和平台互联互通互认的信息治理架构，共同维护数字信息的质量。数字生成内容是指应该能够以数字方式管理，确保其可跟踪、可溯源、可关联和可控制的能力。可跟踪指数据内容具备按照时间顺序预测和模拟其演化趋势的特点，用于舆情分析、模拟测试、市场预测等；可溯源指数据内容能够回溯其历史版本，用于发现证据链和评估数字内容的可信度；可关联指数据内容能够开放关联和跨域存取，避免其片段化；可控制指数据内容能够得到风险控制，维护个人隐私安全和国家信息安全。为此，数据内容的生产者、增值者和消费者应该共同参与数据内容共享平台的建设和治理，共同维护数据内容的可持续发展，支持跨地区、跨部门、跨层级的内容共享和智慧化社会管理创新应用。二是数字连续性管理，包括维持管理活动可持续发展的业务需求驱动、技术环境支持、人员技能支持及制度流程支持等要素。

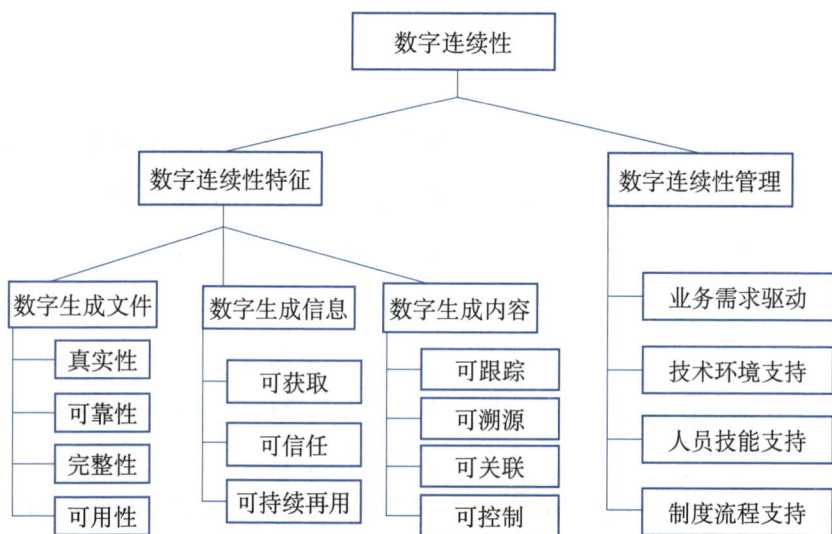

图 5-4　数字连续性的内涵

数字连续性是以数字方式保存和以数字方式再用的一种数字治理方式，能够保证数字信息以数字方式可获取、可信任和可持续再用，是实现数字内容可追源、可关联、可电子取证和可进行数字身份认证的一种数字服务。数字连续性能够满足在线政府的数字证据力、数字服务力和数字安全力的技术要求，从而有助于提升政府的数字治理能力。

5.2.2　多元化共治

多元化共治的目标在于，以大数据与信息资源协同创新思想为指导，融合公共价值理论，通过构建多元主体协同的政府大数据共治服务规则，为政府大数据治理主体提供协同创新的解决方案，解决主体角色的转型问题，提供宏观层治理的制度安排。

5.2.2.1　多元化共治的内涵

多元化共治的核心是多利益相关方联盟，统一管理。提升数据作为新型资产要素的数字管控能力，促进参与、协同和安全，需要构建跨层级、跨地域、跨系统、跨部门和跨业务的多元主体和利益相关方联盟机制，保障数据资源的安全服务及其连续性维护。贵州省构建大数据发展应用背景下数据资源多元主体合作共治的协同创新规则体系，主要体现为建立了强有力的组织领导机制，从而能够有效协调各方面力量，共同推动各项工作顺利开展。

5.2.2.2　领导能力

领导能力是基础动力。每项大数据工程的顺利实施，不仅需要大数据产业链不同环节的力量参与，数据采集汇聚、加工处理、共享开放、确权交易、开发利用，都离不开政府的领导、企业的具体落地实施；而且需要调动各方参与、充分发挥各自优势，在技术、资金、人才、管理等方面共同协商、共同策划、共同建设，形成多方共建合力。贵州大数据发展从零起步，不断开拓创新，开创了不发达地区发展大数据的典范，体现了政府主导的突出特点，自上而下建立了覆盖各级的领导能力体系。

为加强大数据治理的领导能力，贵州成立省长任组长、各市州政府、省直部门一把手为成员的省大数据发展领导小组，处理正局级的省大数据发展管理局，在省信息中心加挂省大数据产业发展中心牌子，提供技术和服务支撑，设立国有云上贵州大数据产业发展有限公司运营系统平台，形成了政企协同的数据管理机制。同时，通过不断制定出台相关法律法规、政策文件及发展规划，进一步为强化领导能力提供有力保障。通过建立"云长制"多元主体互联原则，发布《全面深化推进"云长制"工作方案》《省人民政府办公厅关于全面推行云长制的通知》《"云工程"成效考核工作方案》等文件，在省、市、县三级全面推行"云长制"，构建责任明确、协同有序、督查有力的云工程建设工作机制，形成各市（州）政府、贵安新区管委会、省直各部门一体化领导能力。

5.2.2.3 多元化共治实践

贵州高度重视信息化工作的跨部门协调管理，通过统一数据标准推动大数据发展。讲政治、讲大局，摒弃部门利益、局部意识、短视意识，集中财力物力，省级部门信息化预算由省大数据发展管理局统筹，省级部门作为用户单位，提出年度建设需求，由省大数据局统一规划、统一预算、统一采购，云上贵州公司逐一上门对接，做好需求对接和服务方案编制，统一建设，推进信息化建设全生命周期的闭环管理。通过"统"，在信息化系统可以模块化的趋势下，通过建设数据中台、业务中台等集成平台，实现部门业务功能，避免从零建设，既实现了集约化建设，又实现了统一数据标准，提高了数据质量，解决了先建设、后治理带来的一系列问题。同时，建立"管运分离"模式，改变以往各个部门既是使用者又是建设者的双重角色，把原来分布在各个部门的建设能力集中起来，统一建设、统一运营、统一调度。各部门对业务、管理、需求和服务评价负起"用户端责任"。

在"一云一网一平台"工程实施中，贵州省大数据发展管理局负责统筹监管数据资源开发利用，制定相关方针政策，提供制度保障，指导市级大数据主管部门数据资源开发利用工作；省信息中心负责制定数据资源开发利用相关标准、规范、流程；省大数据研究院负责监督审计，对数据资源开发模型进行安全合规审计；数据提供部门按照"谁提供，谁负责"的原则，负责所提供数据的真实性、有效性、实时性等；数据运维方应在安全可控前提下，对所汇聚的数据资源进行开发利用，并可以在增值收益中获取一定的收益，用于补贴日常运维管理所需费用。各部门各单位职责分工明确、协同配合有力，为建设"一云一网一平台"提供了有力保障。

5.2.3　规则化法治

规则化法治的目标在于，以数字连续性理论为指导，构建多层级联通的法治保障规则，为政府大数据治理对象跨部门、跨领域、跨层级等信息管理提供安全和风险管控方案，提供中观层治理的活动要求。

5.2.3.1　规则化法治的内涵

规则化法治的核心是多样化活动规则联通、统一规划。根据数据资产化管理及信息跨部门跨业务共享的相关要求，解决多样信息服务互通的痛点问题。贵州省通过"数据资产管理登记制度"建立了多元数据价值互通规则，先后发布了《贵州省政府数据资产管理登记暂行办法》(2017)、《贵州省政务信息数据采集应用暂行办法》(2017)，以及贵阳市先行示范《贵阳市政府数据资源管理办法》(2017)、《贵阳市政府数据共享开放条例》(2017)、《贵阳市政府数据共享开放实施办法》(2018)、《贵阳市大数据安全管理条例》(2018)、《贵阳市政府数据共享开放考核暂行办法》（2018）等政策文件，为数据治理提供了有效依据，为解决数据资源如何在确保安全的前提下实现共享开放的问题提供了操作规则。

5.2.3.2　统筹能力

统筹能力是核心要领。大数据发展涉及各个部门、各个地方，业务涵盖基础建设、网络运维、平台开发、数据治理，需要各级政府、生态圈企业、高校院所的协同配合，需要统筹规划建设信息基础网络、政务云平台、共性应用支撑平台、大数据中心等统一信息化支撑体系，为各市区、各部门提供网络、计算、存储、灾备，以及统一、实时、准确的数据等服务。通过建立大数据发展统筹能力，贵州逐步实现了技术融合、业务融合、数据融合以及跨层级、跨地域、跨系统、跨部门、跨业务的协同管理和服务。通过实施"一云一网一平台"工程，将大数据发展最关键的三要素统筹起来，通过平台标准、接口标准、数据标准等领域标准规范，将大数据发展的各类技术统筹对接起来，通过政府主导、社会参与，将政产学研用等各方力量调动起来，形成了全省推进大数据发展"一盘棋"的格局。

5.2.3.3　规则化法治实践

云上贵州政务云平台是在政府大力支持推动下，由云上贵州公司建设完成的，是政府主导、企业运作、全力发展大数据的典范。为顺利推动云上贵州政务云平台建设，贵州省发布了《关于进一步推进省市两级政府应用系统迁云工作的通知》等政策文件，贵州省大数据发展管理局配套发布《应用系统迁云实施方案编制指南》《应用系统迁云指南》等规范，从制度层面规定了贵州省业务系统迁云的总体规划和工作细节，为平台建设提供了规则依据。对于新建信息化项目，不再支持各级政府购买服务器、中间件等硬件设备，对符合要求的信息化项目予以立项，财政部门予以纳入预算。

在建设实施方面，云上贵州公司负责云上贵州政务云平台运营维护，为全省提供统一的云存储、云计算、云安全、数据库等多项云服务。按照"网络通、管控通、数据通、服务通"的要求，在有条件的市州，建设方案经大数据主管部门审核通过并经省大数据领导小组批准后，按照云上贵州政务云平台架构建设逻辑分平台，实现政务数据在云上贵州政务云平台这个平台上汇聚。

自 2014 年至今，贵州以建设一体化数据中心为目标，统一由云上贵州公司投资建设集约化、标准化的政府数据中心，建成了云上贵州政务云平台，将省、市、县各级政府所有的信息系统和数据全部汇聚和接入该平台，统一由云上贵州公司提供云计算、云存储、云安全、数据库、云管控等服务，建成了统一的政务数据中心。云上贵州政务云平台的建设打通了政府部门网络的"经络"，形成了"物理分散、逻辑集中"的全省一体化数据中心体系，实现了多节点的云服务和异构云资源的统一管控。云上贵州政务云已经承载了省、市、县9 730 个应用系统，云存储的数据量已经达到了 1 610TB。通过云上贵州政务云平台，可以监测每个部门、每个市州、每个区县的每个应用系统，包括数据中心、机房、服务器以及数据存储量等情况。

5.2.4　平台化精治

平台化精治的目标在于，以多元论为指导，构建政府大数据供给治理体系，为政府大数据治理提供知识服务的精治规则，满足多利益相关方多种多样的复杂需求，提供微观治理的规范要求。

5.2.4.1　平台化精治的内涵

平台化精治的核心是多种用户需求服务连接，统一标准。广泛联合大数据领域的企业，通过政策引导，打造协同创新平台，瞄准若干重点领域开展精准治理，需要配套建立一套长效机制，可从法律、标准、人力、财力等方面配套部署，以推动数据融合、技术融合和业务融合，实现跨层级、跨地域、跨系统、跨部门、跨业务的协同管理和融合服务。

5.2.4.2　互操作能力

互操作能力是技术赋能。互操作性指系统向其他系统提供服务和从其他系统接受服务以及使用交换后的服务以使它们能够有效运行的能力。互操作性意味着在系统的两个或多个组件之间交换有意义的信息，对交换的信息有共同的理解，系统内组件的行为一致，符合系统规则，以及有必要的服务质量：可靠性、时间绩效、隐私和安全性。互操作性规范及要求保障了数据交换系统和效率层面的易用性，包括技术／句法（语法）互操作、信息／数据（语义）互操作、组织／业务（语用）互操作、服务互操作、政策互操作等类型。在大数据时代背景下，促进数字连续性管理，需要建立健全政府数据资源管理的多元协同治理机制、数据资源管理的资产管理动力机制和数据资源管理的可信数据保障机制，将数字连续性管理嵌入数字政府、数字经济和数字社会建设的战略高度层面，通过连续性管理保证三个机制间的联动，实现治理能力现代化、产业创新转型、信息惠民和知识服务的可持续供给。

5.2.4.3　平台化精治实践

云上贵州政务云平台的有效运行实现了全省所有政府部门信息化系统的网络通、数据通、业务通。云上贵州政务云平台从一个"物理分散、逻辑集中"的"大仓库"变成一个统一的"大应用程序"，实现了数据和业务的"大集中""大融合"。云上贵州政务云平台统揽全省政府数据，能够让数据聚起来、用起来，更好地激活数据价值，让跨部门、跨系统、跨领域的多源数据在重构中产生价值。通过建设全省统一的云上贵州政务云平台，贵州实现了平台化精治的目标。

"聚通用"工程的顺利实施解决了贵州省信息化系统与政务数据条块分割的问题，实现了部门间信息互联、互通、互操作，促进跨平台、跨系统的互操作能力不断提升，全省政府数据实现了有效集中。集中起来的数据形成了不断发掘深挖的"钻石矿"，数据在重构中不断产生新价值。通过政府数据的共享，带动社会数据的共享应用，推动大数据与实体经济、乡村振兴、民生服务、社会治理的深度融合。贵州省通过"聚通用"建立的多维度要素互动方案和标准规范，为解决大数据治理体系中数据资源如何充分利用的问题提供了具有地方特色的可操作性方案。

5.2.5　场景化善治

场景化善治的目标在于，以可持续发展理念为指导，立足保障大数据治理全生命周期要素的持续投入，围绕扶贫、交通、金融、教育、医疗等重点领域，寻找具体的应用场景，通过数字化改造发挥数据价值，建立数据驱动型业务治理机制，促进跨领域、跨层级、跨系统、跨部门专项治理以及信息融合、技术融合、业务融合和应用融合。

5.2.5.1　场景化善治的内涵

场景化善治的核心是合法合规合理善用、统一调度。通过跨领域、跨层级、跨系统、跨部门的专项治理，促进信息融合、技术融合、业务融合及应用融合，解决数据互联互通互动问题，实现数据与业务的有机协同。贵州省发布《关于开展"提升政府治理能力大数据云应用示范工程"创建工作的通知》《贵州省卫生计生委关于加快医疗卫生事业与大数据融合发展的指导意见》《贵州省数字经济发展规划（2017—2020 年）》《中共贵州省委　贵州省人民政府关于推动数字经济加快发展的意见》《贵州省发展农业大数据助推脱贫攻坚三年行动方案（2017—2019）》等政策文件，为解决数据资源如何使用问题提供了科学方法论，解决了大数据治理要素互联互通互动问题。

5.2.5.2　可持续能力

可持续能力是成败的关键。政府主导的特点既是贵州发展大数据的政治优势，也不可避免地会带来后继乏力的问题。由于大数据工程往往具有投资大、周期长、见效慢的特点，当政府在大数据建设领域的投入无法满足大数据向纵深发展的要求时，就有可能导致发展难以持续的情况出现，资金投入、人才储备、产业薄弱等问题也会显现出来。增强可持续能力，保持大数据治理全生命周期要素的持续投入，成为衡量成败的关键因素。近年来，贵州通过大力引进大数据、云计算领域头部企业以及互联网新锐，使得大数据技术的市场化水平不断提升，各项工程实施的可持续得到有效保障。在数据支撑民生服务领域，鼓励 PPP（政府和社会资本合作）或政府购买服务模式，通过政府开放数据和服务接口、企业投资建设运营模式，提升项目的可持续能力。

5.2.5.3　场景化善治实践

精准扶贫是贵州省数据治理的典型案例，是数据共享交换平台的重要工作场景之一。为确保精准扶贫工程开展，贵州省大数据发展管理局牵头，通过专项资金委派项目的方式，将国家农业主管部门回流的数据与贵州省共享交换平台中的信息进行比对与整合，逐步提升扶贫工作基本信息的准确性、结构性和时效性。

精准扶贫系统对接共享了 25 个部门（覆盖工商、社保、公安、民政、教育、水利、不动产、交通运输、银行、运营商等领域）的业务条线数据，与"建档立卡"的纸质档案数据、帮扶对象的电子地理信息和社会保障的经济数据信息在"多维贫困识别模型"中实现融合利用，实现了帮扶对象、帮扶措施、帮扶项目、帮扶资金和管理人员绩效考核在扶贫业务系统中的全流程数字化精准管理，完成了贫困人口数据的精准统计。

大数据支撑的精准扶贫的建设为解决"精准识别"问题提供了新的思路，应用统计学原理和数据处理技术能够识别出"异常第三方数据"和"异常对比字段"，识别包括"工商注册人员""商品房购买人员""小轿车购买人员""财政供养人员"在内的四类不符合扶贫人员标准的住户，为 770 万贫困人口绘制精准画像，在贫困学生帮扶、农村合作保险等领域取得显著成效。

面向未来，贵州将持续深入实施大数据战略，进一步强化顶层统筹设计，推动体制机制创新，健全完善以"共治、法治、精治、善治"为核心的一体化数据融合治理体系，加快建设"一云一网一平台"，着力推动数据"聚通用"，全面提升政府大数据的应用水平，助力政府治理体系和治理能力现代化，实现大数据与社会治理、民生服务、乡村振兴和实体经济的融合发展，引领全省经济实现高质量发展。

5.3　贵州数据管理的成效及启示

贵州构建的以"共治、法治、精治、善治"为核心的"四治一体"数据管理体制机制，为政府开展大数据治理提供了新视角、新理念、新方式，推动形成了多学科融合、多层级互联、多维度互通的综合集成解决方案。

5.3.1 有效处理四大关系

贵州在大数据治理实践中构建的完善的体制机制体系的典型特点在于实现了多元主体协同，促进了各类数据客体融合，推动了治理活动各个环节联通，开展了风险防控提前预判，妥善处理好了主体、客体、活动及风险四者之间的关系。

一是数据管理主体的协同配合。在大数据发展应用的背景下，数据主体涉及的利益相关方越来越多，政府从传统的数据权利所有者、控制者和监管者逐步转向数据权利的协调者和社会协同治理的服务者，从实现部门利益最大化转向了实现政府的整体利益，以及智慧城市和信息惠民社会利益的最大化。从过去的信息孤岛转向跨层级、跨领域、跨地域、跨系统、跨部门和跨业务的信息资源融合与创新服务，多利益相关方的合作日益重要，相关的复合型人才的培养越来越迫切。大数据主体的权力、权利和权益关系亟待研究并提供合法性认同规则。

二是数据管理客体的对接融合。从管理的客体来看，数据资源面临形态上从过去的线下到线上线下的融合，从单一到多样，从静态到动态，从以结构化为主到以非结构化为主的转变；从价值来看，从单一转向多元，即面向政府、面向企业、面向公众的各种价值多样化的需求，从信息传递转向信息增值再用；从战略地位来看，从过去面向组织层转到面向行业层、地域层、国家层、国际层，成为国际竞争性资源；从数据权属关系来看，从简单的权属关系转向复杂且具有不确定性的权属关系，数据的所有权、处置权、使用许可权及隐私保护权等法律依据问题亟待研究与解决。

三是数据管理活动的有效衔接。从大数据治理涉及的数据资源管理活动来看，采集、存储、利用、维护方面也发生了变化。采集从单一来源转向多源异构，从基于目标的局部采集转向基于场景的全面采集，从行业转向地域和国家统一大数据资源体系建设；存储从分布式冷备份存储转向热备份和云存储，从可信数字仓储建设转向可信区块链平台建设；利用从机构内部共享，逐渐扩展转向跨地域、跨领域、跨层级、跨系统、跨部门和跨业务共享，不仅要强调互联互通，更要强调互信互任互动，解决零距离、零材料、零跑腿的问题；在数据的维护上，亟待从实现一次性跑腿或零跑腿的服务需求出发，面向互联网＋社会协同治理的创新服务目标，构建数据全生命周期、全流程、全要素的综合集成管理的合法性互联互通规则。

四是数据管理风险的分类处置。在"一号一窗一网"面向老百姓的信息惠民服务中，数据的汇聚与政府外包服务和 PPP 融资方式带来了数据利用和再利用中的数据权力、权利和权益失控风险；数据整合、大数据分析及结果的公开都可能会带来对数据所有权、数据利用权方面的影响，特别是碎片化个人信息再次整合后对个人身份的再识别可能会对个人隐私暴露带来巨大的风险。需要尽快对相关风险进行研究，并根据研究结果制定个人数据安全保护的分级分类合法合理利用规则。

5.3.2　成效及不足

一系列具有针对性的政策实施为贵州大数据创新发展提供了有力保障，强化了大数据治理体制，完善了创新发展机制，解决了欠发达地区发展大数据普遍遇到的机制不畅、人才匮乏、资金短缺、产业基础薄弱等难题，促进了全省的系统互联互通、数据共享开放、流通确权及开发利用，形成了较为完善的数据治理生态体系。**一是**构建跨层级、跨地域、跨系统、跨部门和跨业务的多元主体和利益相关方联盟机制，推动数据资源全生命周期、全流程、全要素、全面质量管理及其综合集成管理，完善覆盖数据资产登记、采集、共享、利用、处置和个人信息保护的全过程管控制度，保障国家数据资源的安全服务及其连续性维护服务。**二是**建设数字生态环境，构建数据资源优化配置机制，纳入公共资产创新应用的供给体系，激发数据创新应用，促进数据作为社会财富的最大化价值实现。**三是**构建用数据说话、用数据决策、用数据管理、用数据创新的政府治理新方式，实现基于数据的科学决策效果，提高政府治理的精准性和有效性。**四是**构建多元主体参与的平台，促进数据驱动的新技术、新产品、新服务和新业态的形成，实现智慧社会建设项目绿色集约发展，推动数字经济和数字社会健康发展，改进信息惠民服务效能。

在取得成效的同时，也应当看到，贵州几年来的大数据创新实践仍存在一些问题，主要体现在以下几个方面：**一是**数据资源数字连续性管理的战略意识较弱，应当将其纳入数据治理顶层设计范畴。**二是**数据资源全生命周期治理活动各环节联动效应不足，应进一步健全覆盖全流程的规划设计体系。**三是**跨领域、跨地域、跨层级、跨系统、跨部门、跨业务的数据资源统筹规划、协同管理和创新服务有待进一步提升。**四是**可信数据资源长期保存和管护及可持续再用的准则亟待制定实施。**五是**个人数据开发利用存在隐患，需要尽快建立数据分级分类保护规则。

5.3.3 经验及启示

贵州大数据治理实践取得的显著成效，与贵州构建的完善的数据管理的体制机制密不可分，这些实践经验既为打造贵州数据治理样板奠定了基础，也具有可复制、可推广价值，可供其他省市参考借鉴。

一是鼓励联合统筹，多利益主体合作共治。当前我国地方大数据资源治理体制机制各有特色，与地方数据资源管理的战略定位密切相关。总体而言，以"共治、法治、精治、善治"为一体的大数据管理体制机制有利于促进地方大数据资源统筹协调，整体提升大数据资源综合管理及运营的领导力，推动多利益相关方合作共建和共享，不断增强地方政府实现"三融五跨"的数据治理能力。

二是厘清政企职责边界，政企合作共赢。开展数据治理工作，首先要明确政府和企业的权责界限，既要发挥政府在大数据运营中的统筹指导作用，也要采用市场化机制，充分调动企业的积极性。政府拥有政务数据的所有权、使用权、收益权，但是由于人员编制等限制，没有足够力量充分开发利用数据，发挥数据潜在价值，这就需要企业积极参与，通过获得数据使用权和增值化开发，激活数据价值，形成"政府指导、企业运营"的政企合作格局。

三是激发企业运营活力，政企协同共创。通过市场化机制开展数据运营管理，是实现大数据治理可持续性的前提和保障。企业通过已有的技术积累、人力资源、知识储备，可以运营数据、激活数据而获得价值。企业提供的数字化产品和服务，政府可以通过采购服务的方式给予经费支持，不仅有助于企业收回成本、维持可持续发展，也可以弥补政府人员较少及技术缺乏等不足。激发企业运营活力，关键是要把握好"度"，根据地方大数据部门的人员配置及技术水平等实情，结合数据治理服务提供企业的实力，找到政府职能与企业业务之间的平衡点。

四是构筑数据产业生态圈，政产学研用融合共生。大数据产业涉及数据的采集汇聚、储存加工、确权交易、开放共享、分析利用等多个环节，要精准定位自身大数据发展特色和优势，走"精特专"之路，优先发展关键环节和重点领域，然后梯次带动全产业链的发展，不断提升大数据产业竞争力，避免盲目搞"大而全"工程。在培育大数据产业方面，牢牢树立产业链思维，着力构筑大数据产业生态圈，优先选择有助于本地大数据产业链改进升级的企业入驻，不搞拼盘，不唯品牌大小和税收产值选商，应主动吸引国内外大数据龙头企业入驻，快速形成产业聚集，形成独特的大数据高端产业特色。

参考文献

[1] 安小米，白文琳，钟文睿.支持协同创新体能力构建的知识管理方案设计.科技进步与对策，2015，32（6）：6.

[2] MOORE M H. *Creating Public Value: Strategic Management in Government*. Cambridge, MA: Harvard University Press, 1995.

[3] Bozeman B, Sarewitz D. Public Value Mapping and Science Policy Evaluation. *Minerva*, 2011, 49(1): 1-23.

[4] 马亭亭，唐兴霖.公共价值管理：西方公共行政学理论的发展.行政论坛，2014，21（6）：7.

[5] 陈少晖，陈冠南.公共价值理论视角下公共服务供给的结构性短板与矫正路径.东南学术，2018（1）：113-121.

[6] 安小米.大数据时代的政府信息资源管理：国外数字连续性战略及借鉴.智慧城市，2014，10（2）：6-9.

[7] 李雪梅，安小米，明欣，等.数字连续性风险管理策略及启示：以英国为例.电子政务，2018（1）：11.

[8] 安小米，白献阳，白文琳，等.建立健全国家数据资源管理体制机制研究报告，2019.

第6章　贵州数据共享开放

近年来，贵州围绕大数据发展战略，深入实施政务信息系统整合共享、政务数据"聚通用"攻坚会战、"一云一网一平台"建设，加快推进政务数据共享开放，打破"数据烟囱"和"数据孤岛"，探索创新数据调度体系，为"放管服"改革和"一网通办"提供数据支撑，促进政府管理和决策水平、服务民生水平不断提高。

6.1　贵州数据共享开放的探索实践

6.1.1　资源整合，做好政务数据资源汇聚

贵州精心谋划布局，推动省、市、县三级政务信息系统互联互通，依托"云上贵州一朵云"扎实做好政务数据汇集，实现了省级政府部门应用系统和数据 100% 物理集聚，市、县两级政府应用系统和数据 100% 逻辑集聚。同时，贵州通过完善相关法规制度，使政务数据集聚、融通有规可循。

6.1.1.1　推进政务信息系统整合共享

政务信息系统整合共享是党中央、国务院的大事、要事，是打通经脉的重要举措，是服务民生的关键路径。近年来，贵州省委、省政

府坚决落实党中央、国务院的决策部署，按照"一个坚定不移、四个强化、四个加快融合"部署，深入实施大数据战略行动，加快建设国家大数据（贵州）综合试验区，以建设整合共享试点示范省为契机，以政务数据"聚通用"为抓手，深入推进政务信息系统整合共享工作。2017年10月，贵州省人民政府办公厅印发了《贵州省政务信息系统整合共享工作方案》，要求强化大平台共享、大数据慧治、大系统共治的"云上贵州"顶层架构，突破信息壁垒，推动大数据＋政府深度融合，提升政府治理能力和公共服务水平。

消除"僵尸"系统，推进信息系统整合。贵州省是国家9个整合共享应用试点省份之一。2010年，贵州省加快推进政务信息系统整合，全省各地各有关部门开展政务信息系统自查，内容包括但不限于信息系统数量、名称、功能、使用范围、使用频度、审批部门、审批时间、建设费用、运维费用、经费来源、IP地址、主机实例名称、访问域名或链接等，形成台账、自查报告。同时，对系统使用与实际业务流程长期脱节、功能可被其他系统替代、所占用资源长期处于空闲状态、停止运行维护更新服务，以及使用范围小、频度低的"僵尸"信息系统进行清理。此外，制定本部门政务信息系统整合共享清单，将分散、独立的信息系统整合为一个互联互通、业务协同、信息共享的"大系统"，整合以部门内部条块、处室名义存在的独立政务信息系统。2017年12月底，贵州省、市（州）两级政府共730个非涉密应用系统接入云上贵州系统平台。贵州省政务信息系统整合共享实践被中央网信办、国家发展改革委评为"数字中国建设"年度最佳实践之一。

建成"云上贵州一朵云"，统揽全省应用系统。"云上贵州一朵云"是全国首个"统筹标准、统筹存储、统筹共享、统筹安全"的省级政务云平台，规划建设"1+4+10+N"体系（"1"即云上贵州统

一管控平台，"4"即云上贵州移动、电信、联通、广电四个主节点，
"10"即 10 朵市州云，"N"即多个部门云），通过"建云、管云、用
云"，实现一云多节点的云服务和异构云资源的统一管控，全面承载
政府各类业务系统，主要解决云计算、云存储资源分散建设、利用效
率不平衡、不能统一管控调度、无法互通有无的问题，实现所有"应
用可访、数据可通""一云统揽"，让数据聚起来，在数据重构中产生
价值。2019 年 5 月，贵州省"云上贵州一朵云"建成上线，形成"一
云统揽"的新体系，在全国率先实现统揽全省所有政务信息系统和数
据，实现所有系统网络通、应用通、数据通。除审计外，省市县三级
政府所有部门所有政务信息系统全部在云上贵州政务云平台打得开、
能使用。按照用户使用维度统计，云上贵州政务云平台已经承载省、
市、县各级政府全部 9 728 个应用系统。

6.1.1.2　完善政务数据资源整合机制

完善管理机制。全面推行三级"云长制"，建立以省、市、县三
级党政主要领导为核心的信息化和"云工程"建设责任。同时，由
省大数据发展管理局统一管理省级政务信息化预算，对于没有进行目
录、资源上架的，不再安排运维资金，一下就摸清了底数。同时，正
在建立数据质量评估机制，每个单位出具数据质量评估分析报告，列
入年终目标考核。

强化责任追究。出台《贵州省实施大数据战略行动问责暂行办
法》《"云工程"成效考核工作方案》等文件，以"激励先进、促进发
展"为原则，提高各级领导干部对推进大数据战略行动的认识，强化
政务数据"聚通用"评价考核。

统一标准规范。作为国家技术标准（贵州大数据）创新基地，贵
州省强化标准引领，出台了《贵州省大数据发展应用促进条例》《贵

州省政务数据资源管理暂行办法》《贵州省政务信息数据采集应用暂行办法》《贵州省政府数据资产管理登记暂行办法》等，使政务数据集聚、融通有规可循。2017 年，贵州省大数据标准化技术委员会成立，组织制定了贵州省政府数据分类、分级、数据目录梳理等标准指南，按照"一数一源"的原则，统一标准格式，梳理政务数据资源目录；另外，组织编制了一系列规范，如《云上贵州数据共享交换平台数据资源发布管理使用指南》和四大基础库数据共享应用规范等，为政务数据采集、管理、应用等提供依据和支撑。

贵州省编制发布的数据相关地方标准规范如表 6-1 所示。

表6-1　贵州省发布的数据相关地方标准规范

体系	序号	名称
A.基础/通用标准	1	《贵州省"一云一网一平台"总体架构》
	2	《政务数据　第 1 部分：术语》
	3	《政务数据　第 2 部分：元数据管理规范》
	4	《政务数据　第 3 部分：数据清洗加工规范》
	5	《政务数据　第 4 部分：数据质量评估规范》
	6	《政务数据　第 5 部分：共享交换基本要求》
	7	《政务数据　第 6 部分：安全技术规范》
B.政务云平台	1	《政务云　第 1 部分：云计算平台基础设施建设指南》
	2	《政务云　第 2 部分：云资源管理通用要求》
	3	《政务云　第 3 部分：云计算平台运维管理规范》
	4	《政务云　第 4 部分：政务信息系统云化部署和迁移规范》
	5	《政务云　第 5 部分：政务信息系统建设管理规范》
C.政务数据平台	1	《政务数据平台　第 1 部分：建设指南》
	2	《政务数据平台　第 2 部分：数据归集规范》
	3	《政务数据平台　第 3 部分：数据存储规范》
	4	《政务数据平台　第 4 部分：接口规范》

续表

体系	序号	名称
	5	《政务数据平台 第 5 部分：安全技术规范》
	6	《政务数据平台 第 6 部分：面向全网搜索应用的数据处理规范》
	7	《政务数据平台 第 7 部分：运维管理规范》
	8	《政务数据平台 第 8 部分：运营机构服务规范》
D. 政务服务平台	1	《电子政务外网与业务专网融合规范》
	2	《政务服务平台 第 1 部分：建设指南》
	3	《政务服务平台 第 2 部分：应用技术规范》
	4	《政务服务平台 第 3 部分：运维管理规范》

根据工作安排，贵州省还将出台政务数据业务梳理指南、数据分发规范、资源标识编码规范等方面的地方数据标准，具体如表 6-2 所示。

表6-2 贵州省拟制定的地方数据标准

序号	拟制定标准规范名称
1	"一云一网一平台"建设评估指南（2022 年）
2	政务数据 数据分发规范（2022 年）
3	政务数据 业务梳理指南（2022 年）
4	主题数据库建设技术规范（2022 年）
5	贵州省政务数据资源标识编码规范（拟计划）
6	政务信息系统数据库建设规范（拟计划）
7	政务数据共享调度管理规范（拟计划）

6.1.1.3 扎实做好政务数据资源汇聚

探索建设全省一体化数据中心。2014 年 10 月，贵州省建成全国第一个省级政务数据统筹存储、管理、交换、共享的政务云服务平台——云上贵州系统平台，实现了一个平台服务全省。该平台汇聚存

主题库中均提供落地数据，汇聚发布资源总数 97 个，信息项 1 417 个（见表6-5）。

表6-5 贵州省主题库资源概况表

序号	主题库名称	资源数	信息项
1	精准扶贫	13	456
2	健康卫生	2	296
3	社会保障	24	243
4	企业信用	13	81
5	生态环保	1	68
6	食品安全	7	198
7	城乡建设	1	31
8	一卡通	36	44
总计		97	1 417

6.1.2 技术支撑，建设数据共享开放体系

贵州省聚集分散的数据、分散的网络、分散的平台，打通数据之间、网络之间、平台之间的数据壁垒，建设"一云一网一平台"，推进政务数据的"汇聚、融通、应用"，为政务数据治理提供技术和环境支撑。

数据共享开放平台是数据治理的重要基础设施，是数据共享开放过程中连接政府各个部门、政府与各个机构、政府与公民的重要载体。贵州省以需求为导向，建设全省统一的数据开放平台，提供相关数据服务，鼓励和促进公众使用数据、发挥数据价值。

6.1.2.1 建成数据共享交换体系

以前，数据共享主要依靠部门间自发拉专线、刻光盘等传统手

段，共享调度通过开会协调、发文申请等方式进行，除了数据不实时、共享效率低、随意停止数据共享以外，还存在数据安全隐患，不满足"一网通办"要求，也不符合大数据融合发展的趋势。为此，贵州省积极推进数据共享交换体系的建设。

构建数据共享交换模式。一是印发责任清单。出台《贵州省政府部门数据共享责任清单（第一批）》，首批将省发展改革委、省教育厅等 18 个部门的 140 个共享信息目录和 1 996 个数据项列入责任清单。二是创新数据共享机制。编制《贵州省数据调度工作机制》《贵州省数据调度实施细则》，为 65 个省直部门开设数据区。自 2018 年以来，根据省军区动员局、省商务厅、中国人民银行贵阳中心支行、贵阳市等单位和地区提出的数据需求做好协调调度，实现跨部门、跨层级数据共享。

建成数据共享交换平台。贵州作为省级政府数据共享交换平台建设试点，在推进"三融五跨"、数据安全保障、体制机制创新、标准规范制定等方面开展先行先试。贵州省依托电子政务外网，以云上贵州数据共享交换平台为基础，整合省级政府部门、市（州）、贵安新区已建的数据共享交换平台，构建统一的省级政务数据共享交换平台。2016 年 12 月，贵州省数据共享交换平台正式运行。2020 年，贵州省数据共享交换平台还与国家平台完成了级联，省内各级政务部门可通过省平台直接申请使用国家部委数据资源。贵州省形成了"上联国家、横接厅局、下通市州"的共享交换体系。该平台作为全省一体化政务数据调度中心，实现了全省政务数据资源统一调度，可直观掌握全省政务数据共享交换情况，让政务数据共享交换可以"看"得见，"摸"得着，"调"得动。截至 2021 年 7 月底，平台累计汇聚发布 105 个省直部门、9 个市州和贵安新区数据目录 13 537 个，挂接数据资源 9 630 个，涉及 19 万余个信息项；汇聚发布国家数据目录 14 295 个，挂接数据资源 12 156 个，依托省数据共享交换平台面向全省各级政务部门提供服务。同时，省信息中心正在探索将省级数据拆分，方便市州级政府部门查询使用，让数据对市州的服务性更强，实现从省政务部门之间的横向到全国、省级、市州级纵向的打通。

6.1.2.2 构建省市县三级开放体系

建设数据开放平台。2016 年 9 月，贵州省政府数据开放平台上线运行，面向社会公众提供数据开放服务，已有 103 个省直部门上架实时、可下载、可进行二次开发的数据资源，开放数据集 2 478 个，其中 1 435 个可通过 API 接口直接调用。截至 2021 年 7 月底，该平台已累计向社会有关单位组织和公众提供数据集下载 14 万余次，共计 21 万余次数据调用。

构建三级开放体系。一是在省级层面，主要汇聚省级政府部门开放数据。二是在市州层面，有 8 个市州采用了省级平台同构方案自建分平台，在省级门户集中提供市州链接跳转入口。贵阳市采用异构平台建设方案，并基于市级分平台为下辖的 14 个区县、开发区配置分账号，实现市县两级数据开放统一展现。三是在县级层面，凯里市上线了贵州省首个县级数据开放平台，目前已提供 741 个开放数据集。

数据开放成果显著。贵州的创新探索得到了国家有关部委的认可，贵州省获批国家公共信息资源开放试点省。2021 年 4 月，中央网信办发布了《2020 年各地公共信息资源开放进展情况》，总结了 2020 年全国 31 个省（区、市）数据开放情况。其中，贵州省因建设省级数据开放平台并开放较多高质量数据，与浙江、上海、山东、广东等地共同入选 A 类地区，名列全国第四位。截至 2021 年 7 月底，103

个部门在省政府数据开放平台开设账号，开放数据集 6 196 个，可机读率达 100%。平台上线至今，有注册用户 8 271 个，累计被访问 4 321 174 次，提供开放数据服务 1 688 486 批次（见表 6-6）。

表6-6　贵州省数据开放平台数据资源

序号	单位	开放数据集（个）	累计被访问量（次）	服务批次（次）
1	省级	1 496	188 144	145 121
2	贵阳市	2 728	4 071 078	1 467 725
3	遵义市	74	374	91
4	六盘水市	385	40 658	1 958
5	安顺市	1 012	3 245	3 971
6	铜仁市	154	1 391	762
7	毕节市	291	9 558	46 521
8	黔西南州	8	116	94
9	黔南州	3	480	1 188
10	黔东南州	45	6 130	21 055
11	贵安新区	0	0	0
总计		6 196	4 321 174	1 688 486

6.1.3　创新牵引，推进公共数据开发利用

贵州省以数据驱动场景，用场景验证效果，在政府管理、政府决策、保障和改善民生等方面打造了一批数据共享开放的典型应用。

6.1.3.1　助力提升政府管理能力

贵州省通过促进数据开放共享，倒逼政府业务流程再造，使政府治理行为更加科学高效。在此过程中，涌现出"贵州健康码"、贵州"云上公积信用"等一批典型应用。

1."贵州健康码"防好"最后一公里"

为落实新冠肺炎疫情联防联控要求，推动疫情期间全省复工复产和社会面有序流动，切实保障人民群众生命安全和身体健康，加强对疫情严重地区以及高风险地区流入人员的跟踪管理，开展健康监测和服务，贵州省开发上线"贵州健康码"。[①]

基于"一云一网一平台"工作机制（见图6-1），整合省卫生健康委、省公安厅等部门及运营商、交通、空港等疫情防控相关数据，按照"外防输入、内防扩散、统分结合、快速部署"的原则，围绕"紧盯重点群体，拓展二维码功能，形成闭环管理，把防输入防扩散工作做得更加扎实"的目标，以建设全省统一的新冠肺炎疫情重点人员数据库为支撑，开发重点人群监测、分析系统，提升"二维码"功能，形成闭环管理，实现疫情防控相关重点人员精准监测、精准分析，支撑各市州、各县区抓好社会面防控工作，实现经济社会秩序的恢复。

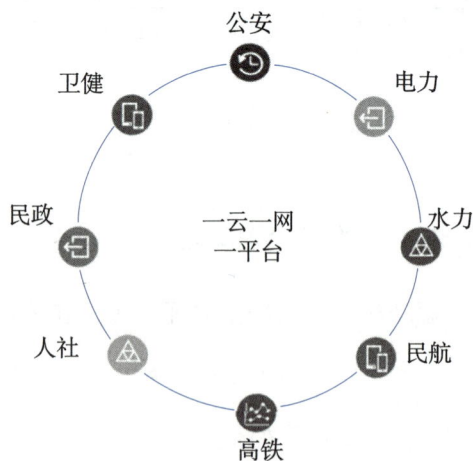

图6-1 贵州健康码整合的部门和行业数据

---

① "贵州健康码"正式上线，快来扫码生成你的健康卡吧！. 铜仁市直工委搜狐号，2020-02-09.

为了用好健康码、管好健康码，贵州省信息中心制定了《贵州健康码数据共享交换工作机制》等工作制度，规范数据采集、交换、校验、共享，确保贵州健康码数据共享交换工作的有序开展，并组织完成贵州健康码与全国一体化政务服务平台对接，实现了贵州健康码在全国范围内共享互通。

新冠肺炎疫情重点人员数据库中，"防输入"数据来自省公安厅，"防扩散"数据来自省卫健委，卫健委采用 OSS 加密传输数据文件，经加工清洗后入库，省公安厅通过开发数据接口进行数据同步。所有数据经加工清洗后形成最终的重点人员数据库，为业务提供数据支撑。省公安厅和省卫健委负责每日更新、维护、校正各自领域的数据，并对重点人员进行分类标识。

2021 年春运期间，云上贵州公司推出的疫情防控终端在贵阳北站投入使用，乘客通过扫脸或扫身份证，自动完成健康码核验、体温检测等功能，整个过程仅需 3 秒，进一步加快了春运期间乘客入站的通行效率和疫情筛查的准确率。[①] "贵州健康码"通过"前端精准采集、后台快速比对、系统科学研判"，实现对重点人员的实名登记、扫码比对验证、自动分类标注、重点人员管控、数据实时调用、数据管控闭环，精准高效地打通了疫情防控的"最后一公里"，贵州省政务数据共享开放工作有力支撑了"贵州健康码"的成功应用。

2. "云上公积信用"助力提高金融机构风控能力

银行等金融机构在拓展信贷业务时，常面临风控决策难、服务效能低等问题。针对个人及小微企业贷款中客户信息不全、数据维度不足导致的模型不准、核验无门等问题，如何利用数据要素化市场的优势丰富客户画像、助力风险评估，是各大金融机构亟待解决的难题。

---

① "贵州健康码"服务再升级 . 潇湘晨报，2021-02-23.

贵州建设的"云上公积信用"服务平台，引入公积金信息，银行等金融机构通过核验查询、多维建模等服务可以更可靠地衡量个人收入情况及企业经营情况，做到"信息能核实，数据能利用"，从而提高金融机构的效能及风险控制能力，在最大化收益的同时降低不良率。

核验查询服务。银行针对某些核心数据字段，可以提出数据核验或查询请求，得到经隐私保护处理后的输出结果。该服务制定了严格的隐私保护策略，能够实现在向银行提供真实准确信息的同时做到隐私数据不泄露。

多维建模服务。将多字段、多来源的数据汇聚到多方安全计算平台上，借助数据算法模型或银行自主研发的模型，进行加密状态下的数据碰撞，服务购买方在各自的数据安全得到保障的情况下，各取所需的结果输出，实现数据的"可用不可见"。

贵州"云上公积信用"服务通过合法合规政务数据服务运营渠道，保证数据的权威性，并提供多方安全计算平台服务，保护各方数据隐私，促进数据要素市场化。

6.1.3.2 助力提升政府决策能力

通过对跨部门、跨领域数据进行分析，政府和企业的决策变得更具超前性、准确性和科学性。在此过程中，涌现出了贵州"智慧法院"、贵州"东方祥云"等一批典型应用。

1. 贵州"智慧法院"提升审判质效

2015年1月，贵州成为全国第7个司法体制改革试点省份，就此拉开新一轮司法改革序幕。在推进司法体制改革的过程中，贵州省高级人民法院借助大数据的东风，围绕"一个中心、两套系统、搭建三朵云、构建四个服务平台、打通五张网"的整体架构，基于省法院公开的案件信息、裁判文书信息和其他司法领域汇集的大数据资源，以贵州司法大数据分析工作为平台，积极打造"智慧法院"，设计了智能决策分析系统、审判辅助系统以及公众咨询系统，搭建了具体的案由模型，实现了智能文书分析、文书生成、自动匹配精准相似案例等功能，实现信息化应用全覆盖，促进贵州法院审判体系和能力现代化，提升审判质效。[①]

数据助力，创新顶层设计。 贵州成为全国司法改革首批试点省份之后，贵州法院迎来了新的机遇和挑战，省法院运用大数据推动信息化建设也进入了关键的发展时期。智慧法院系统建设的目标是实现工作智能化、管理服务化、指挥常态化、执行工作社会化。通过对大量同类案件数据的分析，梳理出影响案件判决结果的要素，建立起一个案件与对应法律法规的关系网络，为法官裁判提供智慧支持。整体系统应包括办案辅助、科学决策、智能指挥、公众沟通、联合惩戒等子系统，具备智能案件办理、信息精准推送、案件全程留痕、案件偏离度分析、公众沟通、被执行人联合惩戒等功能，为法官执行提供智慧支持，使当事人及时了解案件，为法院监督提供保障服务。

汇集数据，提升审判质效。 数据无价，转换为王，应用才是硬道理。2016 年 10 月，贵州法院管理系统在贵州高院诞生，系全国首个司法智能辅助办案系统，贵州就此也开启了大数据办案新模式。通过该系统，法院领导可实时掌握案件进展，亦可帮助法官分析案件并给出建议，查找相似案例提供参考，在案件审理过程中还可自动生成裁判文书的基本框架和主要内容，减少了很多工作量。贵州省法院与检察机关、监狱系统建立共享平台，开发智能辅助办案系统，升级改造诉讼服务中心，推进网上立案、视频接访等多项举措，实现信息互联

---

① 贵州：打造智慧法院　提升案件质效.人民网，2017-05-23.

互通，服务法官办案，运用庭审智能语音识别、文书智能纠错、"法镜"大数据等技术，为公众提供一站式、智能化服务，提高审判质效。此外，贵州省法院还建立审判流程、庭审活动、裁判文书、执行信息四大公开平台，研发了案件流程管理系统以对案件进行全程跟踪，庭审活动同步录音录像以对审理过程全程留痕，执行案件全部纳入流程信息系统以进行全程监控，确保案件规范管理，依托大数据分析系统对裁判结果偏离度进行逐案审理，确保办案质量。

作为首批试点司法改革的省份，贵州进行司法改革后，在案件同比增长 19.07% 的情况下，第一、第二批试点法院法官人均结案数、结案率、当庭裁判率、服判息诉率、发回改判率等指标均呈良性增减。当事人、律师普遍感到法院诉讼服务更加便捷便利，人民群众的获得感、满意度得到提升。下一步，贵州将用改革的思维和方式研究破解执法办案工作面临的难题，强化责任制，优化审判运行机制，探索以案定补激励机制，促进审判质效提高，让司法体制改革的成效在执法办案、司法公信力、人民满意度上充分显现，从而满足人民群众多元的司法需求。

2. 贵州"东方祥云"打造面向全球服务的洪灾预测云

贵州"东方祥云"是集气象、洪水及旱情态势分析和监测预警为一体的系统。[①] 通过收集和分析全球范围内的公开卫星遥感数据、地形地貌、气象预报等数据信息，建立天、地数据融合的多元数据库，可全天候实时监测全球范围内的水库、河流水量等，为任意流域提供洪水预报服务，为各级防汛部门提供防洪和水资源调度决策支持服务，提升防灾减灾能力。

"东方祥云"系统将全球用网格划分，量化到每五公里一个网格，目前已经覆盖超过 80% 的全球陆地面积。根据基础数据计算分析，

---

① 贵州 2.0 版"东方祥云"将借会出山 . 贵阳日报，2019-05-24.

可以得出每个网格未来 72 小时有可能达到的降雨量，进而分析出洪水过程。这意味着可以让洪灾地区的居民有 72 小时的准备时间，同时也让水资源的调配更加科学合理。经贵州省多年实测水文数据的检验，"东方祥云"的准确率达到 85% 以上。

基于"东方祥云"核心技术，2017 年，集气象、水旱灾害监测预警为一体的"全国小流域洪水预警服务平台"上线，覆盖全国 52 万条中小河流任意河道的情况，可 15 分钟发布一次预警信息，很好地破解了小流域山洪预警难题。同时，该平台提供全国所有小流域未来 2 个小时、未来 3 天的洪水等级查询，以及提供未来 1 小时、3 小时、6 小时、12 小时、24 小时的预报降水分布图。此外，该平台还能查询全国实时土壤含水量。各地防汛部门可根据土壤含水量和降雨，快速发布预警信息。土壤含水量数据还可为山体滑坡预警提供依据。

6.1.3.3　助力提升政府公共服务

大数据在政务服务、就业、交通等领域的运用取得了显著的成效，人民群众的获得感明显提升。在此过程中，涌现出了贵州"政务服务一张网"、贵州"劳务就业扶贫大数据平台"、云上贵州多彩宝 App、贵阳掌上公交 App 等一批典型应用。

1. "全省通办、一次办成"助力"放管服"改革

贵州推动部门专网、数据和业务向贵州政务服务网汇聚融合，形成了覆盖省、市、县、乡、村五级的"内外"一张网，构建"省级为引领、市州为枢纽、区县为阵地、乡村为延伸"的五级政务服务体系。省、市、县三级 4 000 多个部门、1 500 余个乡镇、1.7 万余个村均集中在贵州政务服务网统一对外提供服务，可查询和办理省、市、县、乡、村五级服务事项超过 88.8 万个，实现了"进一张网办全省事"。

贵州省以"全省通办、一次办成"改革为统揽，推动政务服务工作纵深发展；以"一窗"改革为抓手，全力弥补硬件不足难题；以"一网通办"为目标，全面完善政务服务信息化建设运行机制；以大厅管理为重点，着力抓好纪律作风建设；以"一号"改革为载体，全力为群众排忧解难。

"全省通办、一次办成"。2021年6月30日，《省政务服务中心关于公布〈贵州省"全省通办、一次办成"事项清单（第二批）〉的通知》（黔政务通〔2021〕12号）发布，共计2 241项（含671项第一批事项）高频热点事项实现"全省通办、一次办成"。

"一窗"改革。采取多种方式推进"一窗"改革，针对办件量较少的部门，实行无差别收件受理；业务关联度高的单位设置"分类一窗"；使用不同层级审批平台的部门，推行"一警多能""一窗统办"。截至2020年11月底，省级政务服务大厅40家进驻部门1 398项申请依申请事项纳入"一窗"综合受理，除特别复杂和涉密的事项外，政务服务事项100%纳入"一窗"分类综合受理。①

"一网通办"。截至2020年7月，贵州政务服务网注册用户达2 930万人，其中活跃用户达610万人，日访量达28万人次。在数据共享融合上，已经打通61个省内自建系统和528个系统数据接口。

"一门"建设。截至2020年7月，贵州省政务服务大厅总面积由21.3万平方米增加至72.6万平方米，累计取消部门自建分厅258个，省、市、县三级3 750个审批服务部门13万个政务服务事项实现进驻办理。

"一号"改革。2019年年底，全省12345政府服务热线全部开通，形成了"一个号码对外、两级平台受理、各级依责办理"的工作

---

① 一窗通办! 贵州政务服务100%纳入"一窗"受理. 贵阳日报，2020-12-01.

体系。作为"本级政府非紧急类服务热线"，主要受理咨询类、投诉类、建议类、求助类等业务。同时，联通了中国政府网、国家政务服务平台、贵州政务服务网等留言渠道，实现了 12345 一个平台受理督办。

2. 劳务就业扶贫大数据平台帮助群众就业

党中央提出：扎实做好"六稳"工作，落实"六保"任务，确保完成决战决胜脱贫攻坚目标任务，全面建成小康社会。为贯彻落实党中央决策，按照省委、省政府部署，贵州省多部门共同开发建设了贵州省劳务就业扶贫大数据平台，推进贫困劳动力与就业岗位精准匹配，确保重点群体稳定就业。

通过全省数据共享交换平台，打通扶贫、移民、人社等相关部门数据，形成全省统一的贫困劳动力数据库，整合各行政村、安置点村两委、网格员、包保干部和劳务公司、劳务合作社及劳务经纪人的力量对数据库进行实时更新和动态监测。同时各行业部门和各级劳务公司挖掘、开发、设置适合的劳务就业扶贫岗位，通过平台实现实时发布、动态更新，形成全省统一的劳务就业扶贫岗位数据库。贫困劳动力数据库和劳务就业扶贫岗位数据库打通了劳务就业扶贫岗位与贫困劳动力之间的联系（如图 6-2 所示），以贫困人员的年龄、学历、技能等级、专业技术资格、职业资格等数据作为数据来源，为贫困劳动者画像，以贴标签的形式将其分类，实现就业岗位与就业人群的精准匹配，达到人找岗位、岗位找人的双向互动模式，让平台成为就业岗位与贫困人员之间的桥梁纽带，成为大数据服务民生、助力脱贫攻坚的又一个典型。

平台基于由省扶贫办、省生态移民局等提供的贫困劳动力信息建立数据库，全省已有 442 万名贫困劳动力被录入数据库。平台通过人岗匹配，每一轮为贫困户至少智能匹配 5 个就业岗位，再由各地人社

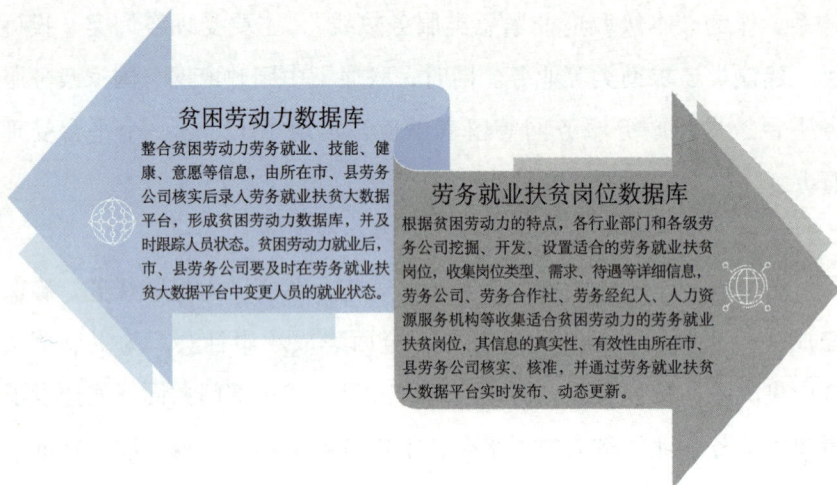

贫困劳动力数据库

整合贫困劳动力劳务就业、技能、健康、意愿等信息，由所在市、县劳务公司核实后录入劳务就业扶贫大数据平台，形成贫困劳动力数据库，并及时跟踪人员状态。贫困劳动力就业后，市、县劳务公司要及时在劳务就业扶贫大数据平台中变更人员的就业状态。

劳务就业扶贫岗位数据库

根据贫困劳动力的特点，各行业部门和各级劳务公司挖掘、开发、设置适合的劳务就业扶贫岗位，收集岗位类型、需求、待遇等详细信息，劳务公司、劳务合作社、劳务经纪人、人力资源服务机构等收集适合贫困劳动力的劳务就业扶贫岗位，其信息的真实性、有效性由所在市、县劳务公司核实、核准，并通过劳务就业扶贫大数据平台实时发布、动态更新。

图 6-2 贵州省劳务就业扶贫大数据平台

部门上门进行岗位对接，贫困户自愿选择岗位，直到实现就业。截至2020年8月13日，平台已累计为26.7万名贫困劳动力推荐就业岗位，实现19.6万名贫困劳动力就业。

3. 云上贵州多彩宝 App 打造良性服务生态

贵州致力于运用互联网、大数据促进保障和改善政务民生，按照"平台的平台，通道的通道"战略，建设集数字商务、数字民生、数字政务于一体的一站式服务平台——云上贵州多彩宝 App，打造"共建、共享、共赢"的服务生态。[①]

在数字商务方面，连接企业和用户，积极搭建文旅、房产、交通、金融、电商等专业化平台，助力实体经济数字化转型升级。其中，"多彩出游"文旅专区是多彩宝与贵州青旅联合打造的贵州首个文旅 OMO 线上服务平台，以"为游客提供美好生活"为宗旨，通过线上—移动—线下三位一体的营销系统，助力企业成交，并为游客精准提供旅游产品和服务，满足游客需求。2020年5月，"消费扶贫黔

———————

① 云上贵州多彩宝官网。

货商城"上线，平台整合资源集中推广销售贵州特色优势产品，通过实现数据实时监控和分析研判，助力黔货出山。

在数字民生方面，打通互联网民生服务"最后一公里"，为贵州老百姓解决生活中各方面的难题。其中，"生活缴费"专区提供居民水费、电费、燃气费、电视费等一站式生活缴费业务，在全国率先实现水电燃缴费业务省、市、县、乡、村五级全覆盖，同时提供机顶盒报装、用电报装、用水报装等多项报装服务。

在数字政务方面，多彩宝是贵州政务服务网移动端的唯一门户，连接政府与民众，全力打造"贵人服务"品牌，助力"数字政府"建设，为民众提供电子证照、公积金查询、社保查询、代开发票、不动产登记、房源核验、社保资格认证、婚姻登记预约、生育登记证明等政务服务，基本实现"一个 App·办全省事"。

截至 2021 年 7 月，云上贵州多彩宝 App 实名注册用户超过 1 500万人，累计下载量近 6 600 万次，累计服务 5 亿人次，累计交易额达55 亿元。

4. 贵阳掌上公交 App 方便市民公交出行

2016 年 4 月，贵阳市公共交通（集团）有限公司依托公交智能调度系统推出了贵阳掌上公交 App，开启了智能出行。贵阳掌上公交 App 是一款专为贵阳用户推出的出行服务平台，为用户提供线路查询、站点查询、导乘、周边、失物招领等服务，用户可以通过贵阳掌上公交 App 实时了解公交到站情况，方便用户的公交出行。

贵阳掌上公交 App 共有七大功能。功能一：线路查询、到站提醒。下载该 App 后，手机电子地图上就会显示公交车实时位置和路线，为市民提供精准的公交车实时位置查询服务。点击乘坐站台显现到站车辆信息，通过电子站牌可以查看所有到站车辆，同时还有收藏本站、实时刷新等功能。特别值得一提的是，在查询结果（列表显示）页中展开某站详细信息，会出现"到站提醒"按钮，可设置到站提醒参数。当有车辆到达时会震动／响铃，并在通知栏提示。

功能二：站点查询。可以通过文字输入、语音输入等方式输入要查询的站点，系统会自动显示途经此站点的公交线路，支持站点名称模糊查询。可以选择要乘坐的公交线路，查看途经该站点各线路的车辆信息。可以进一步查询线路公告、意见反馈、收藏站点、附近兴趣点等。

功能三：导乘功能。导乘功能主要用于任意两个地点的公交线路换乘查询，并提供少换乘、较快捷、少步行三种查询结果。起止位置选择：支持地图选点、当前位置、位置点收藏、二维码扫描、历史记录、位置模糊查询等方式，支持文字输入、语音输入，支持起止位置互换。方案详情可按文字列表、地图两种方式显示，并可在屏幕下端直接切换。推送换乘方案：提供上车站点和车辆到站时间后，后台可计算出舒适度优先级推荐排序，提出"最合理的换乘方案"供乘客选择。

功能四：周边兴趣点搜索。在地图任意一个点，可以查看周边1 000米范围内的银行、酒店、学校等信息。

功能五：资讯信息。在系统功能首页界面的顶部会每隔两秒不间断滚动资讯信息，并定时获取推送信息。城市公交线路和站点调整，比如新增线路、线路延长、票价调整、首末班时间调整、站点更名等，均可以在App系统中查看。

功能六：失物招领。乘客在公交车内、场站丢失的物品，可以在失物招领页面查询相关信息。

功能七：意见反馈。乘客可以通过手机App进行乘客投诉、提出乘客建议。

6.2 贵州数据共享开放的调度机制

贵州在全国率先建设实体化的、省级政府数据调度中心，建成了一体化的省政府数据调度平台和市州分平台，各级政府部门明确了"数据专员"，形成了"数据使用部门提需求，数据归集部门做响应，数据管理部门保流转"的机制，实现了全省统一的、常态化的政府数据共享开放调度，推动形成了一批跨部门、跨层级、跨地域的政府数据共享交换应用案例，为全省"一网通办"提供了有力数据支撑。云上贵州政务云调度系统如图 6-3 所示。

6.2.1 确权分责，探索权责清晰的数据管理模式

贵州通过几年的不断探索和实践，总结提炼出了归集权、使用权、管理权三个政务数据权属关系的关键概念，用于界定各级政务部门的权利和义务，支撑政务数据共享开放和开发利用。省政府专题会议明确政府数据归政府所有，政府数据由省大数据发展管理局统一管理。《贵州省政务数据资源管理暂行办法》明确了归集权（谁拥有，谁负责）、使用权（谁使用，谁负责）、管理权（谁流转，谁负责），明确了授权运营相关程序，明确了运营方在政务数据开发利用过程中的权利和义务，全面支撑政务数据共享交换的调度和授权运营。贵州省数据管理模式如图 6-4 所示。

6.2.2 专职专岗，创建数据精细化管理模式

贵州省理顺数据管理机制，实行三级"云长制"，强化制度保障，探索数据共享交换的分权分责模式和专岗专职模式，创新数据精细化管理模式，有力支撑全省数据调度。

云应用概览

功能视图层

技术架构层

物理环境层

应用部署情况

省直 市州

6,000
4,000
2,000
0

电子政务外网　互联网　专网

应用系统总数　9685 个
省直应用　771 个
市州应用　8914 个

应用访问异常

系统名称	所属部门	不可访问原因
三项制度公示平台	省水利厅	其他异常
贵州500亩以上坝区农业结构调整	省税务局	其他异常
贵州气象在线	省气象局	专网网闸关闭
贵州省公民民族成份信息管理系统	省民宗委	专网网闸关闭
贵州省民政厅电子政务网门户网站	省民政厅	其他异常

云应用门户

云数量（42+10）

政法平安云（40/97）	税务云（6/45）	智能交通云（41/63）	文化旅游云（18/19）	体育云（7/7）	统计云（5/11）	信访云（3/6）	金融云（3/3）	扶贫云（9/12）	水利云（7/16）	生态环境云（11/13）	市场监管云（78/85）	人防云（2/2）	电子商务云（13/18）
科技云（4/6）	财政云（7/40）	民council云（19/22）	电子政务云（21/39）	妇联云（2/2）	医疗健康云（4/14）	媒体云（5/8）	自然资源云（16/36）	审计云（1/2）	智慧人社云（16/26）	广电云（4/6）	国资云（3/3）	应急云（6/9）	农经云（12/27）
发改云（7/11）	农业云（11/14）	工业云（14/14）	智慧教育云（7/11）	住建云（16/21）	国防动员云（1/1）	数字贵州（11/22）	机关事务云（9/11）	民族宗教云（1/1）	工会云（1/1）	青年云（0/1）	林业生态云（5/6）	外事云（1/1）	投促云（1/3）

视频中台　身份认证中台　移动政务中台　区块链中台　地图中台

| 贵阳云（260/438） | 遵义云（86/598） | 六盘水云（131/582） | 安顺云（334/1168） | 毕节云（197/1041） | 铜仁云（209/1074） | 黔东南云（281/1573） | 黔南云（113/522） | 黔西南云（492/1898） | 贵安云（17/20） |

云应用排名

省直应用数量统计

序号	名称	可访问/总数
9	省民族宗教事务委员会	1/2
10	省公安厅	13/55
11	省民政厅	19/22
12	省司法厅	15/22
13	省人力资源和社会保障厅	16/26
14	省自然资源厅	16/36
15	省生态环境厅	11/13
16	省住房城乡建设厅	16/21
17	省交通运输厅	41/63
18	省水利厅	7/16
19	省农业农村厅	11/14

市州应用数量统计

序号	名称	可访问/总数
1	贵阳云	260/438
2	遵义云	86/598
3	六盘水云	131/582
4	安顺云	334/1168
5	毕节云	197/1041
6	铜仁云	209/1074
7	黔东南云	281/1573
8	黔南云	113/522
9	黔西南云	492/1898
10	贵安云	17/20

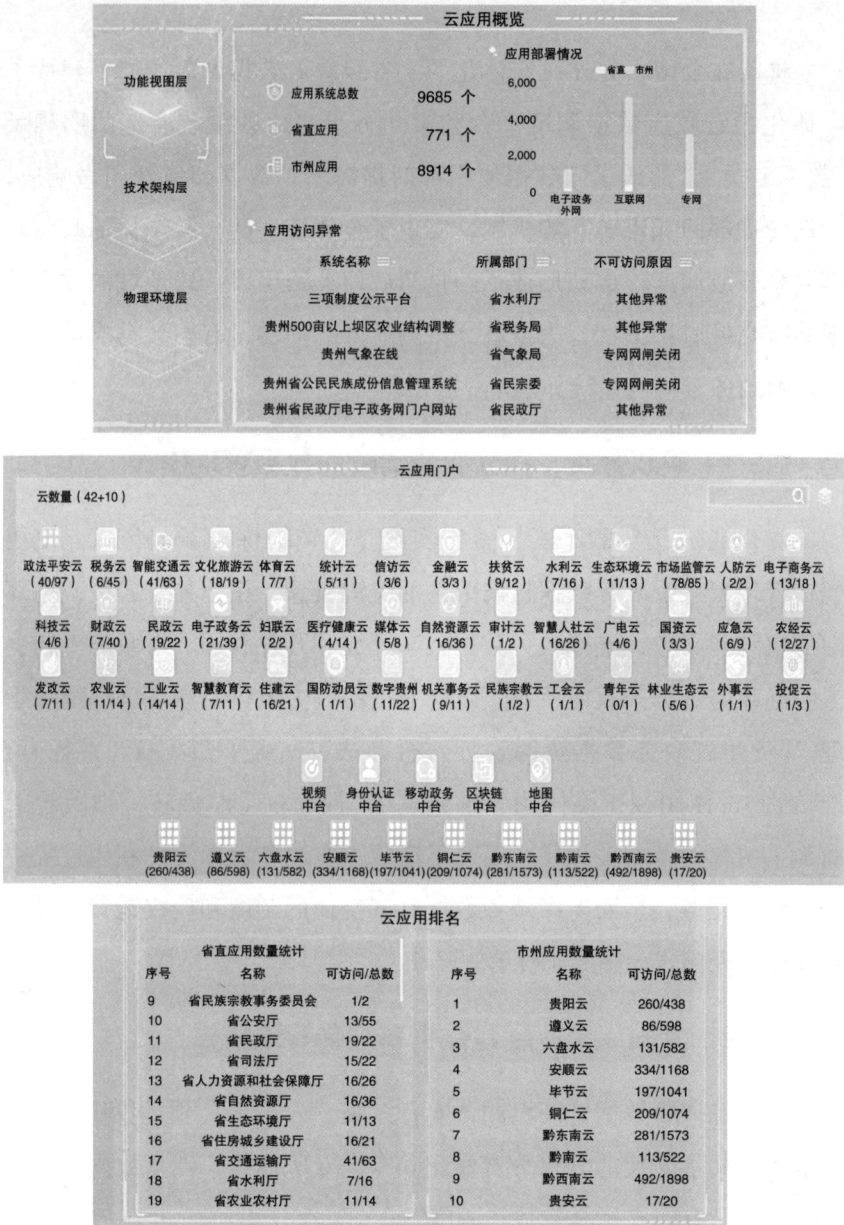

图6-3　云上贵州政务云调度系统

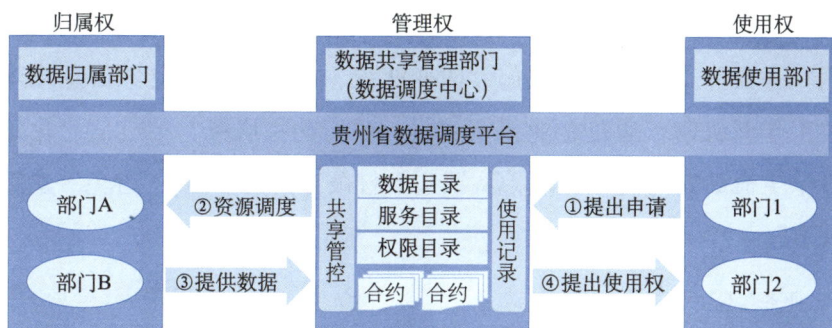

图 6-4　贵州省数据管理模式

6.2.2.1　理顺机制，强化信息资源统筹管理

抓制度，强保障。一是实行三级"云长制"。一把手抓、抓一把手，省长担任省级总云长，分管省领导担任"第一云长"，各地各部门主要负责人担任本地区本部门"云长"。强化组织推进，为政务信息系统整合共享提供保障。贵州省数据共享交换专岗专职设置如图6-5 所示。二是出台法规。2016 年，《贵州省大数据发展应用促进条例》《贵州省政务数据资源管理暂行办法》出台；2017 年，《贵州省政府数据资产管理登记暂行办法》出台，将政务数据资源纳入国有资产管理范畴，着力解决共享过程中"不敢""不想"等问题。三是建立数据管理机构。2017 年，正厅级事业单位贵州省大数据发展管理局成立，2018 年机构改革后，转为省政府直属机构，负责全省政务数据资源统筹管理；省信息中心加挂省大数据产业发展中心牌子，作为省大数据发展管理局下属单位，安排具体数据资源管理调度工作；成立国有全资企业云上贵州公司，负责省级政务云平台建设管理运维和技术支撑，派驻专业人员与部门对接，解决"不会"的问题，形成"一局一中心一公司"格局。四是完善信息化项目审批制度。自 2016 年开始，新建信息化项目必须经省大数据发展管理局前置技术评审，满足相关技术标准和"数据通"的条件是前提，审核通过后，发财政部

门予以立项,财政部门才予支持。2018 年 11 月,贵州印发"一云一网一平台"工作方案,实施"四变四统、健全监管"政务信息化建设工作新机制,通过企业投资建设、政府购买服务,推进信息化建设全生命周期的闭环管理,从源头上打破"数据烟囱",避免"建用脱节"。

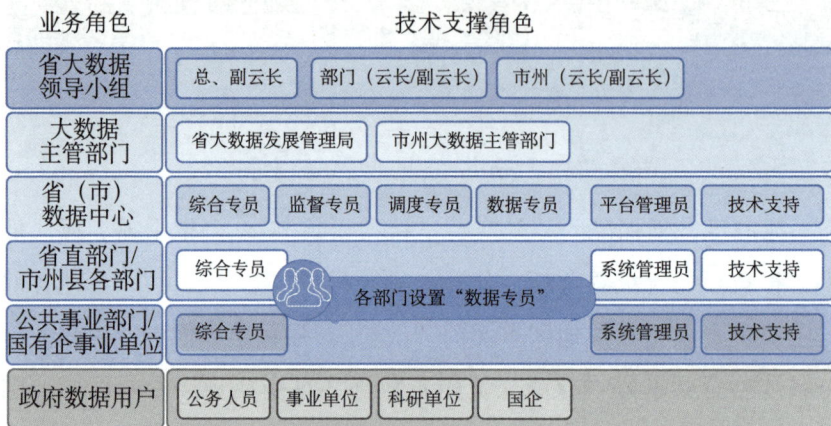

业务角色	技术支撑角色		
省大数据领导小组	总、副云长	部门(云长/副云长)	市州(云长/副云长)
大数据主管部门	省大数据发展管理局	市州大数据主管部门	
省(市)数据中心	综合专员 监督专员 调度专员 数据专员	平台管理员	技术支持
省直部门/市州县各部门	综合专员 各部门设置"数据专员"	系统管理员	技术支持
公共事业部门/国有企事业单位	综合专员	系统管理员	技术支持
政府数据用户	公务人员 事业单位 科研单位 国企		

图 6-5 贵州省数据共享交换专岗专职设置

抓安全,保护航。首先,建立党委领导、政府主导、各行业部门共同参与的统筹协调机制,构建大数据安全发展"1+1+3+N"总体框架和大数据安全保护"八大体系",打造贵州"安全大数据"品牌。率先在全国成立贵州省大数据安全领导小组,统筹组织全省大数据安全工作,按照"谁主管谁负责,谁运行谁负责"的原则,形成各部门齐抓共管、各负其责、群策群力的工作局面。其次,启动贵州省大数据安全保障条例、共享开放条例立法工作。在安全保障立法方面主要明确部门职责,确定大数据相关人员安全责任,从数据采集、存储、传输、处理、交换、应用、销毁等全生命周期实行监督管理,并规定相应的法律责任;在共享开放立法方面主要从数据质量管理、政府数据共享、政府数据开放、监督管理、法律责任等方面明确职责。贵阳市颁布了《贵阳市大数据安全管理条例》。最后，开展云上贵州系统平台的安全体系建设，采用的操作系统、网络关键设备、物理服务器均采购自阿里、华为、华三、浪潮等国产设备提供商，并经由具备安全资质的机构进行安全认证和安全检测，保障了系统平台基础设施的安全可信与自主可控。

6.2.2.2　专职专岗，数据指挥调度保障数据"可控"

探索数据调度机制，细化推进细则。建设贵州省数据调度中心，制定贵州省数据调度工作机制以及实施细则，实现统一的调度管理，细化职责，明确各机构、岗位的职责，加强对数据专员进行管理，基本形成省大数据发展管理局抓统筹，省信息中心抓落实，各部门具体负责各自的数据资产管理和维护的数据共享新格局。

2018 年 12 月，贵州省建成实体化贵州省数据调度中心，为数据共享交换提供线上调度、线下会商以及办公场所。2020 年，依托省数据共享交换平台，省数据调度中心累计受理数据申请 2 865 次，签发 2 442 次。一是建立了调度工作机制。调度中心是全省政务数据资源的综合调度平台，是全面覆盖、集中管理、快速响应、统筹共享开放的数据资源调度枢纽。调度中心不设置独立机构，不增加编制，由省信息中心负责开展工作，省大数据发展管理局进行业务领导和监管，各单位设置"数据专员"参与数据共享调度工作。二是编制《贵州省政府数据调度管理办法（试行）》，并在 2017 年 10 月开始试运行。三是受理数据申请。按照调度工作机制，调度中心统一受理数据共享申请，各部门进行审核授权，省大数据发展管理局进行签发。贵州省在数据指挥调度保障数据可控方面开展了五个方面的探索：

一是探索数据共享交换的分权分责模式。贵州省积极尝试建立数据归集权、使用权、管理权的分权分责业务体系，构建的数据调度业务由数据使用部门提需求、数据归集部门做响应、数据统筹管理部门保流转，通过构建规范的政务数据契约式共享规则，促进政务数据安全、有序共享。

二是探索大数据共享交换的专岗专职模式。围绕数据调度业务体系落地，结合贵州云长制及相关大数据专业组织和队伍，从数据资源准备、共享开放申请流转、评价反馈、绩效监督等角度细化职责，梳理出 16 类专岗角色，保障数据调度业务的有序开展。

三是探索数据调度机制。积极探索可持续的大数据整合治理工作，明确组建数据调度中心，以及以"调度专员、监督专员、数据专员"分工协作的大数据资源管理专业队伍建设；确立部门联动机制，明确各组织的工作界面及责任；确立调度督察机制，明确队伍管理，形成管理闭环。

四是探索数据共享开放考核机制。以政府数据共享开放为考核重点，主要考核组织管理、基础保障、数据共享和数据开放等内容。组织管理主要涵盖组织领导、工作机制、宣传培训、安全管理、资金保障等内容。

五是探索新技术的业务支撑能力。通过数据调度平台，利用网关接口技术建立标准的共享管道，并结合权限目录，规范并限制数据共享操作执行；利用自流程化的工作引擎，在保证业务流转顺畅的同时，结合审核结果对数据共享过程中的流量、时间、频次进行监控。

6.2.3 可控可溯，建立数据全生命周期的监管模式

贵州省基于数据共享交换平台，统筹全省数据资源协调、调度和监管，保障"三融五跨"的协同管理和服务，实现数据全流程管理（见图 6-6）。

块 数 据 流 程 图

申请　有条件共享　无条件共享　预审核　审核　反馈　文件　库表　审核办结

材料不符　同意　不同意　通过　不通过

技术　业务　数据

调度信息总览

申请总数(次)　1 807

| 有条件审请 | 978 | 无条件审请 | 829 |
| 审核通过 | 469 | 调度通过 | 489 | 不通过 | 20 |

基础库共享交换量(次)　累计 3 609 952　年度 778 538　今日 1 345

主题库共享交换量(次)　累计 9 462 046　年度 2 033 947　今日 1 295

各部门共享交换量(次)　累计 35 011 882　年度 6 392 265　今日 1 192

接口调用数量

接口名称	所属单位	状态	调用条数(条)
公安局精准接找人口照片比对接口服务	省公安厅		7 476 951
特惠贷数据查询接口	省农村信用社联合社		920 163
教育一学籍、两免一补查询接口	省教育厅		421 112
全省教育厅高考录取数据查询接口	省教育厅		421 015
数所需数据查询指招生考试中心·高考数据查询接口	省教育厅		420 940

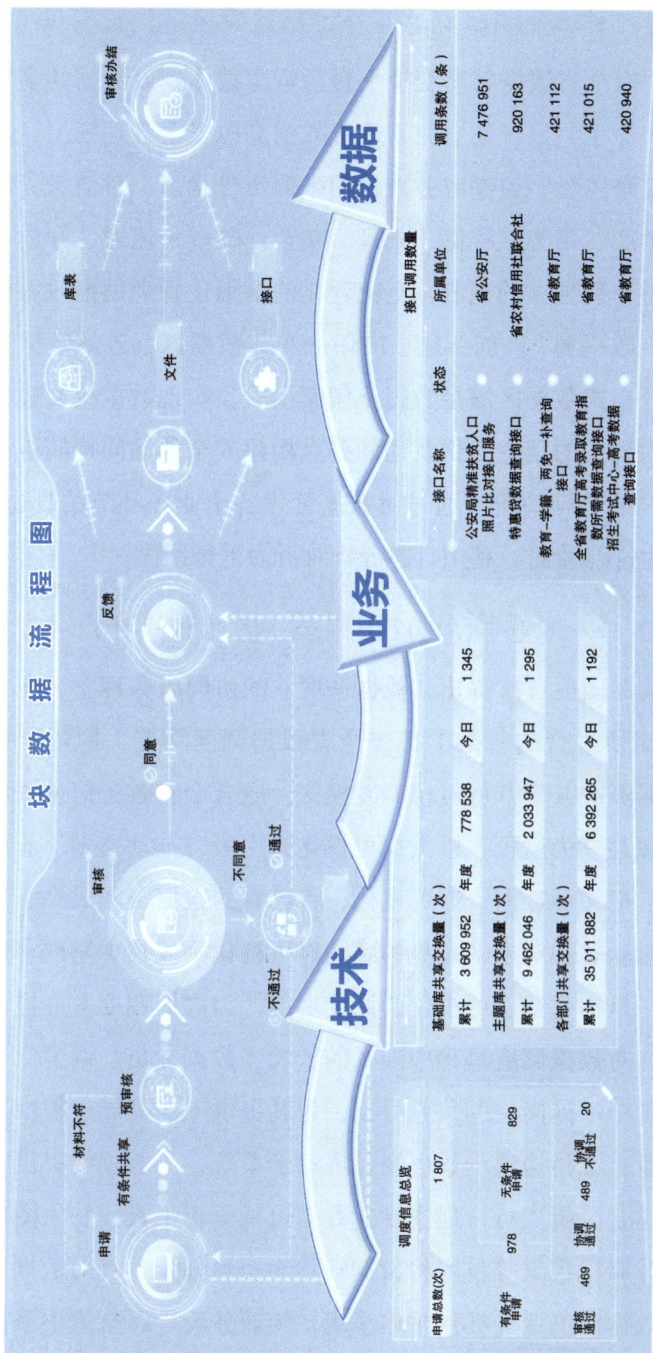

图6-6 贵州省数据全流程管理

6.2.3.1 建立全省数据共享全过程监管模式，让数据"可溯"

贵州省以全省数据共享交换平台为资源载体，以数据共享交换与数据开放为抓手，逐步建立完善政务数据溯源安全管理模型。通过记录数据信息来监管、追溯政务数据的来源历史状态，对信息资源和数据资产的生产、采集、存储、处理、整合、共享、流通、开放、应用等环节进行分别独立的溯源，全流程化的精细化管理助推政务信息数据资源"一数一源"；创新建立应用分布式数据区，破解数据集聚难题，通过分布式数据区满足数据不搬家模式，实现数据权属边界的清晰化。利用统一的用户身份及访问列表构建安全的访问控制机制，杜绝非法用户的访问请求。通过对数据管理各个业务环节的日志采集，对共享行为进行监测，利用日志分析对行为进行回溯。

6.2.3.2 以调度平台建设为抓手，促进数据资产"可视"

贵州省在国内首次提出"数据调度"的协同服务理念，在省政务数据共享交换平台的基础上扩展全省数据调度功能，构建全省政务和公用数据资源共享开放可视调度模式，融合全省政务信息资源，以数据集中和共享为途径，以数据可视化为手段，推动技术、业务、数据的融合，把无形数据资产可视化，将已有的数据资产成果、当前数据资产实时动态和对未来态势的感知以可视化手段集中呈现。通过平台建设，一是构建基于可视化的调度功能，为数据调度业务提供可视化支持，针对数据调度过程中涉及的云长、数据专员、调度专员、监督专员等各个不同岗位的角色分工，为其提供工作开展过程中有效的可视化手段；二是构建全景可视化展示子系统，为管理者提供大屏态势感知与综合分析支持，通过专业数据可视分析工具，利用图形、图像处理、计算机视觉等技术将数据转化为信息知识，针对数据"聚通用"以及数据调度业务提供整体呈现，为业务管理、指挥决策提供辅助；三是建立实体化的贵州省数据调度大厅。

6.3　贵州数据共享开放成效及启示

贵州省作为全国第一个国家大数据综合试验区，**数据资源共享开放试验是综合试验区承担的七项重点任务之一**，成效明显。贵州省政务数据资源共享开放以数据驱动、以应用牵引，聚焦社会需求，通过政务数据资源的有序高效流通，创新应用创新，提高公共服务能力、提升行政管理效能、优化营商环境、激发市场活力、提升公众获得感，为我国政府数据的开放共享提供了范本。

6.3.1　成效及不足

贵州省通过推动政府数据迁云、健全共享交换体系、完善平台功能、建立常态化调度机制、提升共享开放质量等一系列举措，有效促进了数据共享开放和开发利用，为大数据发展"四个融合""一网通办""放管服"改革提供了数据支撑。

一是建立政务数据调度机制。贵州省建立由省大数据发展管理局牵头协调的数据共享交换调度机制，按照"需求导向、任务管理、按需共享"的原则，对全省数据资源从汇聚到共享应用进行统筹调度。

二是建设政务数据调度中心。贵州省建设实体化的政务数据调度中心，作为全省政务数据共享开放调度的工作平台，形成软硬互补的数据共享交换调度机制。

三是探索数据共享调度全流程管理。在流程标准化、制度标准化的基础上，贵州省探索数据的全流程管理，形成"谁拥有，谁负责""谁使用，谁负责""谁流转，谁负责"的工作模式。

四是有效提升了"聚通用"水平。"聚"取得新突破，全省各级政府的非涉密应用系统接入云上贵州系统平台，数据集聚量持续高速增长。贵州省成为国家电子政务云南方节点。"通"实现新提升。贵州省数据资源目录体系不断完善，省、市、县数据资源目录100%上架，数据调度效率不断提升。"用"持续走在前列。政务数据开放共享，为政府管理、政府决策、保障和改善民生提供了有力数据支撑。

五是有力支撑了"一网通办"的"放管服"改革。政务数据共享调度新机制的建立，有力推进了全国"互联网＋政务服务"综合试点示范省建设，确保了国务院关于推进"一网通办"等要求的加快落实。

六是为实施国家大数据战略提供了可复制、可借鉴的经验。贵州省的创新探索得到了国家有关部委和省领导的充分肯定，也得到了业界专家学者的一致认可。贵州省先后获批建设国家政务信息系统整合共享试点省、国家公共信息资源开放试点省。"贵州省政务信息系统整合共享应用实践"被中央网信办、国家发展改革委评为"首届数字中国建设"年度最佳实践之一。

在取得成效的同时，也应当看到，贵州省几年来的数据共享开放创新实践仍存在一些问题亟待进一步破解，主要体现在以下几个方面：**一是**数据共享开放相关标准规范还不够健全。**二是**元数据质量不高和梳理进度缓慢影响数据共享开放质量。**三是**数据开发利用应用场景缺乏统筹规划，协同管理和创新服务有待进一步提升。

6.3.2　经验及启示

贵州省大数据治理实践取得的显著成效，与贵州省强力推动数据共享开放密不可分。这些实践经验既为打造大数据治理贵州样板奠定了基础，也具有一般意义，有助于其他省份参考借鉴。

一是建章立制，统一规范数据采集汇聚和共享开放。《孟子·离娄章句上》有言，"不以规矩，不能成方圆"，数据共享开放同样需要强有力的标准制度进行规范。标准规范促使政府数据集聚、融通有规可循。

二是创新机制，职责明确推进政务数据共享开放。运转顺畅的机制是确保政务数据共享开放工作顺利开展的有力保障。明确政务数据共享开放牵头部门和负责人、各参与方的职责分工、权利和义务，逐步解决政务数据权属问题，能够有效提升政务数据管理效率，提高政务数据共享开放水平。

三是双轮驱动，强力推进政务数据管理运营。以业务和技术双轮驱动，创新数据管理运营模式，推动多利益相关方合作共建和共享，提升大数据资源综合管理及运营的能力，不断增强地方政府"三融五跨"的数据治理能力。

四是探索实践，创新应用推动释放数据红利。大数据产业涉及数据的采集汇聚、储存加工、确权交易、开放共享、分析利用等多个环节，要精准定位自身大数据发展特色和优势，走"精特专"之路，优先发展关键环节和重点领域，然后梯次带动全产业链的发展，不断提升大数据产业竞争力。

参考文献

[1] 马宁宇.在"聚通用"上下足功.当代贵州.2017（29）：38-39.

[2] 张雷，吴志刚.基于块数据指挥调度的贵州省政务数据共享"五可"实践.保密科学技术，2018（8）：19-24.

第7章 贵州数据安全保障

自数据产生以来，数据安全问题就一直存在，尤其是在大数据时代，数据安全问题显得愈发重要。贵州在发展大数据的同时，高度重视数据安全工作，首次提出将大数据安全纳入政府综合治理保护体系，并系统性地开展安全保护工作，提出"政府主导，自主创新，协同管控，各方参与"原则和"保安全、带产业、促发展"目标，形成了大数据安全发展"1+1+3+N"总体思路和大数据安全保护"八大体系"建设架构，全面提升大数据安全综合防御能力。

7.1 贵州数据安全的探索实践

近年来，贵州以总体国家安全观和网络安全观为指导，坚持大数据发展与安全并重原则，不断完善政策法规和标准规范，推动构建大数据安全保障体系，提升数据安全技术和产业支撑能力，为数字经济时代安全保障工作提供指引，为数字化发展保驾护航。

7.1.1 强化数据安全顶层设计

7.1.1.1 完善数据安全政策法规

一是制订全省数据安全发展顶层规划。早在 2014 年，贵州省就制定出台了国内最早的省级大数据政策文件——《关于加快大数据产业发展应用若干政策的意见》和《贵州省大数据产业发展应用规划纲要（2014—2020 年）》，将大数据产业发展应用作为培育和壮大省战略性新兴产业的有效途径，实现产业转型升级的重要抓手，为今后五年贵州数据安全产业发展指明了方向和路径。

二是推进数据安全地方性立法。2019 年 10 月 1 日，我国大数据安全保护省级层面的首部地方性法规《贵州省大数据安全保障条例》正式实施，该条例对大数据安全责任人的安全责任、监督管理、法律责任等进行了明确。该条例的颁布实施，旨在增强全社会大数据安全意识，形成全社会共同参与大数据安全的良好局面，营造贵州氛围，为贵州大数据产业发展和国家大数据产业发展总结经验，探索贵州模式，为国家大数据安全有关法律法规的制定提供有益借鉴与参考，贡献贵州智慧。

三是加强数据安全标准制定工作。2018 年 9 月，国家技术标准创新基地（贵州大数据）在贵阳成立，贵州成为全国首个建设大数据国家技术标准创新基地的省份。2019 年 3 月 27 日，国家技术标准创新基地（贵州大数据）大数据安全委员会在贵阳经济技术开发区成立，这对推动大数据安全标准化建设、促进政府治理体系构建具有积极作用。

7.1.1.2 强化数据安全监督管理

一是明确数据安全领导机构。早在 2017 年 3 月，贵州就成立了贵州省大数据安全领导小组，由其负责统筹协调做好全省大数据安全管理各项工作。按照"谁主管谁负责，谁运行谁负责"的原则，形成了各部门齐抓共管、各负其责、群策群力的工作局面。此外，贵州率先组建了由院士、顶级专家作为智囊团的省大数据及网络安全专家委员会。

二是突出数据安全的基础性重要作用。贵州非常注重平衡产业创新发展与数据安全保障间的关系，将安全保障能力建设作为保障省大数据产业安全发展的重要工程，明确要增强大数据技术保障能力、开展信息安全保障体系建设、加强大数据资源安全管理。贵州始终将大数据安全产业、强化数据安全保障作为发展重点，连续多年将其列入省大数据发展工作要点，提出要吸引大数据安全企业集聚，培育大数据安全产业，提升关键信息基础设施防护水平，加快数据安全和可靠产品开发与应用推广。

三是统筹协调各领域大数据安全发展。贵州在推动大数据在各行业应用的同时，非常重视各行业、各领域的大数据安全保护工作。2016—2018年，贵州共出台了40余部大数据安全相关政策，涉及卫生、旅游、农业、金融、工业等多个行业和领域，初步构建了大数据安全保障体系。

7.1.2　促进数据安全能力提升

贵州通过构建大数据安全技术服务体系和人才教育训练体系，不断提升大数据安全保护能力，支撑大数据安全保护工作。

7.1.2.1　提升数据安全技术服务能力

贵州数据安全技术服务体系包括以下内容。

一是建立安全技术力量组织。贵州通过联盟、协会等多种形式搭建安全技术力量组织，形成技术交流、企业合作的平台，打造安全技术产业生态，建立技术服务体系，为安全保障工作提供支撑。目前已经建立的组织包括以下4个。

- 贵州省大数据安全产业联盟：吸纳国内高校、科研单位、知名网络安全公司等加入，建立互通互享，产、学、研、训合作，产业链延伸扩展，开展大数据安全相关技术及产业论坛以及发现和应对我国网络安全威胁的合作组织。

● 贵州省大数据安全专家委员会：由国内大数据安全领域的相关院士、研究员、教授、学者以及企业专家等组成，为党委、政府制定网络安全政策和措施提供决策参考。秘书处设在贵州省公安厅。

● 白帽子联盟：以半官方或者民间方式，吸纳全国"红客"组成维护国家安全和网络安全的民间战斗力量，在维护国家安全、保护数据安全、打击网上违法犯罪等方面发挥关键作用。该组织由公安机关负责。

● 贵州省网络安全协会：由网络技术企业、网络安全企业、网络安全科研机构、网络安全测评机构等组成，作为公安机关管理和指导职能的延伸和替代，搭建企业与政府及公安机关的沟通桥梁，负责网络安全重要信息系统保护，大数据的安全检测、评估和技术支持，以及网络安全等级保护等协助工作。

二是强化安全技术研发能力。贵州加大了安全技术研究投入，建设了重点实验室、技术创新中心、应用示范中心等一批研究机构，不断强化和提升了安全技术研发能力。具体如下：

大数据安全重点实验室。以贵州师范大学为依托，联合阿里巴巴、匡恩网络、梆梆安全、合天智汇、中电迈普、安恒信息等多家大数据安全公司共同建设，瞄准大数据安全领域亟待解决的基础理论和共性关键技术开展深入研究，为我国大数据安全应用发展提供技术保障和人才支撑。

贵阳大数据及网络安全技术创新中心。由北京邮电大学、贵州大学、贵阳经济技术开发区作为发起单位，围绕国家和贵州大数据安全技术创新需求，协同相关政产学研用单位，以大数据安全创新为抓手，开展大数据时代下的数据安全技术创新、产品研发学术研究、成果转化和咨询培训等工作，支撑大数据安全应用和创新工作，为全面落实国家大数据产业发展规划，推动数据安全产业转型升级、加快发展提供强有力的理论支撑和人才支持，构建数据安全发展的学术高地和研究成果转化平台。[1]

贵阳大数据及网络安全应用示范中心。由中国航天科工集团有限公司和贵阳市人民政府发起成立。中心以"创新、协调、绿色、开放、共享"为发展理念，围绕实施国家大数据战略和网络强国战略，强化大数据产业创新发展能力，推动数据开放与共享，加强技术产品研发、深化应用创新，通过完善发展环境和提升安全保障能力，加快推动大数据技术产品研发和在各行业、各领域的应用，形成良性互动的产业发展格局，最终形成数据、技术、应用与安全协同发展的自主产业生态体系，为加快建设网络强国、制造强国作出积极贡献。

三是提升安全技术服务水平。近年来，贵州逐步加快数据安全平台建设，着力打造数据安全协作机制，不断推进数据安全产业发展，提升安全技术服务水平，有力支撑数字经济健康快速发展。

四是加快推动数据安全平台建设。贵阳国家大数据及网络安全示范试点城市的批设，为贵州大数据安全的发展带来了新的契机，国家级大数据安全靶场的建设，大数据协同安全技术国家工程实验室的建立，以及大数据安全技术创新中心、网络安全应用示范中心、大数据安全政府监管中心和 N 个技术平台组成的立体化监管、防护、应急平台的建设，为大数据营造了安全屏障。同时，贵州积极搭建大数据安全技术标准公共服务平台，集聚国际、国家、行业、地方、团体和企

---

① 贵阳大数据及网络安全技术创新中心 贵阳大数据及网络安全应用示范中心 挂牌成立.贵阳网，2018-05-26.

业标准化资源，服务大数据安全产业示范区建设，争取初步构建技术标准创新服务体系；围绕重点领域发展需求，加快研制大数据安全技术标准，培育标准创新型企业。[①]

五是着力建设数据安全协作机制。一方面，贵州积极加强部门之间的合作。2017 年 6 月 9 日，贵州省委网信办与省通信管理局举行网络安全协作机制框架协议签约仪式。双方确定在网络安全态势感知、监测预警和处置通报，检查评估，工作会商，执法查处，信息共享，技术协同等六个方面建立联动机制。另一方面，贵州还积极加强与企业之间的合作。2016 年 12 月 28 日，贵阳市人民政府与上海众人网络安全技术有限公司（以下简称"众人科技"）在贵阳签订战略合作协议。在这次战略合作中，双方积极发挥政府组织和信息安全技术优势，在大数据安全领域进行深入探索，创新大数据安全的构建模式。贵阳市人民政府将为众人科技提供良好的政策环境与外部环境，支持其业务的开展。而众人科技将依据技术优势，协助贵阳市人民政府搭建大数据安全服务平台，构建政产学研用共享机制。这种"政府搭台""技术助力"的新气象将大力促进贵州大数据安全产业的快速发展。[②]

7.1.2.2 着力推进数据安全产业发展

贵州坚持大数据发展与安全并重原则，不断加快大数据安全产业基础建设，重点突破了一批关键共性技术，积极引进龙头企业和重点项目，大力培养大数据安全高端人才，推动全省大数据安全产业持续、快速发展，助力大数据安全企业做大、做强、做优，不断夯实大数据安全产业基础。经过近 10 年的发展，贵州大数据安全产业发展已实现从无到有、从有渐优的巨大转变，并取得多项成果。

---

① 国家技术标准创新基地（贵州大数据）大数据安全委员会成立. 贵阳省人民政府搜狐号，2019-03-28.

② 众人科技协同构建贵州大数据安全新生态. 东方网，2016-12-30.

一是获批创建全国首个大数据安全认证示范区。 2018 年 8 月，贵阳经济技术开发区获批创建全国首个大数据安全认证示范区。在全国率先推出数据安全能力成熟度模型（DSMM）标准落地措施，培训上百名 DSMM 测评师，并针对第一批 17 家企业开展测评工作。未来，经济技术开发区将针对大数据安全的发展阶段与产业环境，构建统一管理、权威公信、通用互认的大数据安全认证体系，开展大数据安全服务、体系、人员认证，全面提升大数据服务、体系、人员的质量管理水平，提高大数据安全保障能力。贵阳大数据安全产业示范区已聚集大数据安全企业和相关的机构 120 多家，初步形成了大数据安全产业发展的生态体系，正向着国际一流、国内第一的大数据安全产业聚集区目标进发。

二是持续推进国家大数据（贵州）综合试验区大数据安全产业示范区建设。 2016 年 2 月，国家发展改革委、工业和信息化部、中央网信办发函批复，同意贵州省建设首个国家级大数据综合试验区——国家大数据（贵州）综合试验区。2016 年 3 月，贵阳启动大数据安全产业示范区建设，在贵阳经济技术开发区重点布局大数据安全产业，建设大数据安全产业示范基地、科研培训、大数据安全产业孵化等功能板块。贵阳市经济技术开发区管委会牵头发起设立了全国首家大数据安全产业创业投资基金，积极扶持、引进数据安全企业、创业团队。

三是形成十大技术创新成果。 贵阳在大数据安全的众多领域创造了国内第一的成绩，包括建成了全国首家数据安全能力成熟度专业测评师培训中心，形成了国内第一个网络空间安全人才国际注册云安全系统认证专家（CCSSP）综合技能体系，搭建了国内第一个在线攻防风险管控平台、国内第一个大数据网络安全入侵监测及漏洞感知平台。国内第一个新一代信用风险评估模型体系、国内第一款大数据应用防火墙、国内第一个工业级无钥签名数据安全技术体系、国内第一个大数据系统雷达平台、国内第一个大数据移动跟踪系统、国内第一个商业基因图谱检测技术均在贵阳诞生。

7.1.2.3　强化数据安全人才技能水平

贵州省不断完善数据安全人才选拔、引进、培养、激励等机制，促进数据安全人才数量和质量的提升，有力支撑数据安全产业发展。据统计，截至 2019 年 4 月，贵州省有大数据从业人员超过 14 万人，有大数据安全从业人员超过 2.4 万人。

一是加强数据安全人才选拔使用。贵州省通过跟踪考察、高校选拔、招考遴选、发掘特殊人才等形式，不断引进大数据安全专业人才，同时不断完善大数据安全人才的激励机制，确保特殊人才引得进、用得上、留得住。政府部门研究出台大数据安全人才引进优惠政策，建立健全特殊人才引进、留用机制，组织制订专业人才引进方案，鼓励并吸引全社会专业人才参与大数据安全防护建设。对特殊引进人才给予落户、房产、家属就业及提供项目专项资金等优惠条件。

二是加强数据安全人才培养。近年来，贵州省一直注重数据安全人才的培养。一方面，开展数据安全知识宣传普及，不断增强全社会数据安全意识。在 2019 年国家网络安全宣传周中，贵州全省各地陆续开展"网络安全走基层""网络安全知识现场宣传展示""网络安全优秀教师评选活动""网络安全公益广告征集""主题日"等系列主题宣传活动。① 自《贵州省大数据安全保障条例》出台后，贵州省各个政府部门、高校和其他机构纷纷开展宣传活动，进行大数据安全的教育和宣传。另一方面，强调数据安全教育培训，不断提高数据安全风险防范能力。2017 年 6 月，贵阳经济技术开发区"大数据及网络安全

---

① 贵州省 2019 年国家网络安全宣传周在筑启动 . 中华人民共和国国家互联网信息办公室官网，2019-09-17.

专项技能培训"首期班在贵州勤邦食品安全科学技术有限公司举行。此次培训不仅是贵阳市经济技术开发区促进大数据及网络安全职业能力建设，解决大数据攻防演练中暴露出来的大数据网络安全人才匮乏问题的首次尝试，更是全省首次大数据及网络安全类的专项技能培训。[①] 近年来，贵州经济技术开发区把建设大数据安全产业示范区及大数据安全靶场作为重要任务，启动贵阳大数据安全产业展示中心建设，开展了多层次、多形式的大数据及网络安全宣传与技能培训。在2018 年，中心获市委组织部授牌为"贵阳市干部教育培训现场教学基地"。[②]

7.1.3 打造数据安全最佳实践

在开展大数据安全保障工作的同时，贵州省也十分重视安全技术的应用推广，形成一系列具有技术创新性和应用示范效果的大数据安全应用案例，积累了大数据安全的最佳实践，为构建贵州大数据安全保障体系，进一步推广大数据安全技术、产品和应用提供支撑。

7.1.3.1 大数据安全靶场之关键基础设施专业靶场

关键基础设施专业靶场是按照国家典型关键基础设施的网络特点构建的虚实一体、以实为主的专业靶场。建设靶场能为常态化网络攻防对抗提供重要设施专业靶场环境支撑，为检测现有关键基础设施网络环境安全底数、研究与验证专业网络网络安全对抗新技术等提供支持。

关键基础设施专业靶场构建了前沿真实、纵深复杂、弹性灵活、安全可控的实战攻防演练环境，除了金融、能源、交通、通信等关键

---

① 贵州省首次大数据及网络安全职业技能培训在贵阳拉开序幕. 贵阳日报，2017-06-23.
② 贵阳市干部教育培训现场教学基地落户经开区　开展大数据及网络安全宣传与技能培训. 贵阳日报，2018-08-23.

信息基础设施场景外，重点建设工控系统、物联网、卫星物联网、大数据、云平台、智能家居等各类新技术、新应用、新设施的模拟仿真环境。靶场瞄准网络空间中的最大威胁对手，重构重大安全事件（APT）的攻防环境，研究攻击工具、攻击手段与反制策略。靶场建设了大数据与网络技战术检测、试验与训练系统，模拟人机智能攻防对抗环境。

靶场可用于验证创新大数据与网络攻防对抗技术，充分发挥"军民融合"的优势，运作攻防对抗的工具、装备、技术、手段竞赛，验证业界创新的攻防对抗工具，逐步构建完整强大的攻防工具库与资源库，对应于情报侦察、实时监测、技术监测、通报预警、应急处置、追踪溯源、综合防御、态势感知、固证打击、技术反制、数据获取、阻断、掩护、进攻等各个环节，并将与大数据相关的武器装备作为优势特点。

7.1.3.2 工业网络资产安全评估、态势感知与监测预警平台

工业网络资产安全评估、态势感知与监测预警平台主要包括工业网络资产分析、工业控制网络安全态势感知等系列子平台。2018 年，工业网络资产安全评估、态势感知与监测预警平台入围贵州省工业互联网优秀项目案例 50 强。

工业网络资产分析平台主要根据贵州省内工控企业情况，针对各企业工控系统产品基本信息、物理安全、网络安全、应用安全、安全审计、管理安全等方面进行资产识别并进行融合分析；按照企业行业类型、经济类型、上云情况、国产密码使用及数据加密方式等进行分类展示。

工业控制网络安全态势感知平台主要结合贵州冶金、化工、电力、烟草、城市交通、供水供气等行业的试点情况，开展线上实时扫

描，生成工控信息安全事件监测结果数据库，并对工控系统风险漏洞信息库进行搜索、匹配与比对，对实时结果进行大数据分析，得出联网工控设备的设备类型、设备参数、设备所属厂商、设备使用的协议等，实现地理位置精确定位，并在地图上对接入互联网工控设备进行标注和展示。通过关联国家漏洞库和自学习工控信息安全漏洞库，综合评估联网工控设备信息安全威胁和风险。工业控制网络安全态势感知平台能够识别西门子、施耐德、ABB、罗克韦尔等知名厂商的PLC、Modbus子站、串口服务器、Web SCADA、S7-1200等工控设备，覆盖S7、Modbus TCP、EtherNet/IP、FINS等工控协议。

工业控制系统指纹特征库针对贵州省冶金、化工、电力、供水、供气、制药等行业，对省内的PLC等控制设备，DCS、SCADA、数控机床等工业控制系统，以及工控防火墙、网关等工业控制网络中的安全保护设备的信息进行采集，建立贵州省重点领域与行业工业控制系统指纹特征库。指纹特征库主要围绕工控网络中可能存在的各类工控系统、设备、协议等方面的已知和未知安全漏洞，开展有效的分析和研究，实现在不影响工控系统生产业务的前提下，提取指纹特征与国家发布的工控信息漏洞进行匹配对比，在发现问题后第一时间将发现的问题上报到相关主管部门实现预警监测，并配合主管部门对企业实现工控信息安全风险处置进行建议、咨询与报送，提高工控企业信息安全防护能力。

7.1.3.3　大数据敏感信息监测及预警平台

防范信息系统泄漏、电子数据泄漏以及与之相关的信息泄漏途径，是当前最为迫切也最为棘手的工作之一。同时，在各级进行信息系统改造、互联网＋演进以及大数据综合治理的过程中，大量的数据信息、数据标准以及因此而产生的业务模型、数学模型也存在大量的涉密内容和泄密隐患，在信息系统和基础信息网络设计论证、建设规划、方案实施、配套保障、检查验收、业务运营以及技术监察等方面做到有效的保密监管，也是保密工作者面临的关键难题。

贵州省大数据敏感信息监测及预警平台适应大数据的发展，以防范敏感信息泄漏为抓手，对重要网络节点、重要信息系统、重点监控部位的保密业务技术监测预警，建立完整的技术监测体系，利用有效的技术监测手段，及时发现信息泄漏、违规外联、主动窃密和非法入侵等行为，从源头和通路上遏制泄密事件的发生。

该平台重点建设全贵州省范围内的保密监测预警网络和业务预警平台。其中，保密监测预警网络是在全省各运营商、IDC 服务方和各级大数据中心部署预警监测探针，对网络传输、数据传递、信息交换、业务分析、舆情监测和基础设施及运行环境进行安全监测，收集可能存在的涉密风险、窃密威胁以及潜在隐患信息；业务预警平台是依托保密监测预警网络，将获取的各类数据和信息进行业务处理、情报分析和关联预警，及时将达到或超出预警阈值的信息或事件通报有关单位，形成多级保密部门和各级党、政、军、人民团体及企事业单位联动的保密工作业务平台。

7.2　贵州大数据安全保障体系

随着移动互联网、云计算、物联网、大数据等信息技术的高速发展，大数据已成为信息化与经济高度融合发展的核心方向，正日益推动着人们的生产方式与社会治理方式等方面的深刻变革。贵州省大数据安全保护工作立足国家安全战略，以维护国家安全、政治安全、经济安全、社会公共安全、大数据安全为核心，按照"政府主导，自主创新，协同管控，各方参与"原则，以"保安全、带产业、促发展"为目标，构建贵州大数据安全保障体系，形成了大数据安全发展"1+1+3+N"总体思路和大数据安全保护"八大体系"建设架构，全面提升大数据安全综合防御能力。[①]

7.2.1 数据安全保障的理论基础

7.2.1.1 数据安全模型

在数字经济时代，数据已经成为重要的生产要素，资源流转和价值挖掘成为数据全生命周期的重要活动。数据安全的范畴在传统安全基础上有了重大突破：数据安全的防护对象，由数据、设备、系统等确定对象转化为数据使用权、数据价值等不确定的虚拟对象；数据安全的防护区域，从相对固定的安全环境进入不确定的非安全环境；数据安全的目标，由数据本身的真实性、完整性、机密性、可控性、不可篡改性等，转向数据价值的可查、可控、可溯。

如图 7-1 所示，数据安全模型主要涵盖数据安全防护、数据可信交换、数据可信共享三部分，涉及数据提供方、使用方以及可信第三方等。其中，提供方自身需要做好安全防护工作；左侧数据可信交换主要指数据本身流转过程的安全保障工作；右侧数据可信共享主要指数据价值流转过程中的安全保障工作。

7.2.1.2 数据安全治理框架

随着数据要素化进程的推进，数据涉及的主体和流通的环节不断复杂化、多样化，多主体间的协同促使数据安全从管理向治理转化。本节在参考已有安全治理理念和框架的基础上，研究提出数据安全治理框架。

[①] 贵州大数据安全保护"1+1+3+N"总体思路和"八大体系"建设架构概要 . 贵州省公安厅官网，2018-08-27.

可信交换　　　　　　　安全防护　　　　　　　可信共享

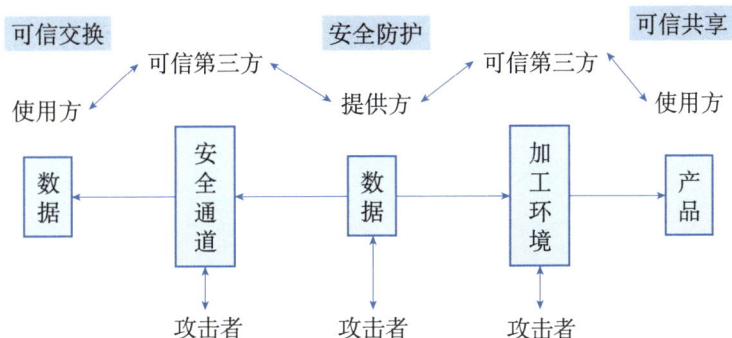

图 7-1　数据安全模型

相对于传统的安全管理，现代安全治理的内涵更丰富，是统筹多方主体协作推进的持续性过程。安全治理不是陌生的概念，已有相关标准规范作出要求，Gartner、微软等研究机构和企业也提出了相应的安全治理框架。

● Gartner 数据安全治理框架

Gartner 认为数据安全治理不仅仅是一套用工具组合的产品级解决方案，而是从决策层到技术层，从管理制度到工具支撑，自上而下贯穿整个组织架构的完整链条。如图 7-2 所示，组织内的各个层级之间需要对数据安全治理的目标和宗旨达成共识，确保采取合理和适当的措施，以最有效的方式保护信息资源，这也是 Gartner 对"安全和风险管理"的基本定义。

● 微软 DGPC 框架

微软开发了一个针对隐私、保密和合规性的数据治理框架（DGPC），主要用于帮助组织更好地进行数据安全风险控制。如图 7-3 所示，该框架围绕人员、流程和技术三个核心能力领域进行组织。人员主要涉及组织架构和人员设置，该框架把组织分为战略层、战术层和操作层，并明确组织中数据安全相关角色职责、资源配置和操作指南；流程主要涉及数据安全管理流程，在制度和流程指导下识别数据安全威

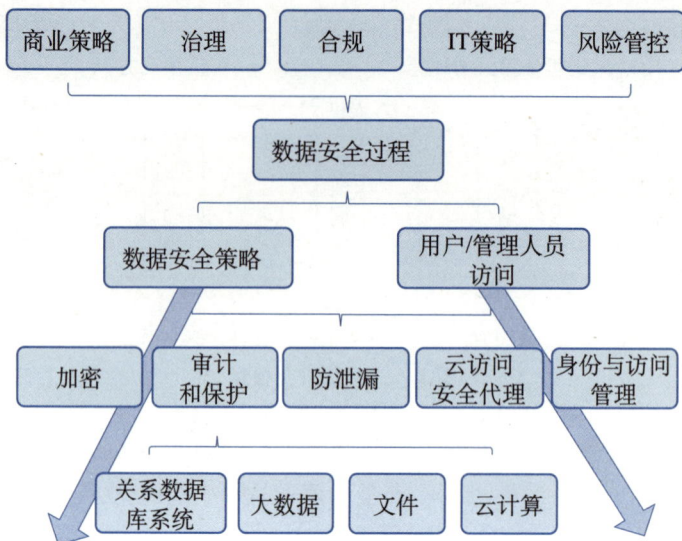

图 7-2　Gartner 数据安全治理框架

胁、隐私风险和合规风险，确定适当的控制目标和控制活动；技术主要
涉及技术工具，框架提供一种基于安全风险差距分析的技术方法。

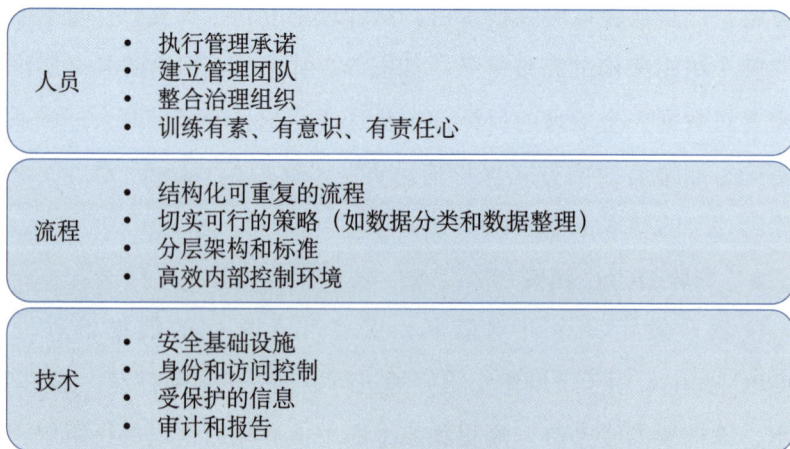

人员	· 执行管理承诺 · 建立管理团队 · 整合治理组织 · 训练有素、有意识、有责任心
流程	· 结构化可重复的流程 · 切实可行的策略（如数据分类和数据整理） · 分层架构和标准 · 高效内部控制环境
技术	· 安全基础设施 · 身份和访问控制 · 受保护的信息 · 审计和报告

图 7-3　微软 DGPC 框架

● 数据安全能力成熟度模型（DSMM）

DSMM 源自国家标准《信息安全技术　数据安全能力成熟度模

型》（GB/T 37988-2019），主要借鉴了能力成熟度模型（CMM）的思想，将数据按照其生命周期分阶段采用不同的能力评估等级，分为数据采集安全、数据传输安全、数据存储安全、数据处理安全、数据交换安全、数据销毁安全六个阶段。DSMM 从组织建设、制度流程、技术工具、人员能力四个安全能力维度的建设进行综合考量。DSMM 被划分成了 1～5 个等级，依次为非正式执行级、计划跟踪级、充分定义级、量化控制级、持续优化级，形成一个三维立体模型，全方面对数据安全进行能力建设。

在数据要素流转和价值挖掘过程中，必然涉及包括数据监管方、数据提供方、数据运营方、数据加工方、数据使用方等在内的多方参与，数据安全治理的核心目标是统合各方诉求，形成统一的战略规范、制度规范等，促使安全目标实现。数据安全治理框架主要涵盖两个层次：一是在宏观层面，要在各参与方层面达成一致的战略规划、组织机制、制度规范，并提供充分的人员团队和技术工具，以支撑安全目标的达成；二是在微观层面，要按照宏观层面制定的制度规范等，结合实际应用场景，围绕数据本身的使用权、管理权和收益权等确定安全目标，并按照风险识别、安全检测、综合防护、应用响应和业务恢复的流程实施安全保障。

7.2.1.3 数据安全保障体系

2003 年，在《国家信息化领导小组关于加强信息安全保障工作的意见》中，我国首次提出"国家信息安全保障体系"概念，经过近 20 年的发展，国家信息安全保障体系已较为完善。但随着数字经济的快速发展，我国正从工业经济时代逐步迈向数字经济时代，数据安全的重要性日趋提升，《网络安全法》《数据安全法》《个人信息保护法》对重要数据和个人信息保护提出了明确的要求，国家一系列政策措施将推动数据要素市场培育，可以预期数据将成为经济社会发展的关键要素，数据安全保障体系也将成为确保经济社会健康稳定发展的重要保障。

在数据分析和挖掘带来巨大经济价值的同时，数据安全问题也频频发生，数据安全保护迫在眉睫。防范数据安全风险，切实保障数据安全，亟须构建起多位立体的国家数据安全治理体系，提高数据安全保障能力，为数据安全保驾护航，助力国家治理能力现代化。

参考国家信息安全保障体系，本书给出了数据安全保障体系框架，如图 7-4 所示。其中，国家数据基础设施包括国家、行业和各地方的体系化大数据平台、数据交换共享平台、数据开放平台、数据资产运营中心、数据交易中心，以及涉及社会公共数据资源的大型互联网平台等，数据安全治理体系将为国家数据基础设施提供安全保障。

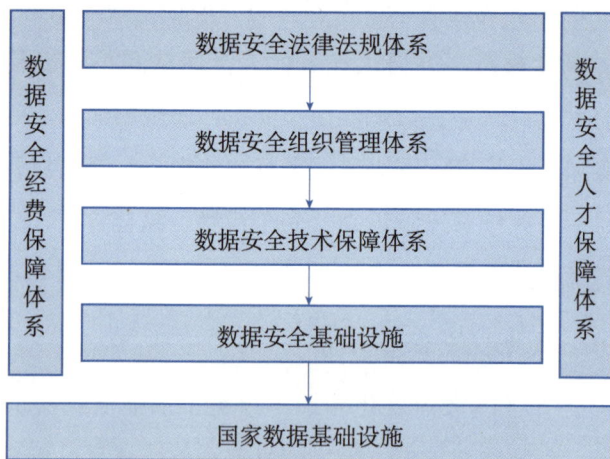

图 7-4　国家数据安全保障体系总体框架

数据安全保障体系涵盖法律法规体系、组织管理体系、技术保障体系、经费保障体系和人才保障体系，以及数据安全基础设施。其中，数据安全基础设施主要指提供数据安全监测、态势感知、防护、预警、应急响应等公共服务的平台等；数据安全法律法规体系主要涉及《数据安全法》《个人信息保护法》及各行业、各地方数据安全相关法规；组织管理体系主要以中央网络安全和信息化委员会为统领，国家安全部、公安部、国家密码管理局、国家保密局、工业和信息化部等相关部门依据分工承担管理职责；技术保障体系主要指涵盖管理技术、监测技术、防护技术等，覆盖数据治理与流通全生命周期的数据安全技术体系；经费保障体系和人才保障体系主要指涉及数据安全的经费投入和人才培训等内容。

7.2.2 贵州大数据安全保障框架

7.2.2.1 "1+1+3+N" 思路勾勒大数据安全发展框架

立足国家安全战略，以"保安全、带产业、促发展"为目标，贵州省探索形成了大数据安全发展"1+1+3+N"总体思路。"1+1+3+N"包括四层含义：第一个"1"是指建设**大数据及网络安全示范试点城市**，以网络安全等级保护为基础，对贵阳关键信息基础设施和重要信息系统开展大数据安全保卫工作，及时发现解决贵阳大数据建设的安全问题，推动贵阳大数据及网络安全健康发展。第二个"1"是指建立**国家级大数据安全靶场**，面向网络基础设施、大数据中心、工业控制系统、重要信息系统、云计算平台、物联网平台等对象，开展大数据安全攻防演习、技术检验和产品测试。"3"是指建立**大数据安全技术创新中心、应用示范中心、政府监管中心**，其中，依托国家级大数据安全技术实验室建设大数据安全技术创新中心，实现大数据安全技术自主创新；以国家级大数据安全技术实验室、大数据安全技术创新中心为研发基地，建立网络安全应用示范中心，实现大数据安全技术成果转化，推动大数据及网络安全技术成果应用推广；建立大数据安全政府监管中心，负责大数据安全统筹、组织和监察管理，开展对大数据安全、知识产权等的案件侦办。"**N**"是指建立 **N 个监管、应急等方面的大数据安全平台**，构建立体化的监管、防护、应急体系，实现公安机关、地方政府、行业部门纵横相连的立体化管控。①

7.2.2.2 "八大体系"夯实大数据安全发展基石

贵州省以维护国家安全、政治安全、经济安全、社会公共安全、大数据安全为核心，构建了大数据安全保护"八大体系"建设架构（如图 7-5 所示），全面提升大数据安全综合防御能力。一是建立**大数据安全保护组织体系**，在省委、省政府的统一领导下，全省各级政府、公安机关、重要行业部门、重点单位建立大数据安全组织领导机构，成立工作专班；二是建立**大数据安全预防保护体系**，明确主管部门、使用单位和个人的安全责任，从大数据安全通报制度、网络安全等级保护制度、大数据安全立法及安全制度建设等方面落实保护措施；三是建立**大数据安全监管保护体系**，依法开展对关键信息基础设施和重要信息系统的执法检查和监督工作，打击对信息系统的入侵攻击、控制破坏、篡改数据等行为；四是建立**大数据安全应急处置体系**，加强应急处的组织领导，制定应急处置预案，对大数据安全事件分级分类；五是建立**大数据安全综合防护体系**，对全省大数据保护对象实行统一监测，实时感知网络安全威胁和网络攻击活动，快速处理重大网络安全事件；六是建立**大数据安全技术服务体系**，成立"大数据安全专家委员会""网络安全协会"，逐步形成大数据安全的生态环境及产业发展环境；七是建立**大数据安全人才教育训练体系**，建立有效的人才发现机制、引进方法、培养制度和激励考核办法；八是建立**大数据安全工作支撑体系**，加强机构、编制、人员保障，资金保障，法律保

---

① 贵阳大数据及网络安全技术创新中心　贵阳大数据及网络安全应用示范中心　挂牌成立.贵阳网，2018-05-26.

障，组织保障，探索大数据安全保护工作新模式。

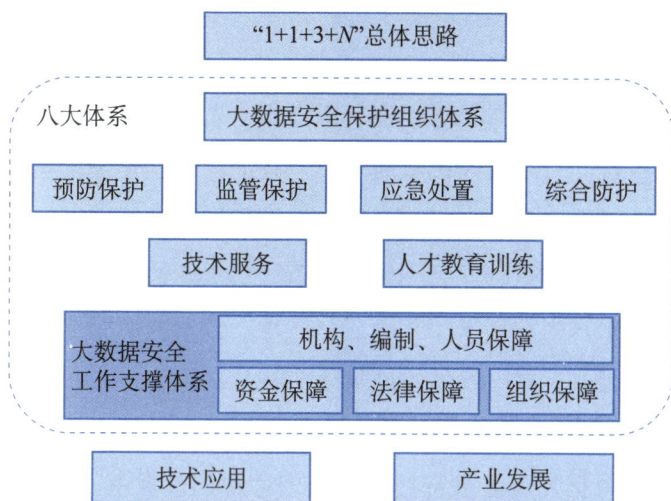

图 7-5　"八大体系"建设架构

7.2.2.3　"领导小组"确立大数据安全统筹管理机制

为确保贵州省大数据战略推进，建立大数据安全优势，强化大数据安全保护体系组织建设，贵州省形成了贵州省大数据安全领导小组统筹协调下多个部门参与管理的数据安全组织管理模式。

1. 领导组织

贵州省成立贵州省大数据安全领导小组，采取双组长制，组长分别由贵州省委领导和省公安厅主要领导担任。副组长分别由省大数据发展管理局、省委网信办、省公安厅、贵阳市政府相关领导同志担任。成员由省政府相关职能部门和各市（州）政府相关领导担任。各市（州）参照成立相应大数据安全领导小组及办公室，明确相应职责。

领导小组是贵州省数据安全工作的最高领导机构，其主要职责是负责统筹协调做好全省大数据安全管理各项工作，通过强化领导落实责任，督促各成员单位各司其职抓好工作落实，全面提升贵州省大数据安全能力和水平，推动贵州省大数据健康有序发展，更好更快建设国家大数据（贵州）综合试验区。

2. 管理组织

按照保护组织体系要求，省、市（州）人民政府全面负责大数据安全管理工作。贵州省人民政府负责全省的大数据安全管理工作。各市（州）人民政府负责本行政区域内的大数据安全管理工作。贵州省公安厅主管全省大数据安全工作。各市、州及区县公安机关按照管辖规定依法对辖区大数据安全实施监督管理。公安网络安全保卫部门负责实施。各行业、部门按照各自职责开展大数据安全保护工作。

如图 7-6 所示，参与数据安全管理的机构主要包括网信部门、公安机关、大数据发展管理部门、通信管理部门、保密行政管理部门、密码管理部门等。其中，网信部门负责统筹协调、检查指导和相关监督管理等工作；公安机关负责安全保护和管理、风险评估、监测预警、应急处置和违法行为查处等监督管理工作；大数据发展管理部门负责与大数据安全相关的数据管理、产业发展、技术应用等工作；通信管理部门负责电信网、公共互联网运行安全监督管理等工作；保密行政管理部门负责保密监督管理等工作；密码管理部门负责密码监督管理等工作；其他部门按照有关法律、法规的规定和各自职责做好大数据安全保障工作。①

3. 安全事件应急组织

省大数据安全领导小组统筹指挥全省大数据安全事件的应急处置工作。大数据安全领导小组办公室具体负责大数据安全监测预警，及时掌握国际、国内安全动态，及时开展预警、通报、处置等工作。

---

① 《贵州省大数据安全保障条例》。

图 7-6　贵州数据安全管理组织架构

7.2.2.4　"支撑体系"探索大数据安全保护工作新模式

贵州省建立了大数据安全工作支撑体系，积极探索大数据安全保护工作新模式。在**机构、编制和人员保障**方面，推动网络安全部门的内设机构、人员编制设定，解决大数据安全缺人、缺编、缺机构的问题，实现机构设置，落实人员编制，确保数据安全工作顺利开展。在**资金保障**方面，由政府财政部门根据性质、重要程度、紧急性等，分种类、分层次、分等级做好大数据和网络安全工作资金保障。在**组织保障**方面，推行数据安全主体责任制，各部门各单位均要成立数据安全保卫内部机构，实行一把手工程，一把手抓，并由相应部门承担数据安全职责。在**法律保障**方面，贵州省积极推进安全立法保障，将探索出来的经验和成果转换为法律制度，形成一系列法律法规。2016—2019 年贵州发布的涉及大数据安全的法规文件多达 10 余项，覆盖数据资产管理、数据开放共享、大数据应用、责任问责等各方面。具体法规文件如表 7-1 所示。

表7-1　贵州大数据安全法律法规

2016	《贵州省大数据发展应用促进条例》
2016	《贵州省政务数据资源管理暂行办法》
2016	《贵州省应急平台体系数据管理暂行办法》
2017	《贵阳市政府数据共享开放条例》

2017	《贵州省政府数据资产管理登记暂行办法》
2018	《贵阳市政府数据共享开放实施办法》
2018	《贵阳市健康医疗大数据应用发展条例》
2018	《贵阳市政府数据共享开放考核暂行办法》
2018	《贵阳市大数据安全管理条例》
2018	《贵州省实施大数据战略行动问责暂行办法》
2019	《贵州省大数据安全保障条例》

7.2.3 贵州大数据安全防护机制

按照贵州省大数据安全保障体系架构，建立大数据安全防护体系。在此基础上，贵州省不断探索实践，加强大数据安全预防保护、监管保护、应急处置、综合防护四项工作的落地实施，推动贵州省的大数据安全保护工作。

7.2.3.1 提升大数据安全预防保护能力

贵州省不断健全数据安全管理机构，完善行业部门管理机制，有力提升大数据安全预防保护能力，切实保障大数据信息系统安全可控，实现数据聚集、融通及应用安全，促进产业健康发展。

贵州省安全预防保护工作"四分建设，六分管理"，按照"谁主管谁负责，谁运行谁负责"的原则，分别从七个方面落实保护措施：（1）建立大数据安全通报制度；（2）完善大数据网络安全等级保护；（3）建设大数据安全立法及安全制度；（4）建立大数据用户审查和备案制度；（5）提供市场化预防保护服务；（6）提高网上见警率，督促行业部门落实安全制度；（7）组织网络安全法制教育培训和宣讲。

7.2.3.2　加大大数据安全监管保护力度

贵州省以营造大数据安全有序的网络环境为目标，依法对信息系统入侵攻击、控制破坏、篡改数据等行为进行打击，构建大数据安全监管保护体系，从而维护国家安全、网络安全、数据安全不受侵犯，最终做到以打击促安全、以监管促进规范。

监管保护体系以规范健全网络法治秩序，营造良好的社会氛围，严格落实网络安全责任，深入贯彻实施国家信息安全等级保护制度，提高社会网络安全意识和重点单位、部门对网络安全工作的重视程度，全面提高网络安全监管能力和保护水平，切实履行公安机关网络安全监管职责。

在监管保护体系方面，贵阳市公安局建设了大数据安全监管保护中心和大数据安全监管服务平台。该中心可以实现与上级公安机关信息安全通报、预警和处理的纵向机制，建立以本地党政机关、市直部门、大数据相关单位和关键信息基础设施单位为成员的横向信息安全通报机制，形成对全市关键信息基础设施的全天候、全方位网络安全态势感知能力，实现对本地大数据安全的日常监测、安全态势分析、安全预警及事件处理和安全监督检查。

7.2.3.3　落实大数据安全应急处置机制

贵州省着力推进大数据安全应急处置体系建设，紧密围绕国家安全、政治安全、经济安全和大数据安全大局，服务于突发事件处置工作，坚持全省一盘棋，确保大数据及网络安全战，构建良好的安全生态环境，促进贵州省大数据安全发展。

根据大数据安全事件发生的过程、性质、危害和机理，对大数据安全事件分级分类，并制定了应急处置流程措施。工作措施包括：一是建立应急处置组织体系；二是对大数据安全事件分类分级；三是形成应急预案；四是开展应急处置；五是建设应急处置技术保护体系。

7.2.3.4 完善大数据安全综合防护体系

贵州省牢固树立"数据是资源、应用是核心、产业是目的、安全是保障"的大数据产业发展理念，以整合资源、互联互通、标准统一、功能完备、安全可靠、服务实战为导向，构建大数据安全综合防护体系。建立全面涵盖重要行业部门、信息安全企业、运营商等行业和部门的安全态势感知平台，实时监测全省网络基础设施、工业控制系统、重要信息系统、大数据中心、物联网等大数据保护对象出现的网络安全威胁及网络攻击活动，获取深层次内幕性情报信息，实现对网络安全威胁、风险、隐患、突发事件、攻击等的预警，快速实现追踪溯源及侦查反制，快速处置重大网络安全事件，确保贵州省大数据产业网络及数据安全。

构建大数据安全技术综合防护体系（"蓝盾系统"）。以网络安全事件监测预警为驱动，围绕网络空间安全相关的攻击方、防护方和保护目标，通过对网络空间安全相关的人、物、地、事、关系等的实时状况、发展变化趋势、未来可能的走势以及攻击者的意图进行分析、研判，支撑公安机关通报预警、安全监管、安全打击治理等业务的开展。

建设大数据安全防护"蓝盾系统"。建立省、市及重要行业部门参与，纵横相连，立体化管控的大数据安全技术综合防护平台，对全省大数据保护对象实行统一监测，网络安全威胁和网络攻击活动实时感知，并能实现对攻击方进行侦查反制和追踪溯源。该系统主要由一个综合防护平台（即大数据安全技术综合防护平台）、九个功能体系（即"态势感知""安全监测""追踪溯源""情报信息""等级保护""通报预警""快速处置""侦查调查""警用接口"）和一个运维支撑组件构成，该组件包括身份认证服务、权限管理服务、升级服务、时钟服务、配置与策略管理服务、系统运行监控服务以及系统运行日志服务、安全轨迹服务等平台运行不可或缺的服务。

制定大数据安全防护技术实施方案。一是采用业务需求驱动原则，紧紧围绕大数据安全需要设计功能模块、数据库和流程；二是遵循高内聚、低耦合的设计思路，通过标准的接口与规范实现各模块间的数据交互、互联互通；三是数据采集能力随着技术发展和产品更新而不断升级；四是技术实现逻辑与业务逻辑分离，确保体系高效运转。

建设全国首个大数据安全靶场。围绕军民融合创新、关键信息基础设施和大数据安全防御体系建设等，贵阳建成集战略、战役、战术于一体，公共、专业与特种靶场相结合的国家级大数据安全综合靶场；在公安部的指导下，连续几年成功举办了城市范围网络空间真实目标攻防演练活动，搭建了自动化漏洞挖掘平台，构建了完备的网络安全预警系统，在攻防演练、安全实训、能力测试、产品测试和人才教育训练等方面积累了丰富经验，在聚集资源、加快产学研融合、吸引人才等方面为产业发展打下了良好基础。

7.3　贵州大数据安全成效和启示

7.3.1　成效及不足

贵州省通过大数据安全发展"1+1+3+N"总体思路和大数据安全保护"八大体系"建设架构，构建贵州大数据安全保障体系，全面提升大数据安全综合防御能力，取得了一些成效。

部门联动齐抓共管。近几年来，贵州密集出台了一系列精准有力的地方性法规、政策性文件，为数据安全工作营造了良好的政策环境。通过建立党委领导、政府主导、各行业部门共同参与的统筹协调机制，构建大数据安全发展"1+1+3+N"总体框架和大数据安全保护"八大体系"，打造贵州"安全大数据"品牌。与此同时，贵州在全国率先成立了大数据安全领导小组，负责统筹协调做好全省大数据安全管理各项工作，按照"谁主管谁负责，谁运行谁负责"的原则，形成了各部门齐抓共管、各负其责、群策群力的工作局面。网信办、公安厅、大数据发展管理局、通信管理局、保密局、密码管理局等部门协同联动，紧密配合，通过部门联动配合来共同防范和解决大数据安全问题，加强各单位的协调，形成大数据安全工作的合力，共同维护网络和大数据安全，进而带动大数据产业发展、维护公众安全、提升政府治理能力。此外，启动贵州省大数据安全保障条例立法工作，在安全保障立法方面主要明确部门职责，确定大数据相关人员安全责任，对数据采集、存储、传输、处理、交换、应用、销毁等全生命周期实行监督管理，并规定了相应的法律责任。

技术平台有效支撑。云上贵州系统平台作为贵州省自主搭建的全国首个实现政府数据"统筹存储、统筹共享、统筹标准和统筹安全"的关键信息基础设施，是贵州省政府数据"集聚、融通、应用"的重要支撑，为政府和企事业单位提供云计算、云储存、数据库、云安全及数据共享开放等服务。[①]随着平台的不断发展、数据目录和数据集的不断增长，如何确保平台网络安全与数据隐私安全成为最大问题。云上贵州系统平台中的云安全服务的数据安全产品包括数据库审计、数据库防火墙、数据库脱敏、数据库透明加密等，为数据"聚通用"提供了有力的安全保障。

基础研究提升能力。与传统的使用通用的信息安全技术解决大数据安全问题不同的是，贵州省非常重视对大数据本身的安全保障，在

---

① 新基建提速 高质量发展注入"数字动力".天眼新闻，2020-04-30.

深入研究大数据特点的基础上，从理论研究、技术创新、产品研发等方面入手，提升对大数据安全的保障能力。例如，贵州大学等在黔科研团队关注大数据开放、共享和交易过程中的数据安全问题，基于大数据体量大、多样化、速度快和价值密度低等特性，以及大数据环境的多源数据融合所导致的个人信息精准挖掘面临的隐私泄露风险威胁，深入探讨隐私保护技术，开展隐私保护的匿名算法和差分算法研究，探讨适用于大数据环境的访问控制机制。贵州从基础研究入手，不断提升大数据自身安全的保障能力。

企业聚集形成合力。一直以来，贵州不断聚集大数据安全企业，初步形成了安全产品研发、生产、应用的大数据安全产业链。在园区建设方面，贵阳大数据安全产业示范区已有阿里巴巴、天融信、上海观安等 52 家优质企业和权威机构入驻，产业聚集效应逐渐显现。在对外合作方面，大数据安全靶场与 50 余支攻防演练团队，包括清华大学、中科院、贵州大学、北京邮电大学以及一些国家安全研究机构在内的 20 余家单位建立合作关系。在标准建设方面，贵州省成立了以"大数据安全""政府大数据""大数据开放共享""物流大数据"等领域为重点的 14 个专业委员会。在检测认证方面，贵阳市政府牵头成立了全国首家"大数据资产评估实验室"；贵阳经济技术开发区创建了全国首个"大数据安全认证示范区"，与阿里巴巴共同成立了"贵州大数据安全工程研究中心"。在安全保障方面，贵阳市成立了网络与信息安全通报中心，负责定期向成员单位通报网络安全情况信息和态势分析、安全漏洞隐患等预警信息、网络安全事件等情况信息。

在取得成效的同时，贵州省在大数据安全保障上也存在着一些不足，主要体现在以下几个方面：**一是**大数据安全技术研发能力有待提高；**二是**大数据安全技术服务能力有待优化；**三是**大数据安全人才培养有待进一步加强。

7.3.2　经验及启示

贵州省大数据治理实践取得的显著成效，与贵州省在数据安全保障工作上作出的努力密切相关。这些实践经验既为打造大数据治理贵州样板奠定了基础，也具有一般意义，有助于其他省份参考借鉴。

一是加大对关键技术研发的支持力度。围绕大数据安全前沿领域和方向联合开展大数据安全技术攻关，开展前沿课题研究，提出具体解决方案和措施，提升核心技术自主掌控能力。

二是加强数据安全保障。加大对关键行业领域核心数据的安全监管和防护力度，在大型数据中心、重点行业和领域信息系统深入落实等级保护制度，开展信息安全风险评估，并部署基于主动防御理念的技术防护手段和措施。①

三是加强政策对大数据安全产业的支持。研究制定大数据安全产业发展指导意见，确定大数据安全产业发展的方向和重点，引领打造政产学研用投融合的良好产业生态。

四是加快建立多层次的大数据安全人才培养体系。支持建立大数据安全高等院校联盟，支持院校与大数据安全企业合作，共同培养人才；鼓励高等职业院校与大数据安全企业合作，建立人才培养和实训基地，加快大数据安全高技能人才培养。

参考文献

[1] 金波，杨鹏 . 大数据时代档案数据安全治理策略探析 . 情报科学，2020，38（9）：6.

[2] 胡国华，孟承韵，代志兵，等 . 基于大数据安全保障的云安全体系研究 . 信息安全研究，2020，6（5）：404-420.

---

① 系统探讨"数据治理". 人民网，2020-09-08.

[3] 沈昌祥 . 关于加强信息安全保障体系的思考 . 计算机安全，2002（9）：7-10.

[4] 牛占冀 . 基于贵州大数据安全思路体系建设的启示和思考 . 数字化用户，2019，25（22）：133-134.

后 记

编者从 2020 年年初武汉新冠肺炎疫情基本得到控制，城市开始解封后开始着手编撰本书，历时一年半的时间，几经修改，终于定稿。在本书即将付梓之时，编写组成员在释怀之余也感慨良多，最强烈的感受有三点，记录于此，是为后记。

感受之一：责任感。正如编者在《数据治理之论》一书中所言，构建数据治理体系的目的就是在强化数据安全和隐私保护的前提下，最大限度地释放数据的价值。可以说数据治理体系建设是解决数据开发利用和隐私保护之间矛盾的必由之路。然而，从概念、理论到实践，还有太多的课题值得我们去探索。例如，作为数据流通的一个必要机制，数据交易所受到各地的青睐，但是，传统的与"产权"紧密关联的"交易所"适用于数据这种特殊的生产要素吗？我们在调研中发现，一些数据交易所由于交易量有限，交易所自身也从事数据的生产，这就使得数据交易所既是裁判员，又是运动员，这在机制设计上显然不妥。有些交易所实际上做的是"数据服务"，没有呈现交易所的第三方中立属性。再如，数据成为生产要素后，可以参与分配，而政府拥有丰富的数据，会不会出现将政府数据"入表""入账"的冲动？这与政府数据的公共属性必然形成冲突，更会对数据的开放共享带来阻碍。

数字经济在我国正蓬勃发展，数字社会正迎面走来，这已是毋庸置疑之事。在社会经济的数字化转型过程中，数据治理面临诸多问题和挑战，这是时代给我们的一道考题，也是我们难得的机遇。如果数据治理理论和实践跟不上，未来数字社会就会乱套，可能形成数字社会发展的"野蛮时代"，这是我们不希望看到的。我们有责任去深入研究，提出科学合理的解决方案。这不仅仅是为中国，也是为整个人类命运共同体。

感受之二：紧迫感。我国数字经济发展迅速，数据治理需求日益迫切。在编写本书的过程中，编者皆有一种时不我待的紧迫感。在紧锣密鼓的编写过程中，联合国发布了《2021年数字经济报告》，指出亟须建立新的国际数据治理框架。我们国家亦陆续发布了一系列与数据治理相关的法规和重要文件。例如，2021年4月9日发布的《中共中央 国务院关于构建更加完善的要素市场化配置体制机制的意见》明确指出要加快培育数据要素市场，推进政府数据开放共享，提升社会数据资源价值，加强数据资源整合和安全保护。2021年6月10日，《中华人民共和国数据安全法》获得通过，自2021年9月1日起生效，要求规范数据处理活动，保障数据安全，促进数据开发利用。2021年8月20日，《中华人民共和国个人信息保护法》获得通过，自2021年11月1日起施行。该法进一步完善了个人信息保护应遵循的原则和个人信息处理规则，明确了个人信息处理活动中的权利义务边界，健全了个人信息保护工作体制机制。2021年10月18日，在中共中央政治局第三十四次集体学习中，习近平总书记发表"把握数字经济发展趋势和规律，推动我国数字经济健康发展"重要讲话。中央对于数字经济和数字社会发展的重视由此可见一斑。同时，各地政府的实践活动也是此起彼伏，各种问题也纷至沓来。例如，2021年9月1日上午，交通运输部会同中央网信办、工业和信息化部、公安部、国家市场监管总局等交通运输新业态协同监管部际联席会议成员单位，对T3出行、美团出行等11家网约车平台公司进行联合约谈，要求各平台公司保障用户信息和数据安全，严格落实用户信息和数据安全相关法律法规要求，认真履行个人信息保护责任。这些问题都需要政产学研的密切合作。

感受之三：忐忑感。在编写本书的过程中，编写组始终与贵州大数据发展管理局的同志保持密切联系，多次组织线上交流与调研，并在疫情间歇赴贵州现场调研，详细掌握贵州实践的最新动态，及时更新书稿内容，并多次请贵州相关领导和实践负责人进行审核确认，几易其稿，形成了当前版本。编写组力图深挖贵州在数据治理方面的实践经验，系统总结提炼成果成效，以期为国家和其他地方开展数据治理工作提供参考。但由于受到疫情影响，编写组到贵州实地调研的次数十分有限，因此，在书稿完成并最终提交出版社之际编写组仍心怀忐忑，担心概念技术阐述不清，实践案例挂一漏万。书稿内容如有不妥和疏漏，还望读者给予谅解。

虽然书稿已经完成，对贵州数据治理实践之路的记录画上了一个句号，但贵州的数据治理探索仍在前行。在书稿正式交付之际，贵州仍在积极探索数据资产运营和交易流通相关实践，特别是于2021年10月正式推出了贵州大数据交易2.0版本，组建了一个公益一类的事业单位——贵州省数据流通交易服务中心，由该中心负责建设贵州省的数据流通交易平台；组建了一个国有全资的贵州云上数据交易有限公司，由该公司负责运营数据流通交易平台。据了解，该平台已入驻了第一批"数商"、上架了第一批数据产品和服务、完成了第一笔数据交易，在数据确权、数据定价、交易机制和运营模式的探索创新方面提供了新的"试验田"。编写组衷心祝愿贵州在数据治理之路上越走越宽、越走越远，在数据要素市场培育上取得更多更大的成效，为我国数字经济发展贡献更多的力量。

贵州的大量实践证明，数据治理是一个只有起点没有终点的持续改进过程，需要久久为功、常抓不懈，探索永远在路上。"雄关漫道真如铁，而今迈步从头越。"